工作大不同

妹尾河童／著
姜淑玲／譯

目次

初次刊登於《週刊朝日》

一九八五年一月四・十一號～同年十二月二十七號

工作大不同

井上廈的書齋

如果想用一張圖呈現房間的全貌，唯一的辦法就是畫張看起來像是從正上方俯瞰的圖。這種畫法可以把四面牆通通表現出來。但是我又不能像蒼蠅一樣停在天花板上往下觀察，只好在腦海裡邊想像邊畫。我的職業並非專門描繪這種圖，不過若是自我介紹時說「我的本行是舞台美術設計」，「？」想來大部分人都會滿頭霧水，不知所指為何。簡單說，就是負責設計舞台布景之類的工作啦。

「小松座」劇團的公演今年初春早早就開始了，劇目是井上廈先生的《日本人的肚臍》。我擔任該戲的舞台設計，於是便有了往來的機會。

因為這緣由，井上先生便成了《工作大不同》的頭一個犧牲者。

我早就對井上先生的工作室很感興趣，每次見到他總想開口：「可以讓我參觀嗎？」但都忍了下來。實在很想看看擁有龐大藏書量的書庫和他執筆的房間，是什麼模樣？

「歡迎，請！」他十分爽快地應允，於是我就帶著素描本、測量用的捲尺、相機等必備裝備，前往位於千葉縣市川市的井上宅。

井上先生不在家，似乎是為了讓我盡情採訪而特意避開。書桌周圍整理得很整齊，空白的稿紙上擺著兩個百圓打火機，各為紅色及白色。感覺像是宣示連載開始的「開工祝賀」，非常井上式的作風。

坐到井上先生的椅子上環顧四周，最靠手邊的地方放著他愛看的種種書籍，架上擺著保健用的高麗人參精、強化維他命E成分的黑棗果凍等等。突然覺得彷彿窺看到一位作家的腦中思緒以及他面對這張桌子時的活生生肉體，有點兒坐立不安。

不過，我不會因此退縮，還是仔仔細細地描繪下來。書實在多得嚇人。書太多了，沒辦法全擺進來，於是書庫便以書齋為中心，好似無限繁殖一般，範圍逐漸向外擴展。與其說是書庫，倒不如說全部的房間都被書本淹沒了。客廳也是、走廊也是，到處都是書、書、書。藏書最多的地方是移動式書架那兒。這幾個房間都在二樓，為了支撐書的重量，好像都特地用鋼筋補強過。遇到地震的時候，在樓下等候取稿的編輯們似乎都會不自覺地往上瞄一眼。

結束了約莫三個半小時的現場測量，當天晚上為了討論演出事宜和井上先生相約碰面。

「您的書桌總是那麼整齊嗎？」

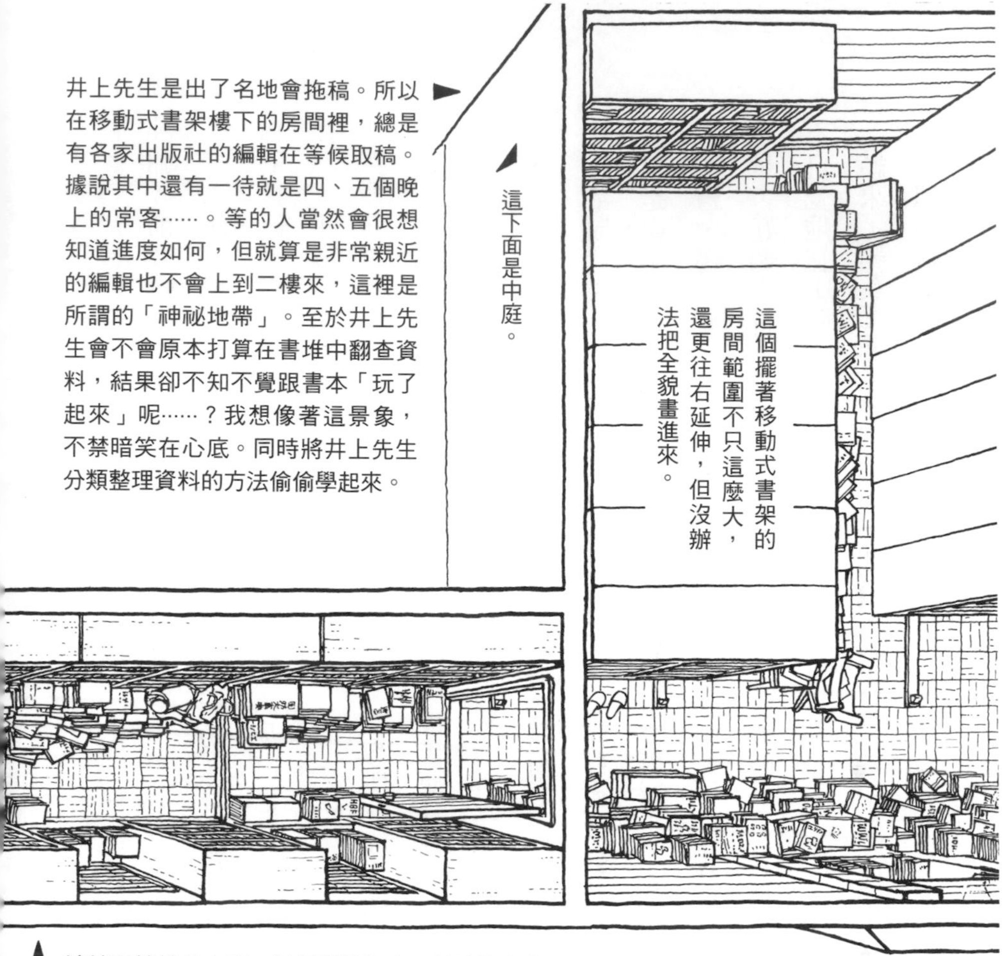
井上先生是出了名地會拖稿。所以在移動式書架樓下的房間裡，總是有各家出版社的編輯在等候取稿。據說其中還有一待就是四、五個晚上的常客……。等的人當然會很想知道進度如何，但就算是非常親近的編輯也不會上到二樓來，這裡是所謂的「神祕地帶」。至於井上先生會不會原本打算在書堆中翻查資料，結果卻不知不覺跟書本「玩了起來」呢……？我想像著這景象，不禁暗笑在心底。同時將井上先生分類整理資料的方法偷偷學起來。
這下面是中庭。
這個擺著移動式書架的房間範圍不只這麼大，還更往右延伸，但沒辦法把全貌畫進來。

連接兩棟樓的走廊。這裡書滿為患，勉強能走人。
而連接另一個房間的走廊兩側也排滿了書架。樓梯下也是書架。到底有多少書啊？

「是呀。寫完一篇稿子就舉行結業式。要投入工作之前，會舉行開學典禮般的儀式。」

「鋼筆有四種，共十五枝呢。」

「寫不出來的時候，換一枝鋼筆感覺像是轉換心情……。但筆就算換了，也不見得有什麼效果。不過還是會這麼做。」

「讀了書桌前貼著的字條時，心裡突然驚了一下。這好像在偷窺人家的隱私……。把看到的全畫

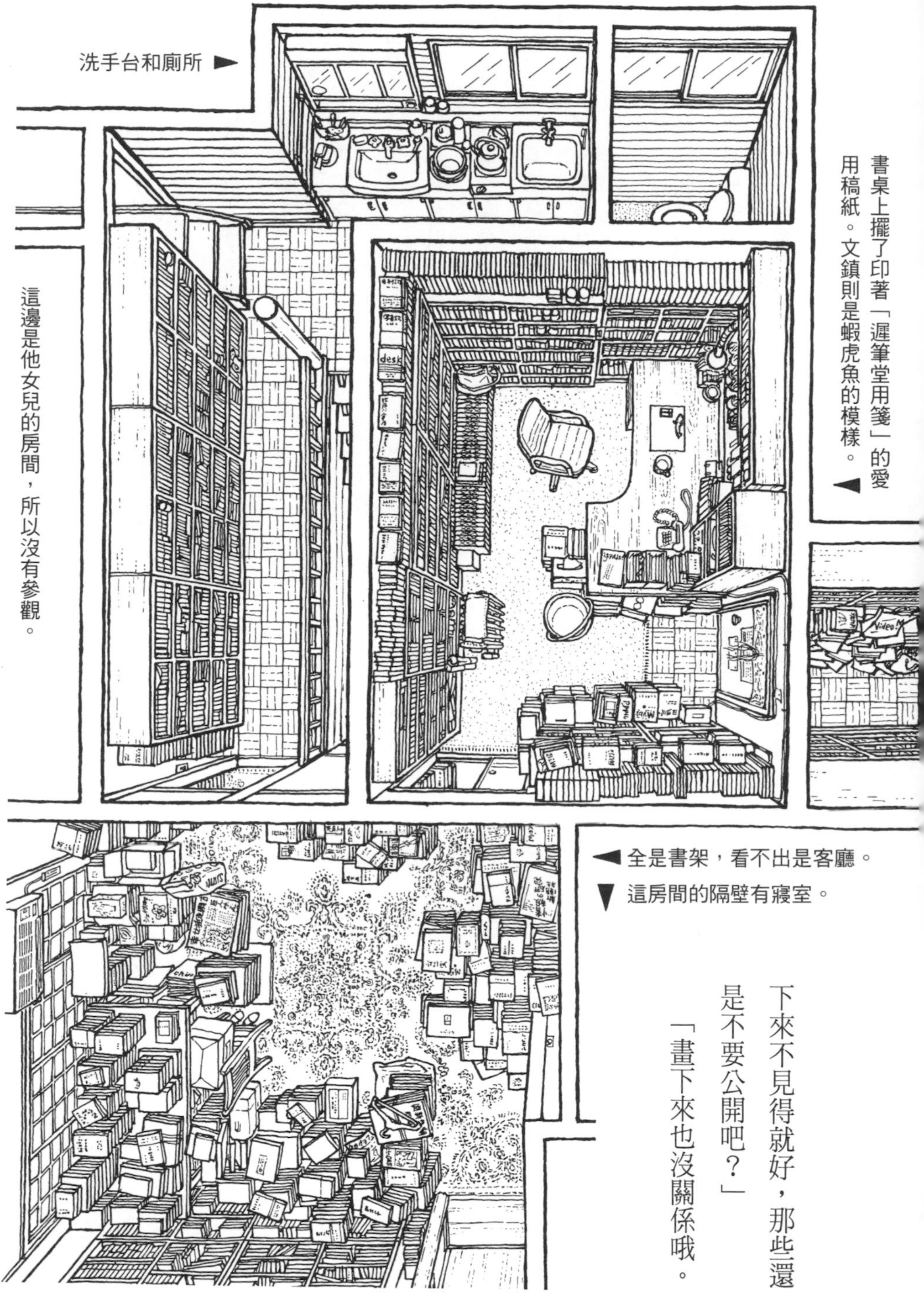
洗手台和廁所 ►
書桌上擺了印著「遲筆堂用箋」的愛用稿紙。文鎮則是蝦虎魚的模樣。◄
這邊是他女兒的房間，所以沒有參觀。
◄ 全是書架，看不出是客廳。
▼ 這房間的隔壁有寢室。
下來不見得就好，那些還是不要公開吧？」
「畫下來也沒關係哦。」

那只是自我警惕用的座右銘……。」

既然井上先生這麼說，就斗膽在此公開。這些字句用鉛筆分別寫在三張紙條上。

讓困難的事情變簡單。
讓簡單的事情變得有深度。
讓有深度的事情變有趣。

・

把難題加以拆解（笛卡兒）。
作者必須常給讀者出其不意的衝擊。
把真正發生過的事情的時間掉換過來。
寫文章跟口語一樣：腦子裡有沒有清楚抓到重點，這才是最大的問題。

・

若非萬不得已，不寫隨筆。
要寫的話，就要寫出足以稱為「作品」的隨筆。
時時謹記還不曾寫出任何名作、傑作。而勝負就在這五年。

否定《吉里吉里人》並繼續前進。不可將劇作的走紅過於膨脹，太當回事。

一字一句要辛苦耕耘。

集中精神！

「我也想把這些照抄下來自我惕勵呢。」

聽我這麼說，井上先生一臉靦腆：

「其實，好幾項都做不到……，所以才會寫下來當座右銘啊。」

對工作這麼兢兢業業，真是比不過井上先生。

藏書量之豐，也讓人佩服佩服。

三個暗號

井上廈

聽說河童先生要來採訪，我就設計了三個暗號。

首先是隨意擺在稿紙上的紅色白色百圓打火機，代表慶賀河童先生新連載開始。連載開始值得慶賀，所以是紅白各一。

第二個是蝦虎魚文鎮。我有很多魚形文鎮，至於為何挑這一座，是因為河童先生是好奇心極重的人，一旦發現有趣事物就會緊追不放，這是用來比喻他的貪婪程度如同蝦虎魚。

第三個暗號則是並排在桌上的三本書，分別是幸田露伴的《五重塔》、松本清張的《黑色畫集》和夏目漱石的《三四郎》。把書名的前三個字連起來就是「五黑三」，唸成「ごくろうさん」（譯註：「辛苦了」），是慰勞用的。

想想這三題都只能說是謎語，稱不上什麼暗號，河童先生卻漂亮地解開了第一個，在文章裡明白寫出來。第二個則是口頭上解開了。因為之後沒多久，和河童先生見面時他說：「那座

◉井上廈，一九三四年生於山形縣。在十年的劇作家生涯後，一九六九年以《日本人的肚臍》一劇廣為人知。接著在戲曲、小說領域發表了不少引起討論的作品。代表作有戲曲《閃耀的星座》、小說《吉里吉里人》等。一九八三年成立「小松座」劇團，專門演出他的作品，並舉辦演講會、電影放映會等活動，七萬餘冊藏書捐出成立「遲筆堂文庫」圖書館。一九九七年時定居於鎌倉。

蝦虎魚形文鎮是在取笑我吧！」第三個就太難了。就如前面所說的，與其說是暗號，反而比較像謎題。

坂東玉三郎的後台休息室

演出歌舞伎或新派劇（編按：明治中期興起的戲劇形式，多以風俗世事為題材，介於相對被稱為「舊派」的歌舞伎和明治末期受西方近代戲劇影響而生的「新劇」之間）的傳統劇場後台入口設有「頭取部屋」（編按：舞台總監室）。窗口擺著一塊厚厚的原木木板「著到板」，上頭寫著演員的姓名。演員一抵達劇場就要立刻在自己名字上插一根紅色的木棒，表示已經進到後台休息室了。

寫著坂東玉三郎的地方已經插著紅色木棒。進去時得換上後台專用的室內拖鞋，雖說一一穿脫鞋子很麻煩，但為了不把泥巴帶進後台弄髒戲服，不得不如此。

「早安！」「早安！」我一邊跟其他演員及負責道具的工作人員打招呼，在來往人群中穿行，最後來到掛著「坂東玉三郎」名牌的休息室前。

坂東先生休息室門口的布簾每次都不同，會根據戲碼變換休息室的氣氛。這回在「新橋演舞場」演出的是三島由紀夫的《黑蜥蜴》，所以以西式風格統一。

之前坂東先生演出歌舞伎時，榻榻米上擺有鏡台、坐墊等等……，邊這麼回想著，掀起布簾進門一看，果然不出所料，他自備了樣式簡單卻透露著華麗氣息的各式用具，波斯地毯上頭放著梳妝台和椅子等等。

他向著鏡子，臉上的女妝正畫到完妝階段。我怕打擾他，便決定到外頭候著。他察覺之後隨即招呼我說：「沒關係，就快好了！」

事實上，即便交情不錯，要去別人休息室的時機也得有所拿捏。每個人情況不同；有些人就希望客人在演出完畢才來比較好。對於一進休息室就等於進入戲劇世界的人來說，開演前最好不要碰面。相反地，希望在休息室能保持輕鬆心情的人就不會那麼神經質⋯⋯。每個人的習慣不同。種種個性也會反映在休息室裡頭，擺設也跟著不一樣。通常劇場的休息室不會放任何器具，只是空蕩蕩的一個房間，所以大家可以帶喜歡的物品進去擺設，營造自己覺得舒適的環境。如果公演達一個月之久，那更需要這麼做了。有人在房裡擺滿各色花朵，簡直像開了間花店；也有人棉被永遠不摺不收，坐墊散得滿地都是。從休息室就能看出使用者的性格，很有意思。「休息室」對演員來說是直達舞台的工作場所，但因為是不在觀眾眼前揭露的私人世界，從中反而可以看到他們異於所扮演角色的本來面貌。

「你說要來畫休息室，我本來打算改鋪另一張花紋更細緻的地毯來刁難你，想想還是饒了你吧！」他一副開玩笑的口吻說。

我往地毯瞧了一眼，幸好花紋不是太精細，鬆了一口氣。
「下一幕我整場有戲，會在台上待一個小時，請慢慢來。休息時間再聊吧，待會兒見！」
說罷，一位妖豔美女——事實上是怪盜「黑蜥蜴」——走出了休息室。
趕著趁房間主人不在的這段時間裡畫好素描量完尺寸，忙得我滿頭大汗。

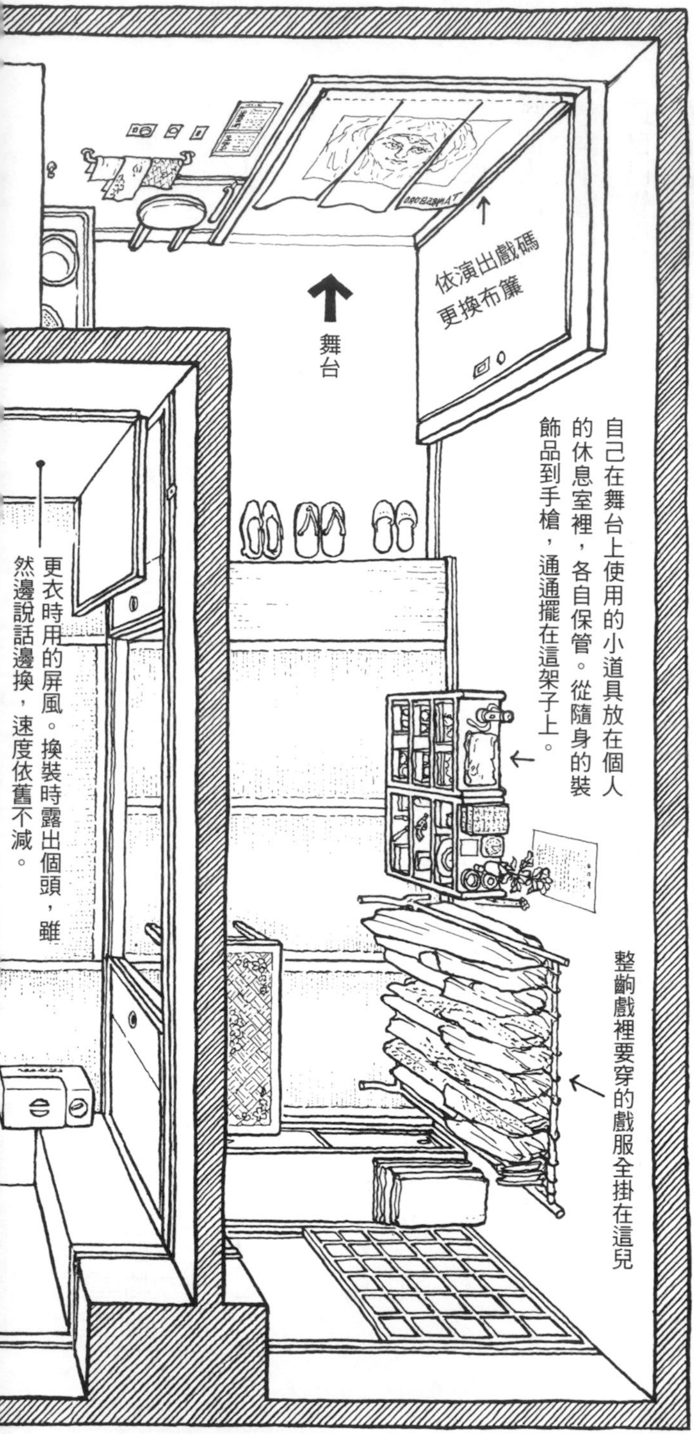
依演出戲碼更換布簾
舞台
自己在舞台上使用的小道具放在個人的休息室裡，各自保管。從隨身的裝飾品到手槍，通通擺在這架子上。
整齣戲裡要穿的戲服全掛在這兒
更衣時用的屏風。換裝時露出個頭，雖然邊說話邊換，速度依舊不減。

這間是「新橋演舞場」裡最好的休息室。不是每間休息室都這麼大；有的小一點，也有幾個人共用的，各式各樣。這之間的差別反映了演員的號召力和身價。共處一室的演員合得來的話，相處和樂融融，會滿愉快的；但要是……
休息室通常是在舞台後面。這房間也是在舞台的正後面。
壁龕裡也擺蝴蝶蘭
他喜歡蝴蝶蘭

桌上擺著十四卷錄音帶。前陣子大都是華格納和理查・史特勞斯的歌劇，現在歌劇不見了，取而代之的是莫札特的鋼琴協奏曲。看看曲目有二十號、二十一號、二十三號、二十七號。其他還有海頓的弦樂四重奏《皇帝》《雲雀》、交響曲《驚愕》《時鐘》，韓德爾的《水上音樂》組曲，以及尼爾・戴蒙（Neil Diamond）等等。全憑當時的心情做選擇。

扎扎實實過了一小時後，「她」變成「他」從舞台回來。意思是，離開休息室的是位身著和服的女性，回來的時候卻變成穿著西式服裝的男人。

「上次看的時候就嚇了一跳；這麼神速的變身究竟是怎麼辦到的啊？」

我猜是在女裝和服底下穿著男裝，但如果事前就穿好長褲，褲管一定會從和服的下襬露出來，行不通。簡直就像在變魔術。

開門走出去時是位女性，從隔壁房間的門進來時卻變成男性打扮，中間只有十二秒的空檔。說起來真令人難以置信，但事實就是如此。

「這手法是營業機密！」

他笑著為我揭開謎底。在和服底下穿著只有長褲褲管的部分，然後把它捲起來用暗釦固定住。只要做個動作，就會放下來變成長褲褲管。

「那和服的腰帶呢？」

「拉一下這個就會自動解開。」

連和服的腰帶也動了手腳。

「可是連口紅的顏色都不見了，整張臉看起來就像男的啊。」

「那是在嘴唇上撲白粉蓋過去的。」

光聽說明好像很簡單，實際做起來可是麻煩極了。他一開門走進布景後頭，在那兒待命的跟班馬上幫他卸下假髮、解開腰帶、脫掉上半身的特製和服、放下褲管、圍上圍巾、穿上外套、戴上帽子、蓋掉口紅。從玉三郎先生走進布景後頭到打開隔壁房間的門為止，一直有三個人和他同步，然後在十二秒內完成上述所有換裝動作。過程中千萬不能讓觀眾察覺到後台正進行一場激烈奮鬥；客人只要瞠目結舌、欣然享受觀賞的樂趣即可。

我邊欣賞他氣定神閒的精彩換裝秀，心裡想著，這簡直像在看坂東玉三郎這個人嘛。我從沒見過他在休息室裡做什麼培養情緒的準備。每次他都是說聲「我上台去了」，然後在走出休息室、轉向舞台的那一瞬間跳進角色、完成變身。

他曾說：

「待在休息室的時候，如果狀況好的話，當天就能演得好。所以，就算聽音樂也不必特意安排得和今天的戲碼相關。只要適合當下的自己就行了。能處在自然的狀態裡是很重要的呢。」

反窺河童

「少爺」與「老爺」

坂東玉三郎

「少爺！」

後台入口傳來嘹亮快活的聲音，表示河童先生登場了。

在戲劇世界裡，有稱呼對方為「老爺」或「少爺」的習慣。河童先生覺得這種舊式稱呼很好玩，便這麼叫我。

第一次見到河童先生已經是八年前的事了。有時為了洽談工作事宜，會跑去河童先生府上，忘了自己身為晚輩，想說的話就直接了當脫口而出。但河童先生從來不會以前輩或舞台設計家的身分自居，並且容許我放肆地暢所欲言，現在想起來真的很感謝他。

還有，從河童先生對事物的執著上我也學到許多。那種執著實在獨特，我不免想，假使河童先生沒從事現在的工作，他大概會是位建築家或寫敘事詩小說的作家。他的執著真是一點兒也不馬虎。所以我到現在才說出來：在河童先生為了《工作大

◉坂東玉三郎，一九五〇年生於東京。師承第十四代的守田堪彌，七歲初次演出。在歌舞伎界被稱為反串女角第一人，大受歡迎。另一方面亦參加《馬克白》、《奧賽羅》、《薩德侯爵夫人》等戲劇與電影《夜叉之池》的演出。乃日本現代戲劇界具代表性的男演員。

不同》來採訪的前一天，我才偷偷整理過房間，一點一點收拾檢查，絲毫不敢疏忽。

引領這樣個性的河童先生進入舞台世界的是他二十歲起師事的藤原義江先生（河童先生總稱呼他「藤原老爺」）。或許來自藤原先生的影響決定了河童先生日後人生的走向。

河童先生稱我為「少爺」，或許，正是因為他思念藤原老爺的緣故呢。

富田勳的錄音室

「的確是錄音室沒錯……，只不過，我想跟一般的錄音室不大一樣喔。」

「哪裡不一樣？」

「噯，別在意這個，就請先來參觀吧。」

一被領進房，不妙！富田先生見我一副慌張模樣，說道：

「亂得一塌糊塗吧！」

其實我不是被雜亂的程度嚇到，而是機器種類之多與複雜程度超乎想像。

要把這些全畫進去，那可費勁啦——所以開始不安起來。

雖說曾和富田先生一同工作過，也猜得到他擁有大批電子樂器和錄音器材，可是，眼前這番景象已非事前經過心理建設就足以應付的了。

我對機器一竅不通，像文字處理機也只拿來打字，什麼構造原理完全不懂，用就對了。

因此，光看到纏滿電線的機器擺滿一室，馬上肅然起敬。

像我這種機械白癡，根本不可能懂電子樂器的構造，不過還是試著問問看。

「這些機器可以說是利用電子迴路來製造聲音，然後再合成加工？」

「沒錯沒錯。」富田先生點頭。

以往的音樂都是出自樂器與人聲，電子樂器則利用電力製造聲音，再加以合成或轉換，然後創作出樂曲。

房間裡擺著好幾座鍵盤，但不是用來演奏音樂發出聲響的。富田先生將磁片插入機器，螢幕上出現了波形線條。

「這是獅子座ＡＤ星爆炸後慢慢冷卻、又再度爆發時的光變化圖形，我拿來當成聲音的素材，製作聲響。根據長野縣野邊山電波天文台森本教授的說法，宇宙是活的，有各種震動現象。太空中有許多電波會傳送至地球，然後用碟式天線接收截取，再轉成聲音……。此外還可以做出各式各樣的聲音。」

聽了這番話，突然覺得這間錄音室彷彿位在太空船裡，而富田先生儼然是個外星人。他的職業無法用一種職稱來總括，這似乎正證明了他異於常人之處。因為他常常一個人同時做好幾份工作。

他是作曲家，也編曲，會利用電子合成器創作多重聲音，連指揮及演奏都一手包辦，混音也自己來，還兼做音響工程師。

「如果要用一個名詞來統括稱呼你的職業，那會是什麼？」

「創造聲音的形象。打造音響的空間。可以說是『聲音表演者』吧！」

他去年秋天在奧地利製作《體驗宇宙的聲音之雲》活動，規模宏大壯闊，受到全世界矚目。

NHK電視台曾以《富田勳的世界、多瑙河．光與星之演奏會》為題製作特別節目，並播放過兩次，我想應該有許多人看到那個場面，規模實在非常龐大。

我也是在電視上看到的……。

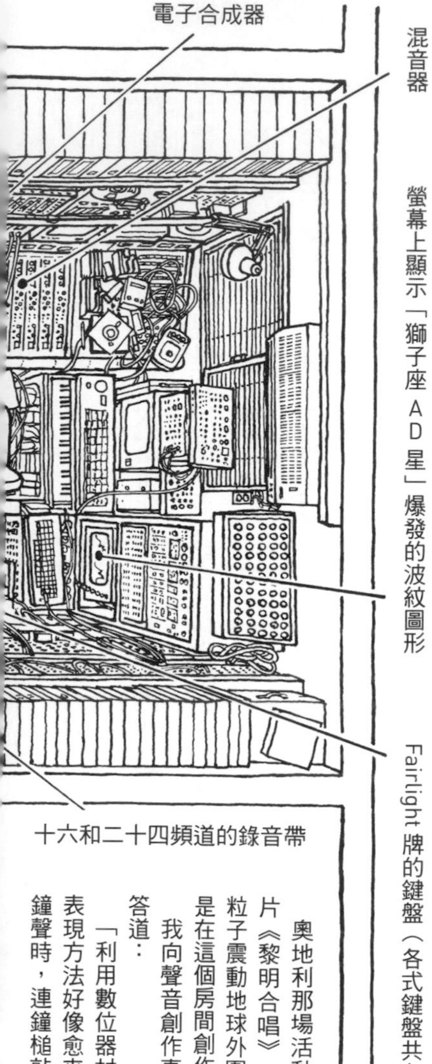
Casio的Cosmo型
電子合成器
混音器
螢幕上顯示「獅子座AD星」爆發的波紋圖形
Fairlight牌的鍵盤（各式鍵盤共七座）
十六和二十四頻道的錄音帶

奧地利那場活動的音樂，和融入宇宙聲響的唱片《黎明合唱》（編按：Dawn Chorus，太陽風粒子震動地球外圍的磁層而發出的咻咻聲），都是在這個房間創作出來的。

我向聲音創作專家問起最近錄音界的情況，他答道：

「利用數位器材來追求鉅細靡遺的錄音，這種表現方法好像愈來愈普遍。例如錄下歐洲教堂的鐘聲時，連鐘槌敲鐘那瞬間的撞擊聲、齒輪的吱

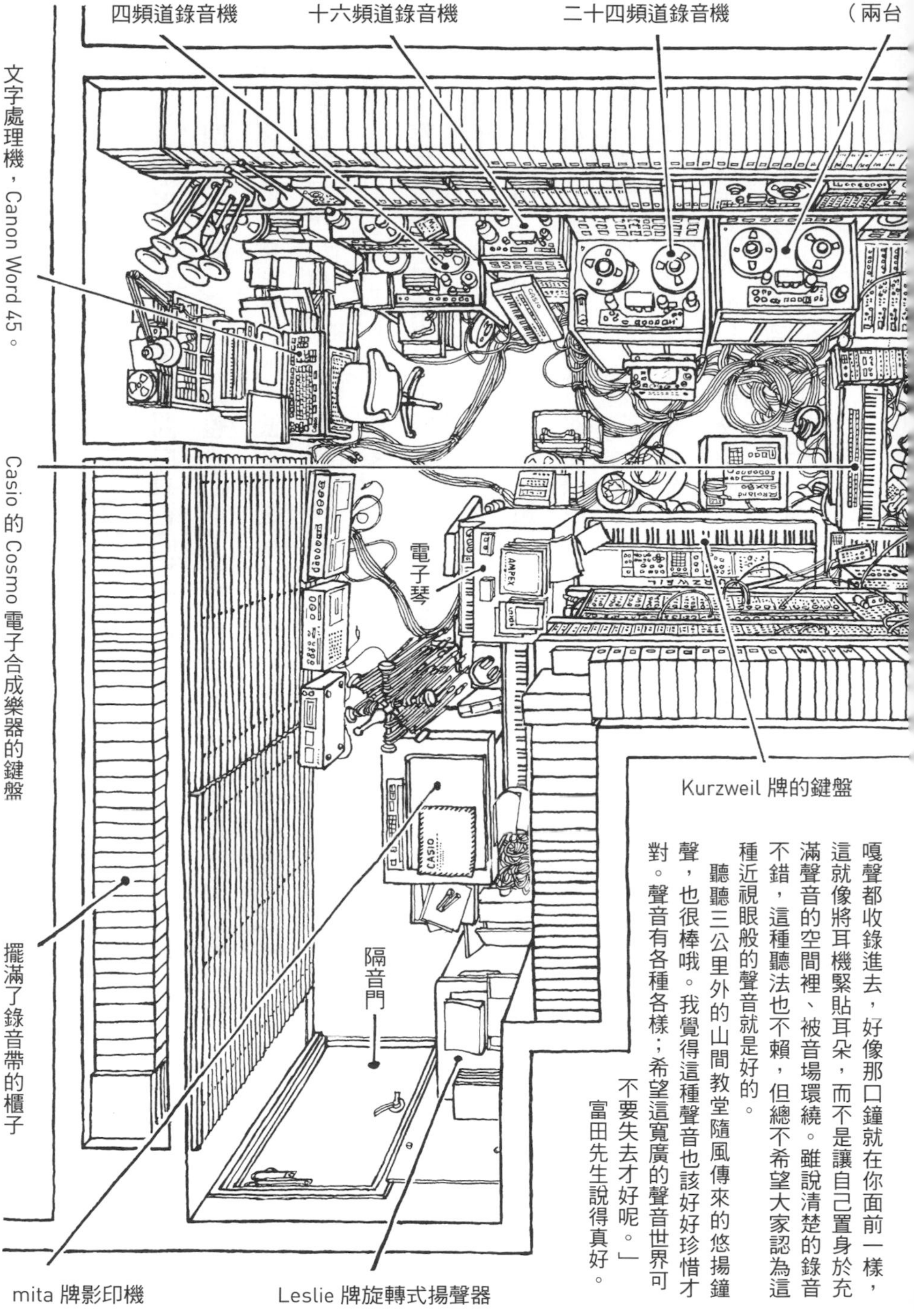
四頻道錄音機
十六頻道錄音機
二十四頻道錄音機
（兩台
文字處理機，Canon Word 45。
Casio 的 Cosmo 電子合成樂器的鍵盤
電子琴
Kurzweil 牌的鍵盤
隔音門
擺滿了錄音帶的櫃子
mita 牌影印機
Leslie 牌旋轉式揚聲器

嘎聲都收錄進去，好像那口鐘就在你面前一樣，這就像將耳機緊貼耳朵，而不是讓自己置身於充滿聲音的空間裡、被音場環繞。雖說清楚的錄音不錯，這種聽法也不賴，但總不希望大家認為這種近視眼般的聲音就是好的。

聽聽三公里外的山間教堂隨風傳來的悠揚鐘聲，也很棒哦。我覺得這種聲音也該好好珍惜才對。聲音有各種各樣，希望這寬廣的聲音世界可不要失去才好呢。」

富田先生說得真好。

活動在林茲（Linz）市多瑙河畔布魯克納屋（Brucknerhaus）前的公園舉行，八萬名聽眾第一次經歷了置身於音響空間中的體驗，非常興奮。

為了創造巨大立體音響空間而設置的揚聲器也十分驚人。隔著三百公尺寬的河面，對岸擺了四個揚聲器，河裡的兩艘船上擺了三個，在上空盤旋的直升機吊著一個五十公尺高的超大揚聲器。聽眾所在的公園後方則擺著四個，環繞觀眾席。為了讓富田先生能夠綜觀全場便於指揮，吊車將他所在的特製金字塔形控制室吊在河面上，連那上頭也設置了一個揚聲器。合計共十三個頻道，總輸出功率達四萬六千瓦……。

演奏的音樂不只來自電子樂器所發出的聲響，還有小提琴及尺八在船上合奏，再配合百人大合唱。

首先，船上的小提琴拉出《第三類接觸》（*Close Encounters of the Third Kind*）的旋律，猶如附和一般，直升機飛現上空，懸吊著的揚聲器傳出聲音，好像幽浮正和地面通訊。由人演奏的器樂聲交織著電子樂音，更給人宇宙之旅即將啟程的感覺。

為夜空增色添彩的雷射光束讓人以視覺感受樂音的變幻，效果也不同凡響。

閉幕曲是貝多芬的第九號交響曲《歡樂頌》的男中音獨唱〈哦，朋友！〉，歌聲從空中傳來，接著多瑙河上的百人合唱隨之呼應，天空、河流與大地正被前所未有的「宇宙意象立體音響」環繞。

可能有人會說沒聽過富田先生的「新聲音」，事實上，幾乎大家都聽過他作的曲子，而且許多首耳熟能詳，一提大家都會說「啊，原來就那首呀」。例如電視劇的主題曲《花之生涯》、《天與地》、《新・平家物語》、《勝海舟》、《德川家康》、《新日本紀行》等。其他還有許多，像某個世代的人便很懷念卡通《森林大帝》和《緞帶騎士》（編按：舊譯《小獅王》、《寶馬王子》）吧。擁有這樣風格的他，不僅從事前衛性的工作，也創作許多平易近人的音樂，而且以電子合成樂器創作的聲音來構築世界，這從去年在奧地利的「立體音響空間」活動中也加入小提琴和尺八的演奏及百人合唱便可得知。他之所以使用電子合成樂器，無非是想更自由地拓展、創造聲音的可能性。

「人耳無法接收從其他星球傳送到地球的電波，但若經由電子合成樂器轉換，就可以聽到宇宙傳來的聲音。我想，如果華格納現在還活著，一定也很想用用看電子合成樂器吧！」

當他說這番話時，彷彿一位善感的青年，完全感覺不出已經五十二歲了。

河童反窺

相見歡

富田勳

初遇河童先生，是在一九八一年舉辦的神戶港博覽會（Kobe Portopia），某個展覽館演出偶戲，我倆分別是該劇的舞台設計與音效製作。那座展覽館的形狀，就音響效果來說是最糟的那種——「倒扣的碗」，聲音在半球形會場裡胡亂反射，根本沒辦法測量、計算音響效果。

然而，河童先生設計出深邃森林的舞台布景，並且在樹枝上黏了幾萬片樹葉。樹葉當然是人造的，但由於添加這麼大量的茂密樹葉，胡亂折射的聲音完全被吸收掉，最惡劣的條件一舉轉化成最佳環境，真讓人高興極了，而且也創造出我多年經驗中最棒的音響效果。

當時的喜悅至今仍未能忘懷。

除我之外，在這方面受到河童先生幫助的音樂從業人員應該也很多吧。

◉富田勳，一九三二年生於東京。負責NHK的大河連續劇等多齣戲劇的音樂製作。在電子音樂方面則為新領域的開拓者，引領世界潮流，編排演奏的《月光》、《行星組曲》、《展覽會之畫》等在美國古典音樂排行榜曾高居第一，在國際上獲得頗高評價。

看到河童先生筆下的錄音室，不禁想起當時的光景。那時碰巧正在整修，畫中有放置在外的錄音機胡亂先塞到收納櫃中的模樣、脫掉便擺著的拖鞋、沒關好的門等等，看了畫才知道原來是在這樣的情況下工作啊，河童先生將當時錄音室的狀況都完整再現了。還有，這幅畫也清楚地顯露出我的怠惰：磁片不應該那樣亂擺，錄音帶捲盤沒收好也不行……。

總之，這張圖裡幾乎看不到空白的地方。不過，我不認為畫得仔細就是好。如果只是追求精細重現，或許拍照就夠了。但是河童先生的細膩有他個人的風格，這種細緻的呈現在他獨特的藝術世界中有其重要性。而且，幾近從正上方俯瞰以逼近本質的手法和獨特的切入點，在在瀰漫著明快且引人發噱的幽默感。我認為，那正是引人驚奇、同時為人帶來歡樂的要素。

佐藤信的工作場所

「什麼？我的工作場所？戲又不是我一個人完成的……。」

劇作家兼導演的佐藤信先生聽到採訪的邀約，既驚訝又為難，相當抗拒。他身為「黑帳篷68／71」的領導人物，在戲劇界頗為知名，但他討厭只有自己在聚光燈下成為焦點，因為會難為情。他常強調戲劇是靠團體的力量推敲琢磨出來的，因此不把排演的地方叫「排練室」，而以「工作場所」稱之。

我倆相識在他二十三歲，還沒成為導演、在後台工作的時代。記得他那時就已經朝著今日所走的戲劇之路邁進，是位感覺敏銳的戲劇人。他現在四十一歲，說起來已經是十八年前的事情了。要說服和以前一樣害羞的他在這兒登場，可得大費脣舌才行，不過呢……。

「就像你說的，戲劇得透過眾人通力合作才能完成——而接受採訪，正是讓大家了解這件事的好機會呀。再說，《底層》的舞台設計是我負責的，這樣同時能回答讀者：『舞台設計到底是什麼樣的工作？』這可是一石二鳥呢。」

就這樣說服了他。

事後一想，才發覺在說服他的同時，也讓自己的工作陷入了「自我窺看」的奇妙窘境，不由得慌張起來。為了避免屆時自己也不知所措或不好意思而臨陣脫逃，便拜託編輯部的F君扮演採訪者的角色，陪同著一起到排練場去。

恰好，F君突然對排練的種種很感興趣，發表了不少感想。

「舞台布景從排演階段就要架設好，這我從來不曉得。能親眼見到參加演出的成員實在很有趣呢。那位是演過《模擬人類》的竹中直人先生吧。林隆三先生和熊谷真實小姐也都跟在電視上看到的感覺完全不一樣……。音樂廳的松永Teruho小姐也和『新劇』的老牌演員們同台演出。怎麼說呢，感覺好像可以從戲中看到我們這時代的模樣……。」

這回《底層》公演最有趣的地方也正在於此。高爾基（Maksim Gorky）這部戲的日本首演已經是七十五年前的事了，之後又搬演了四十四次，但似乎都有種翻譯劇本的詰屈聱扭，侷限在「新劇」（編按：相對於能、狂言、歌舞伎等日本傳統戲劇，明治末期發展出吸收西歐近代戲劇的手法、以寫實主義為本、描寫近代生活的戲劇）的框框裡。佐藤信為了讓它更貼近日本，將俄國版《底層》的時空背景加以改寫，轉換到昭和十年左右新宿地區的長形大雜院。即便做了如此改編，依然保留了原作的精神。

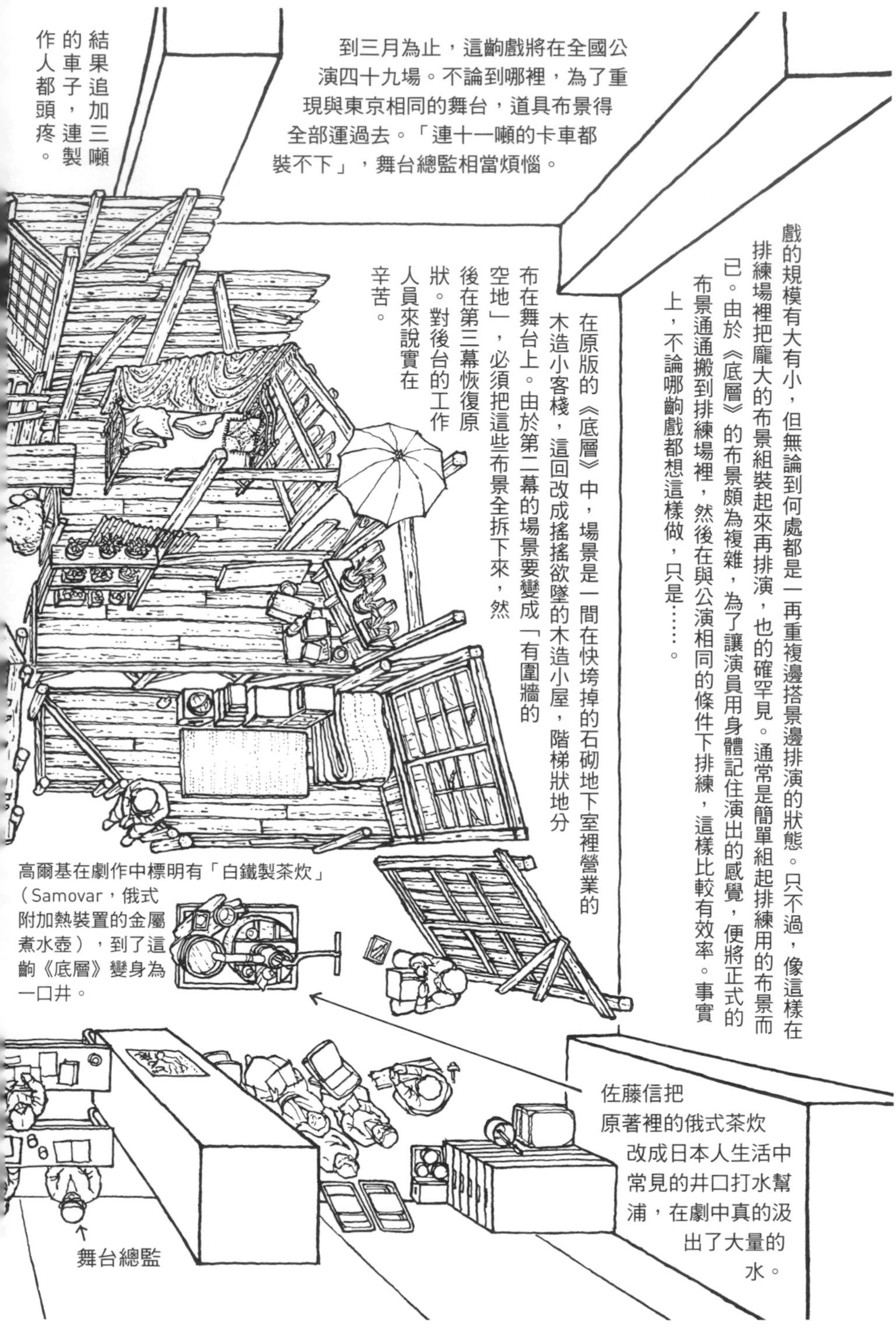
到三月為止，這齣戲將在全國公演四十九場。不論到哪裡，為了重現與東京相同的舞台，道具布景得全部運過去。「連十一噸的卡車都裝不下」，舞台總監相當煩惱。
結果追加三噸的車子，連製作人都頭疼。
戲的規模有大有小，但無論到何處都是一再重複邊搭景邊排演的狀態。只不過，像這樣在排練場裡把龐大的布景組裝起來再排演，也的確罕見。通常是簡單組起排練用的布景而已。由於《底層》的布景頗為複雜，為了讓演員用身體記住演出的感覺，便將正式的布景通通搬到排練場裡，然後在與公演相同的條件下排練，這樣比較有效率。事實上，不論哪齣戲都想這樣做，只是……。
在原版的《底層》中，場景是一間在快垮掉的石砌地下室裡營業的木造小客棧，這回改成搖搖欲墜的木造小屋，階梯狀地分布在舞台上。由於第二幕的場景要變成「有圍牆的空地」，必須把這些布景全拆下來，然後在第三幕恢復原狀。對後台的工作人員來說實在辛苦。
高爾基在劇作中標明有「白鐵製茶炊」（Samovar，俄式附加熱裝置的金屬煮水壺），到了這齣《底層》變身為一口井。
佐藤信把原著裡的俄式茶炊改成日本人生活中常見的井口打水幫浦，在劇中真的汲出了大量的水。
舞台總監

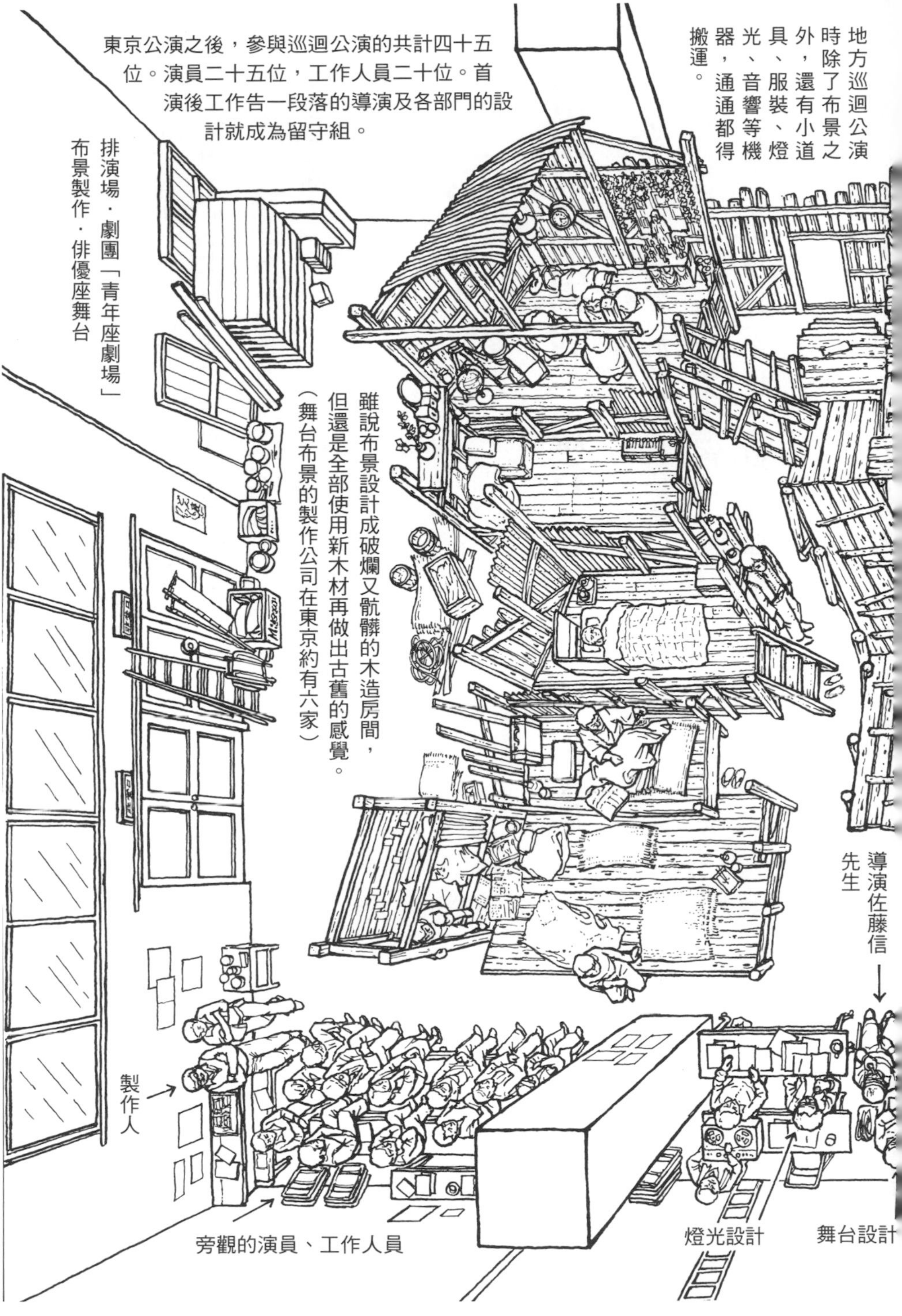
東京公演之後，參與巡迴公演的共計四十五位。演員二十五位，工作人員二十位。首演後工作告一段落的導演及各部門的設計就成為留守組。
地方巡迴公演時除了布景之外，還有小道具、服裝、燈光、音響等機器，通通都得搬運。
排演場・劇團「青年座劇場」
布景製作・俳優座舞台
雖說布景設計成破爛又骯髒的木造房間，但還是全部使用新木材再做出古舊的感覺。
（舞台布景的製作公司在東京約有六家）
導演佐藤信先生
製作人
旁觀的演員、工作人員
燈光設計
舞台設計

正因為有這樣的企圖，選角上便超越了演員所屬劇團及流派的限制。

「哇，直到正式上演，每天都要這樣全員集合，排戲排三十八天嗎？這樣不太合算吧，在現在這種時代……。不過，相對地，從觀眾的立場來說，『戲劇』真可稱得上是奢侈的享受啊。活生生的人就在你面前演戲給你看。」

F君一副十分感動的樣子。經他這麼一提，我才注意到原來我們戲劇人的職業是在製作奢侈品啊。

反窺河童

得自於劇場的「窺看法」

佐藤信

我必須再次強調，河童先生是位舞台設計家。

其實我覺得哪一種職稱都無所謂。因為河童先生就是河童先生。無論在劇場或文字世界，還是其他讓人意想不到的地方，不管河童先生身在何處，河童先生都和平常一樣做他自己。這樣就夠了。

可是他本人說，光有那樣的想法還不夠。因為「我是舞台設計」，而且「對工作十分認真努力」。

原來如此。河童先生對所有事物都覺得新鮮、感到好奇，放任不管的話，他就會變成一人同時扮演唐吉訶德和隨從桑喬・潘薩的情況。對這樣的他來說，劇場這裝置的特別魅力，想當然耳，是別的事物所無法取代的。

其實，倒不如說河童先生獨特的「窺看」方法得自劇場。這麼一來，或許也可以說，實際上河童先生不曾離開劇場。

所謂劇場，簡單來說就是切取部分「世界現狀」重現於舞台上。看來，當河童先生鄭重其事地宣告「我是舞台設計」時，我們非得沉住氣、好好準備一個讓河童先生更認真以對的舞台不可。

◉佐藤信，一九四三年生於東京。一九六六年與「俳優座養成所」同學創設「自由劇場」劇團，一九七一年設立了「黑帳篷」劇團。除劇團戲劇外，也參與歌劇、舞蹈、短劇等，活動範圍廣泛。一九九六年起就任世田谷公共劇場（Setagaya Public Theatre）的總監。

川端康成的《雪國》之室

「大雪一直下，那麼來趟《雪國》之旅如何？」

就這樣一個單純的念頭，於是便搭乘從大宮發車的上越新幹線，前往越後湯澤的「高半旅館」。川端康成先生在昭和九年至十一年的三年間，經常投宿這間旅館，並在這裡寫出了《雪國》。所以說，這裡也算是川端先生的「工作場所」之一。有一次《雪國》改編成舞台劇，我為了舞台設計前來此地取材，曾經丈量過那個房間的大小，也畫了素描。

那時才知道，原來《雪國》中所寫的大半是事實。

川端先生瞪著那雙我們熟悉的骨碌大眼睛，在湯澤的街上來回走著，像是要窺探什麼似的。

小說中出現過的地點，在這裡都確有其地。書中姓「島村」的文人走過的路、女主角「駒子」所住的家、幽會的神社境內的大樹等等，都已經隨著時代而有不同面貌了，但仍有不少留存下來。

由於今年四月要在大阪的「新歌舞伎座」重新搬演《雪國》，我想再稍做調查。這只是表面的理由，其實是有些事情想確認。我想知道，川端康成先生長期居停此地的住宿費、以及當時的收入是多少？還有他取材的方法，諸如此類的生活實態。這趟見到了高半旅館高齡七十二歲的老闆高橋半左衛門先生，知道了更進一步的細節。當時川端康成先生三十六歲，半左衛門先生二十歲。老闆還沒繼承家業的名號，所以是在還叫做「正夫」的時代。

「那時候的住宿費從日幣一圓到三圓五十錢不等，川端先生住的是最貴的。在一袋米五圓的時代，這樣的住宿費算是高的。當時他還不是很有名的小說家，所以我父親不認識。因此問我說：『在投宿登記簿寫上川端康成的男人，看起來像是文人，但真的是嗎？你有沒有聽過？』我答說是寫《伊豆的舞孃》等小說的作者，我父親接著問：『那麼，是寫像直木三十五的小說嗎？』我回答說：『不，不是直木先生，是比較近芥川先生的類型。』結果他說：『這麼說來，是位寫些無趣小說的作家囉。』（編按：直木三十五以流行作家、提升大眾文學地位而為人知，獎勵大眾文藝作家的「直木賞」便是紀念他；芥川則指芥川龍之介，紀念他的「芥川賞」由評審主動選出半年來各報章雜誌同人誌中最優秀的短篇小說，主要對象是尚無名氣的新進作家）家裡常有与謝鐵幹、晶子夫婦及北原白秋等文人前來投宿，都和我父親很熟……。和那些人比起來，當時的川端康成先生知名度還很低呢。」

「川端先生當時的收入有高到可以付三圓五十錢的住宿費嗎？」

「我想應該沒那麼好吧。他偶爾會寫稿，然後交給開往上野夜車的車掌，請他帶過去。隔天早上，出版社的人會到上野車站取稿。給車掌小費、委託送稿這些事情，通通都是一位叫『松榮』的藝妓幫他處理的，書中的『駒子』就是以她為本呢。川端先生好像會一起

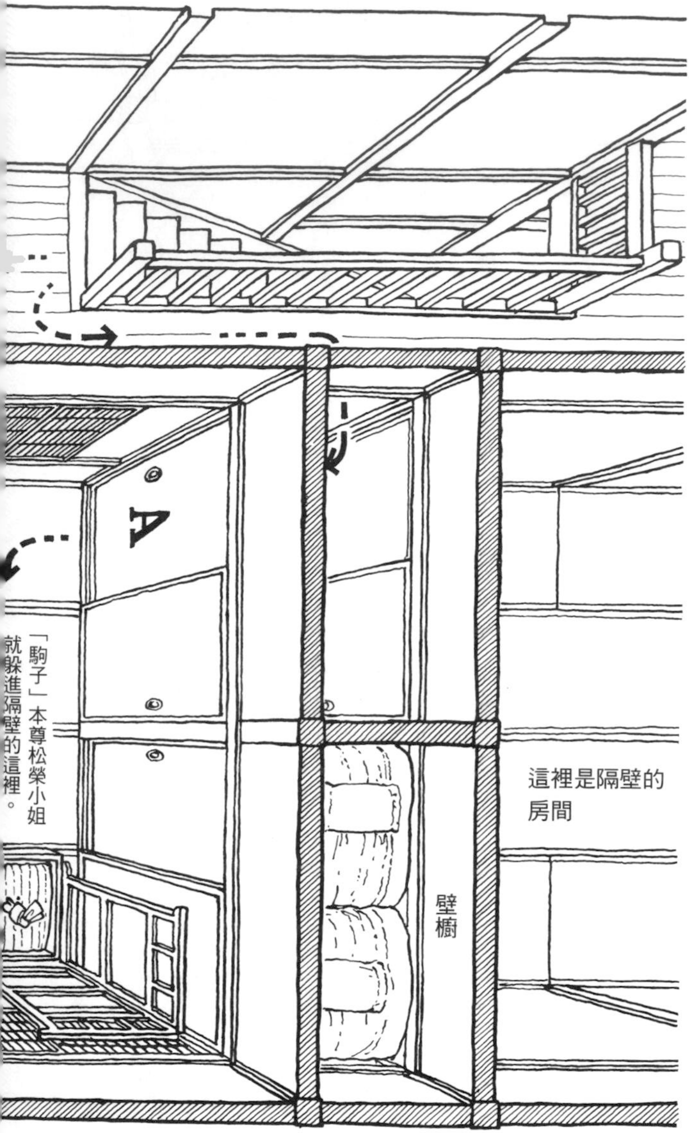

A
「駒子」本尊松榮小姐就躲進隔壁的這裡。
這裡是隔壁的房間
壁櫥

川端康成先生是昭和九年的秋天開始來這間旅館的，往後的三年間不知住過幾回，但來的季節都是春天或秋天。
在必須翻越三國山脈才能到此旅行的時代，山的這側跟那側像是遙遠的不同世界，但自昭和六年「清水隧道」開通，從東京來的滑雪或泡溫泉客人就變多了，冬天時也熱鬧起來。
川端先生似乎是想避開遊客多的夏天和冬天。而且要和松榮小姐會面，也是在她不忙的季節比較合適⋯⋯。

旅館改建後更名為「高半 HOTEL」，已無往昔風貌，但「霞之間」仍保存著。因為有些地方與當時不大相同，我便邊問邊畫復原當時的模樣。

保存下來的「霞之間」現在沒有上面陽台那部分。我拉開門時被突然出現的牆壁給嚇了一跳。八塊榻榻米大的房間差不多就像圖中所見的留存下來了，不過隔壁的房間就不一樣。

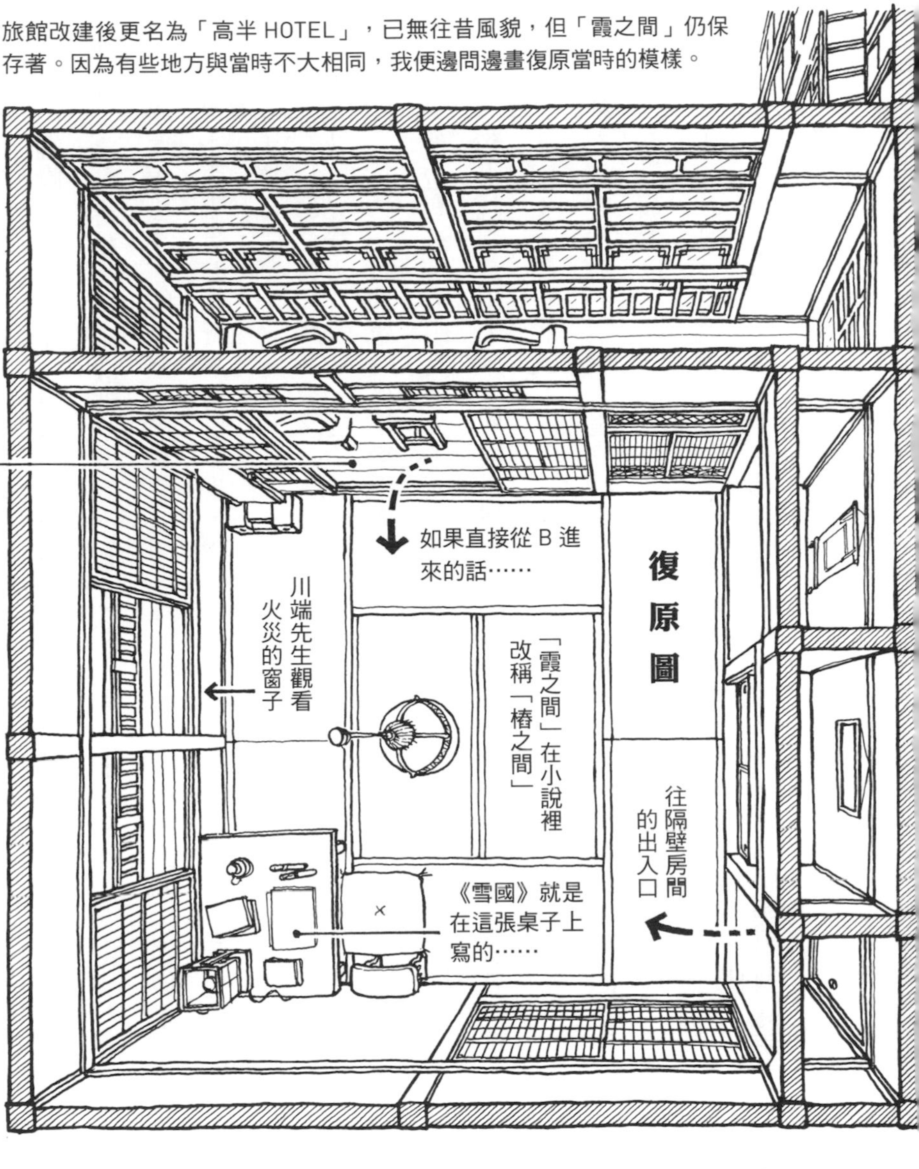
復原圖
如果直接從 B 進來的話……
川端先生觀看火災的窗子
「霞之間」在小說裡改稱「椿之間」
往隔壁房間的出入口
《雪國》就是在這張桌子上寫的……

這個房間一般是從 A 出入，不過旅館的人常常走樓梯上來後就直接從 B 進來，並且進來前一定會大聲地喊聲「老師！」……。因為剛開始的時候，身為藝妓的松榮小姐會慌慌張張地躲到隔壁房間。「公開之後，她就不再躲躲藏藏了。」高橋半左衛門先生如是說。這部分與小說中的「島村」和「駒子」差不多，事實與虛構重疊，簡直就像是小說裡的情節。《雪國》的最後一章曾提及「繭倉火災」，這也是真實的事情。火災就發生在昭和十年十月二十二日晚上七點左右，聽說川端先生就從窗口探出身子，一直觀看整個過程。

到車站去，但是總保持一段距離，從柱子後頭看著。」

川端康成先生並非一口氣在這房間裡完成《雪國》，而是從昭和十年到十二年間，分別在《文藝春秋》、《改造》、《日本評論》、《中央公論》等雜誌上發表，一次發表個三十張稿紙左右的分量。稿費都是用郵局匯票寄來，出版社的人好像不曾來拜訪過他。三十張稿紙的稿費大約是多少，我實在沒什麼概念，不過半左衛門先生說了：

「大概三十圓吧……？」

這樣說來，大約等於十天的住宿費。進一步想下去，結論或許有點玄妙：住在最高級的房間，是否正是他這個標榜無所作為的文士對生活的講究呢？旅館的人對此也無法理解，而且他也有些地方跟其他人不太一樣。

「到很晚都還不上床，然後一睡睡到隔天快中午，整天晃來晃去無所事事，女服務生稱他是『中午吃早餐的人』。」

他在這裡遇見的松榮小姐當時十九歲，是位感受性強、富好奇心的女性……。據說她不曉得自己被人以「駒子」的身分寫進小說裡，是後來聽人說才知道的。川端先生保持沉默的原因，或許是怕她的態度有所改變而擾亂了小說的構思吧。不管是什麼緣故，反正他除了在向人詢問事情時會開口，其他時候似乎並不多話。不過，聽說對採訪十分熱心……，例如還曾把小孩子叫到旅館，給他們小費，問《逐鳥歌》（編按：從江戶時代起，日本各地開始有舉行「逐鳥祭」的習俗，驅趕危害農作的鳥獸，並祈豐年、除災厄。流傳的童謠《逐鳥歌》各地歌詞有所不同）等等。此外，令人驚訝的是他從不曾在下雪的季節造訪此地。那篇以「穿過縣境長長的隧道，便是雪國了」起頭的名文，是出自他的想像力。

◉川端康成，一八九九年生於大阪。東大畢業那年與橫光利一等人創刊《文藝時代》，以「新感覺派」旗手之姿登上文壇。從戰前到戰後都非常活躍，一九六八年獲頒諾貝爾文學獎，是首位日本人獲獎。代表作有《雪國》、《伊豆的舞孃》、《掌中小說》、《千羽鶴》等。一九七二年去世。

辻村壽三郎的人偶工坊

工坊裡放的音樂是令人懷念的法蘭克・辛納屈（Frank Sinatra）老歌。

「您都是邊聽這種音樂，一邊做那樣的人偶嗎？」

終於忍不住開口問了。原本我擅自揣想的畫面是辻村壽三郎先生聽著日本的古典音樂，在自製人偶環繞的微暗房間裡埋頭做人偶，整個人瀰漫著一股妖氣。至於為何會有這樣的印象，大概是從他那些「美得可怕的人偶」所生的聯想吧。

「人偶是映照出觀看者自身的鏡子。」

我曾聽辻村先生如此說過。如果這是真的，那我可能是因為害怕被人偶看透？總之，從幼兒時期開始，我就一直很怕人偶。「人偶裡有人的靈魂」，大人們像是在傳述什麼祕密似地小聲說著，結果至今我好像仍被這句話束縛，無法逃離那咒語般的恐懼感。辻村先生則正好相反，他從六歲起就喜歡做人偶，直到今天。就因為這樣，我對他便有了「將靈魂注入人偶」的印象，好像會使妖術一般。

這印象被法蘭克・辛納屈給破壞了。不過也鬆了口氣。

「覺得意外嗎？我不太聽日本音樂呢。現在常聽的是一九五〇年代的美國流行歌，之前是湯瑪斯・多比（Thomas Dolby）的電子流行樂。更早之前也曾有過光聽麥可・傑克森（Michael Jackson）的時代。」

「我原本猜這裡八成會擺滿人偶，可是抱著得全畫進去的覺悟才來的，沒想到……。」

「如果四周都是自己做的人偶，那就沒辦法再做出新的了，所以成品都不會擺在身旁。」

仔細想想，說得沒錯。我也從不在房間牆壁上掛自己的畫。

聽的音樂也一樣，像玉三郎先生在歌舞伎或新派劇的後台休息室裡聽的是鋼琴協奏曲或歌劇，和工作也沒什麼特別關聯。

所以，沒什麼好大驚小怪的。至於對辻村先生會有那種先入為主的印象，應該是從他身上感受到一股妖氣的緣故吧。我雖然懼怕人偶，卻幾乎看遍了他的人偶展覽和舞台表演，而且還是他的迷呢。理由是我從每尊人偶身上都能感受到一段段的故事，充滿不可思議的魅力。

「因為喜歡戲劇，才會在戲劇世界中製作人偶嘛，不是嗎？」

辻村先生說著聊著的同時，雙手一直沒歇過，不停做著小人偶。這個用在偶戲上不嫌太

偶衣服的零碎布頭。

小嗎？結果他回答：

「喔，這和舞台沒關係，只是自己做來消遣而已。我只有在必須做戲偶的忙碌時期才會做這種小人偶，所以常被助理罵。他說要做那種東西就等隱居後再做。」

他像個頑皮小鬼般笑著。

「這尊又是為誰做的呢？」

「不是，只是為了解悶而已……。」

「要賣的話得多少？」

「那不賣的，大都拿來送人呢。」

那尊快完成的人偶，看著看著愈來愈想要，可是辻村先生口中始終沒說出我的名字，只好忍住。人偶大約只有十八公分高，卻極其細緻，連手指的動作都刻畫出來，真是太棒了。只是消遣

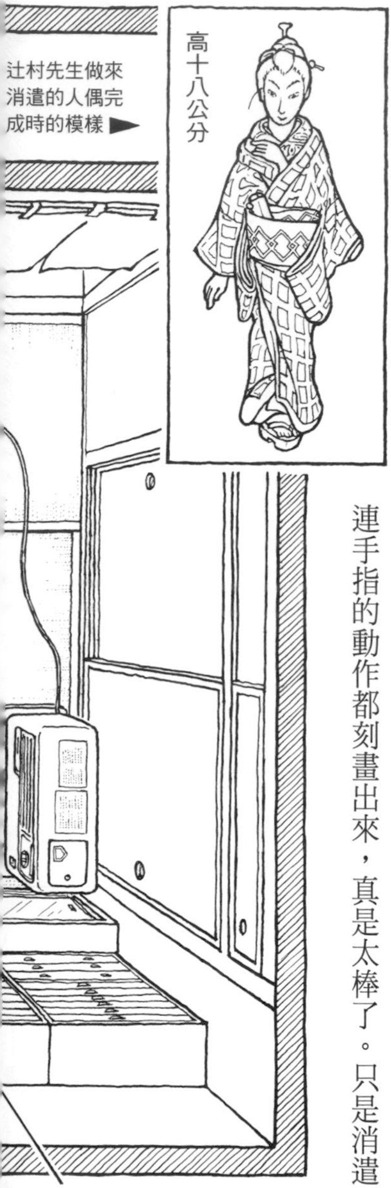
辻村先生做來消遣的人偶完成時的模樣
高十八公分

整整齊齊地排列著。

這邊隔壁也有寬敞的工作室。製作戲偶時在大的那間……。倉庫架子上有許多用來做人

雖然與我想像的不一樣，但仍是一間極具風格的工作室，洋溢著辻村壽三郎獨具的美感。

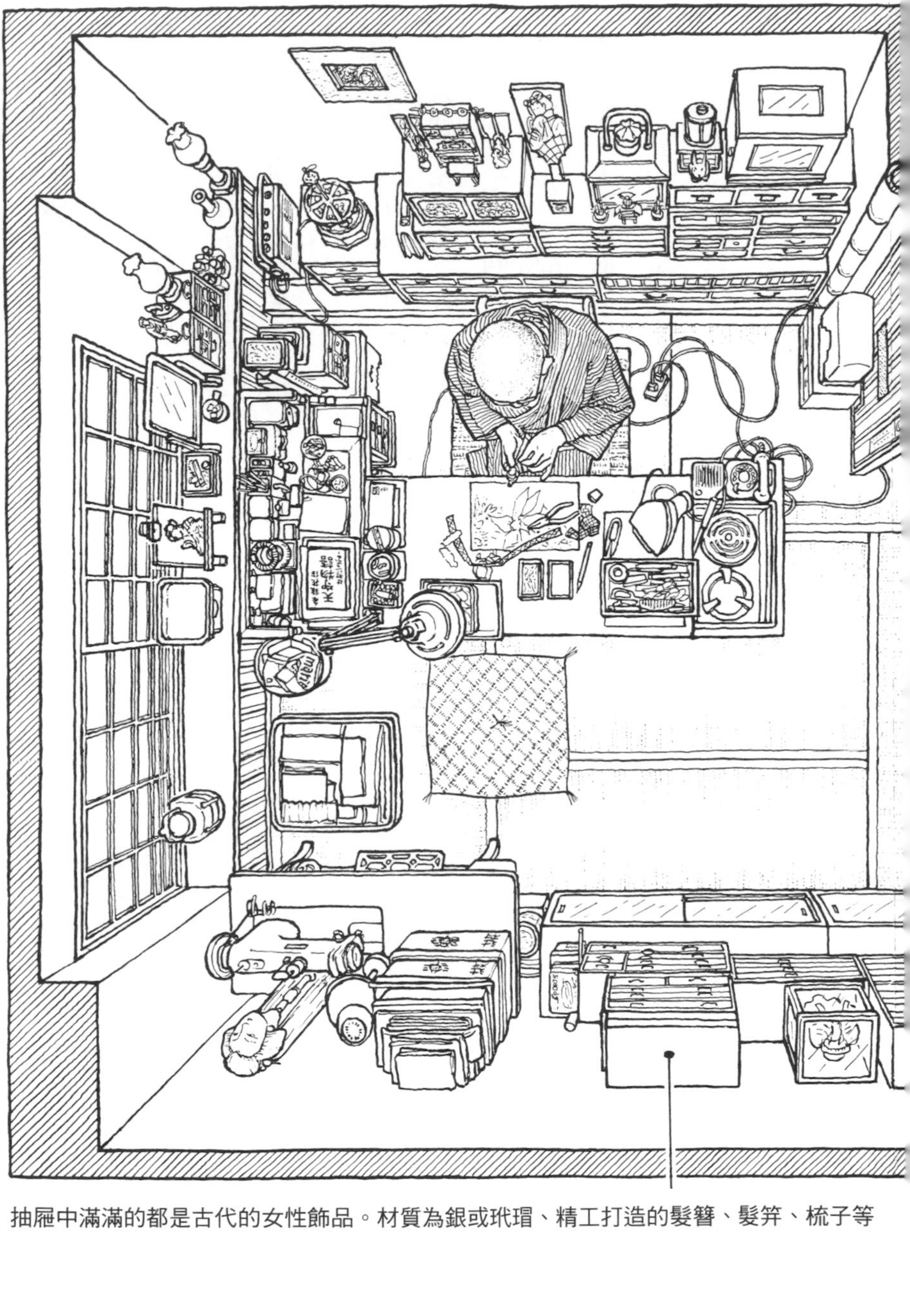

抽屜中滿滿的都是古代的女性飾品。材質為銀或玳瑁、精工打造的髮簪、髮笄、梳子等

還做到這種程度，果然是位不簡單的人物。

「更大尊的戲偶大約得花幾天功夫？」

「四天吧。這如果被製作人知道，一定會被盯：『只要這麼幾天就可以完成的話，那就給我早點做好！』真可怕……。其實，一旦開始著手，要是四天左右還沒辦法完成，那尊人偶也不會是什麼好作品的。」

實在令人意外。辻村先生那精緻非常的人偶竟然在那麼短的時間內就能做好，真是無法想像。

「如果在一尊上頭花太多時間，不但會厭煩，造型也容易與其他人偶重複，這樣就做不出好人偶。所以得一鼓作氣完成。不過在動手前，為了捕捉形象，常會猶豫好幾天呢……。如果把這些時間也算進去，那的確需要好些日子。」

那種感覺我非常了解。

畫畫與製作人偶好像很類似。

「那麼，做的時候，是不是根本不去想手上那尊人偶的事……？」

「對對對，腦中想的完全是別的事。因為人偶的造型早在動手前就構思好了，開始製作時等於只剩手工的部分呢。所以放的背景音樂也都是現在喜歡的……。」

「這麼說來，什麼『全神貫注好像要把靈魂注入人偶』之類的說法不就……？」

「哪那麼誇張……。」

看我一臉認真，辻村先生不禁笑出來。又跟我所想的不一樣了。問了才知道，原來製作時從頭到尾思考的都是如何提升作品完成度的技術問題。實際看過辻村先生製作人偶的工作情形，會發現根本沒什麼使弄法術的氛圍。不過完成的戲偶在舞台上的確會散發出妖魅般的氣息，那可能是因為人偶做得實在逼真吧。

「NHK電視台播放偶劇《新八犬傳》是昭和四十八年的事，《真田十勇士》是昭和五十年。不論哪一部都很長，應該很辛苦吧。總共做了幾尊人偶呢？」

「各做了至少三百尊。」

「看了以後覺得很厲害的是，戲偶的眼睛和嘴巴明明都不會動，也沒有什麼可以顯露表情的機關，戲偶卻能以豐富的表情來演出。再加上電視畫面會有許多特寫，更是震撼力十足。而且，只要角度稍微改變，表情就完全不一樣了，實在很有意思呢。」

詢問辻村先生接下來的工作，有二月在日生劇場公演的《恐怖時代》，以及三月在大阪公演的《Ninagawa馬克白》的舞台服裝設計等……。兩部都是蜷川幸雄先生導的戲。

反窺河童

想得開的人

辻村壽三郎

或許是因為做的人偶大都表現出一種曖昧的「情感世界」，身為製作者的我常常被誤認為是那類型的人。不過，正如河童先生在這篇文章中所描述的，我可是「一點兒也沒有會使弄法術的氣質」。我想，那是因為我本質上偏陽性，而且對與自己本質不同的東西感興趣，所以才有辦法一直做人偶吧。

河童先生的情況也和我相同，不論是本行的舞台美術設計，或畫這類插圖的工作，都是在創造出一個纖細偏執的世界，但他本人的個性正好完全相反，是個相當灑脫的人。

還有，看起來好像很寶很搞笑，其實骨子裡卻是個老實頭，我想或許是因為羨慕「活寶」，才會模仿那樣的言行舉止吧。

如果把人分為「想得開」和「想不開」兩種，河童先生應該是屬於不拖拖拉拉、「想得開」的人吧。不過，這種人還是會對某些事情頗為講究執著的。正因為會對某些事情執著，整個

◉辻村壽三郎，一九三三年出生於舊滿洲（中國東北）。因識得「前進座」劇團的河原崎國太郎，開始製作歌舞伎小道具，不久後專門製作人偶。因電視播放的《新八犬傳》、《真田十勇士》而一舉成名。現在舞台服裝設計、導演、操作人偶等領域也頗為活躍。

人才想得開；要是對任何事均不拘泥，反而會想不開，搞得拖拖拉拉的。

這麼說來，我算是和河童先生同類。所以，雖然只和河童先生共事過一次而已，卻彷彿很早以前就認識的老朋友一樣，有種相當親近的感覺。

前田外科醫院的手術室

我討厭手術。

應該沒有人會喜歡；但我是光想像就會暈眩貧血、噁心不舒服，最後連站都站不住。反應誇張到連自己都覺得丟臉，可是我對流血和疼痛的事情實在是無法忍受。

因此，我最最不想進去的房間、第一討厭的地方就是「外科醫院的手術室」。一想到橫躺在手術台上我就……。可是，若碰上運氣不好的時候，也只能全權委交醫院、拜託人家多多照顧了。

「會進手術房不見得就是運氣差；如果因為動手術而得救，那不反而是運氣好嗎？」或許可以糾正成這樣的說法，但不管怎麼說，恐怖就是恐怖啊。我不是在強辯，而是生理反應就是這樣，我也不想因此被取笑呀。

事實上，討厭手術的我曾有一次躺手術台上、把自己交由醫生處置的經驗。那次是「痔瘡」手術。十五年來沒再復發過，算是「多虧動了手術」。

當時在我屁股上動刀的是「前田外科醫院」的院長前田昭二先生。由名字可以知道，他生於昭和二年，現年五十七歲，是比我大三歲的兄長輩。滑雪一級檢定合格，高爾夫球的技術也不賴。最近還出了本書叫《想打好高爾夫得用頭腦》，是位運動家級的人物。

聽到我想去採訪，他還以為是要去聽他談高爾夫球經。

「我不打高爾夫球啊。是想參觀手術室。」

一聽我這樣說，

「不會吧！手術室？為什麼？」

我討厭手術這件事，已經流傳得像則傳奇，所以他怎麼也不信。

「理由是，『痔瘡』是人類極為常見的疾病，我對此很感興趣。雖然許多人會因為它長的地方而羞於啟齒，但事實上每三人就有一個長痔瘡，罹患率可說是僅次於蛀牙吧。所以我想傳達些訊息給同病相憐的人。然後還希望能參觀手術室，把它畫成圖……。」

我曾聽醫生說，人類以外的哺乳類動物都不會得痔瘡。印象中這好像是只有人類才會得的疾病。

前田先生說：

「人類由爬行到站立，自從用兩隻腳開始走路起，肛門周圍就容易有病。因為遠離心臟的肛門變成細微血管容易淤塞的最下面部分。有人讓兔子站在箱子裡，想實驗看看牠是否會得痔瘡，結果不會。光幾個月是不會得的。人類的嬰兒也不會，但開始站起來走路後，就有得痔瘡的可能。所以痔瘡是人類特有的疾病。而痔瘡以外的疾病如癌症及胃潰瘍等，其他動物也會得……。」

「有預防的方法嗎？」

「當然有，有幾點要注意。」

術我至今仍心存感謝，但一次就夠了。

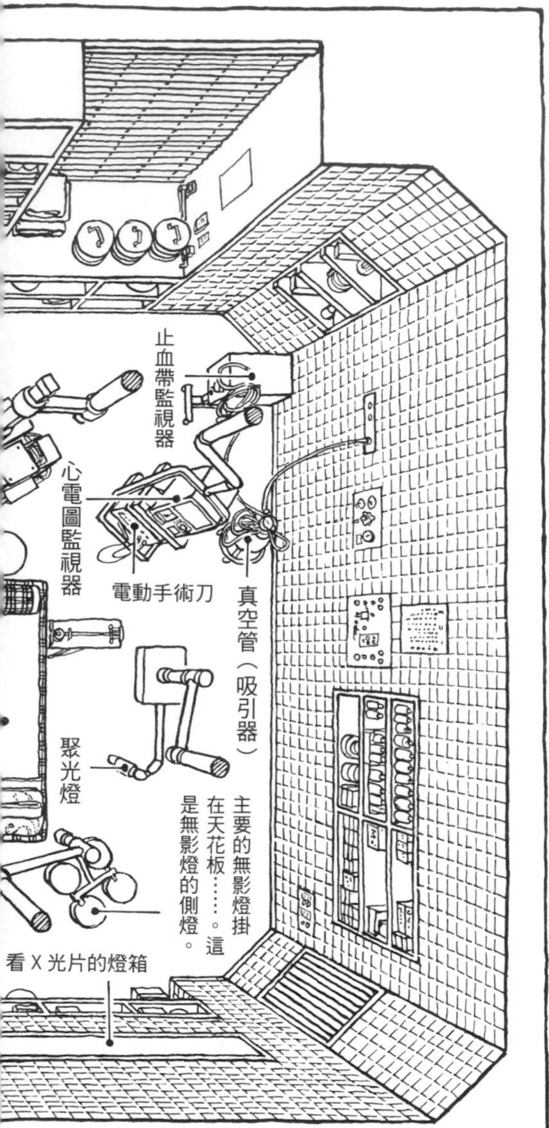
止血帶監視器
心電圖監視器
電動手術刀
真空管（吸引器）
聚光燈
主要的無影燈掛在天花板……。這是無影燈的側燈。
看 X 光片的燈箱

手術室的地磚、手術服等全是藍色。從前是白色的，聽說比較刺眼，所以便……

間的沙發上。還被一位認識的護士小姐取笑。

為了不要再登上這個手術台，日常生活的健康管理上多用點心……，不時這樣想著。對於痔瘡手

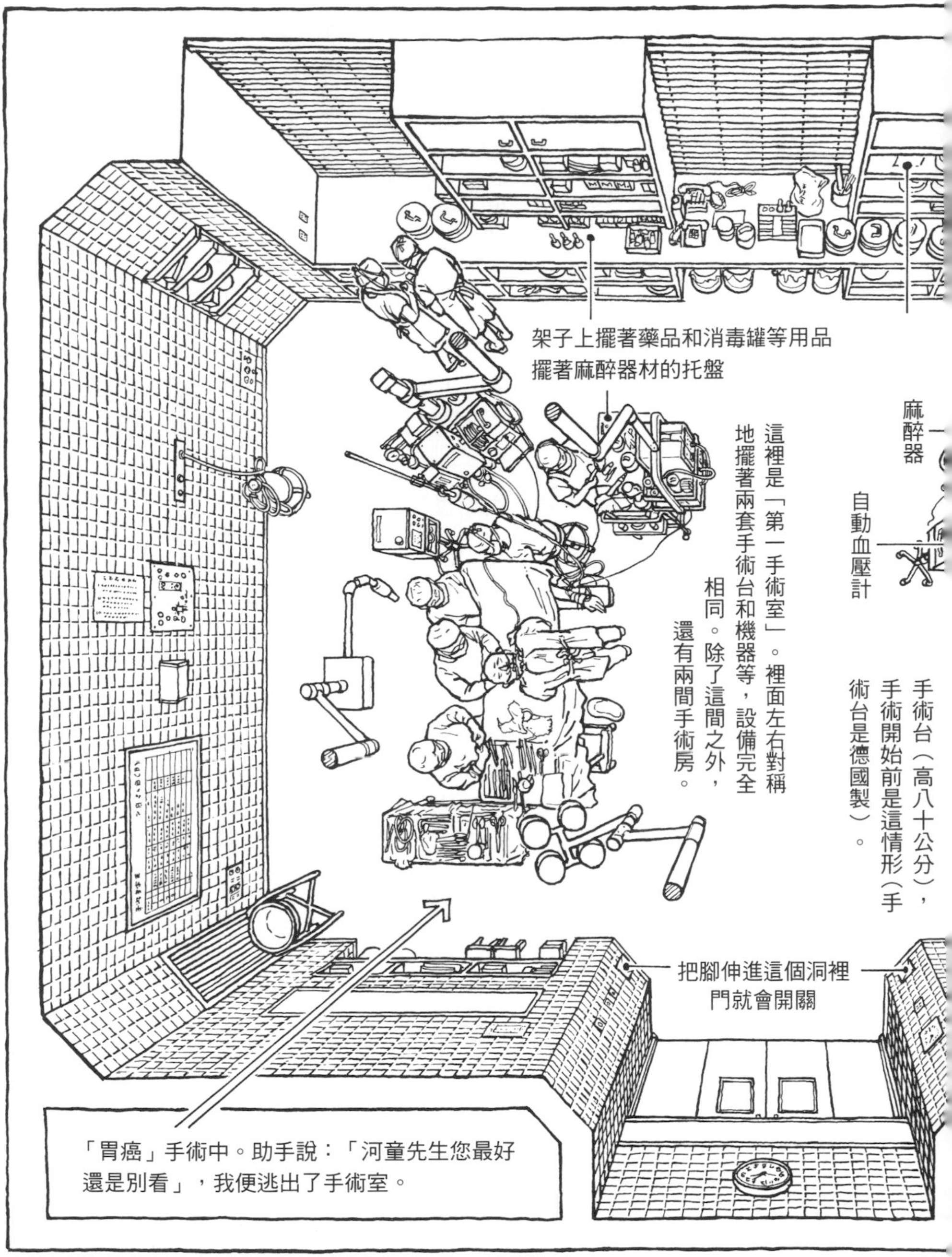
架子上擺著藥品和消毒罐等用品
擺著麻醉器材的托盤
麻醉器
自動血壓計
這裡是「第一手術室」。裡面左右對稱地擺著兩套手術台和機器等，設備完全相同。除了這間之外，還有兩間手術房。
手術台（高八十公分），手術開始前是這情形（手術台是德國製）。
把腳伸進這個洞裡門就會開關
「胃癌」手術中。助手說：「河童先生您最好還是別看」，我便逃出了手術室。

果然不出所料，我在採訪時貧血發作倒了下來。詳細的攝影及紀錄全交給助理，我則躺到隔壁房

「醫學上稱痔瘡為『Hemorrhoid』，這個字是結合希臘語的『血』和『流動』而成的。正如其意，痔瘡是與血液流動有關的疾病。一般統稱痔瘡，但其實分為三大類，『內痔』、『外痔』和完全不同種類的『痔瘺』……。成因各不相同，但首要的預防方法都是避免肛門周圍的細微血管淤塞。因此要避免長時間維持同一姿勢；有些人的工作不許可，要是這樣的話，那每隔一個鐘頭站起來走走也是可以的。還有要注意飲食，盡量攝取含纖維質的食物。」

「牛蒡、蓮藕、葉菜類等……。」

「所謂的纖維質，倒不限長纖維，像芋頭或穀類都可以。攝取含纖維質的食物是為了軟化糞便、預防便祕。最近日本式飲食重新獲得評價，這是件好事呢。還有，不僅要注意入口的東西，也要留心排泄的習慣，因為蹲著用力的姿勢會促使肛門周圍的毛細管瘀血，特別是在寒冷地方排便時更要注意。排便後的處置也很重要，也就是『肛門衛生』。要去手術室了嗎？差不多該開始了。」

雖說不是我要接受手術，但從早上就不太舒服，到了參觀前已經開始渾身打顫。在手術室門前換上跟醫生一樣的藍色手術衣，進入手術室時病人已經送來，而且麻醉好了。

這裡跟我十五年前接受手術時完全不同。因為三年前改建過，配備的醫療器材全都是最新型的。以前地板上還會擺著許多的東西，現在……。

「地板上沒有一些雜七雜八的東西比較好，所以現在都從天花板垂吊下來。這是現代新型手術室的特色呢。」

由於我一直強調「痔瘡」，這兒要是被誤認為痔瘡專門醫院可就傷腦筋。醫院裡從全身用的CT掃瞄器（X光斷層攝影設備）、各種消化道的內視鏡（光纖鏡）等設備一應俱全，可是位於東京赤坂的知名外科綜合醫院。一年裡手術施行件數約一千二百次，其中痔瘡的手術大約四百五十件，比盲腸手術的比例高出許多。

反窺河童

有理解力的兒童

前田昭二

河童先生第一次到我這兒門診時的害怕模樣真是有夠瞧的。或許可稱為「對醫療原始・本能性的過怖症」吧。他可是從不隱藏那怕到離譜的模樣，完全不像個大人。他因痔瘡出血，引起了嚴重貧血，結果正如字面描述的整張臉蒼白得緊，毫無血色。聽到除手術外沒別的治療方法，他嘴裡一直唸著：「手術好恐怖，不要！不要！」

這種病患我們醫院還真是頭一次遇到。等到終於說服他，進了手術室後又是一陣騷動。他一知道下半身麻醉不會痛，這下可好了，居然想看自己動手術的模樣，便抬頭仰身探看兩腿中間。除了得壓住他才能完成手術，我也從沒遇過在手術中還一直問問題的病人。

由於他不聽勸告，麻醉時還亂動，結果手術後因為「起立性腰椎麻醉後頭痛」而吃了些苦頭。

◉前田昭二，一九二七年生於東京。慶應大學醫學院畢業後經歷赴歐留學等等，一九六八年起擔任前田外科醫院院長，同時兼任名古屋保健衛生大學客座教授。以治療痔瘡疾病的第一把交椅聞名，透過《痔瘡病患心得筆記》、《這樣做的話痔瘡更舒暢》等著作推行教育活動。

復原情況良好，結果他身體比較恢復後就開始到處走動，受好奇心鼓動猛向護士發問，因此成了院裡的知名人物。當時他的學習可真透徹，關於痔瘡的知識或許比一般醫學生還豐富。

雖然河童先生是個怕痛而引起大騷動、在醫院裡散播朝氣的獨特病患，但我覺得他也算「好病人」。因為他心地非常純潔善良，對任何事情都會冒出直接單純的疑問，而且不會不好意思，常常一個勁兒地問不停，這些都是標準的「小孩」行為；但只要經過說明，理解後他就很老實地遵從指示，不會有小孩子特有的胡鬧和賴皮舉止。

應該說是位「擁有理解力和判斷力的小孩」。

一九七〇年以後，他與手術床就沒什麼緣分，真是件令人高興的事，但還是希望他別過度工作，多注意自己的健康。

一年一次健康檢查已經足夠，但還有一項希望能加進去，那就是案例漸增的「大腸疾病」。這類疾病不容易早期發現，得定期照內視鏡。更何況現在這項檢查已經一點都不疼了。

村木与四郎的《亂》之城寨

由於遇上亂流，直升機上下左右激烈搖晃著。

「請不用勉強啊！」

F攝影師多次叮嚀駕駛員。連搭慣直升機的人都一直這麼說了，可想而知情況應該是滿危險的。但如果真的回頭，我心想，那也傷腦筋。因為若不趁現在去看，黑澤明導演的電影《亂》中的城寨今天就要燒燬了。

《亂》的城寨蓋在富士山腳下的御殿場．太郎坊，我從知道之後就想，這一定得去瞧瞧，卻老撥不出時間。結果聽說快進入拍攝「火燒城」的場面時，才慌張起來。幸好天公不作美，這場戲因而延後了四天，製作人的不幸卻成了我的好運，總算在城池失陷前趕上。所以回頭的話就糟了。

早上八點半，直升機從羽田機場起飛，飛向富士山腳的同時邊找尋目標的《亂》之城。御殿場的山邊地帶比我想像中來得寬闊，城寨到底在哪裡呀？搖得這麼厲害，不清楚的視野中一直沒出現城寨的模樣。飛了一段時間，終於發現了。

「那個！一定是了！」

「好像是耶。竟然蓋在那麼高的地方。」

看得我目瞪口呆。坡度滿陡峭的，搬運材料應該十分辛苦吧。

一靠近才真正感受到它規模之大。城寨的中心坐落在擁有城門的圍牆之內，據說背景是設定在戰國時代末期的天正五年（一五七七年），蓋得真有古城的樣子。

廣大的戶外布景區域有稀稀落落的人影，但看起來不像在拍攝的樣子，「幸好幸好」，我心想。一般採訪是針對作品與導演面對面請教，不過，這次除了不想打擾拍攝工作進行，一方面也因為我打算從電影美術的角度來介紹電影的製作，所以在開拍前一大早就飛到現場，打算仔細端詳該戲的布景。

我請駕駛員降到離地面一百五十公尺的高度，然後在城池上空盤旋。這城寨好像位於標高一千三百公尺的地方。

起飛一小時二十分之後，終於返航降落在羽田直升機機場。真是一趟慶幸能「安全降落」的飛行啊。

幾天後，我到攝影棚採訪該片的美術設計村木与四郎先生，談了許多關於電影美術的話

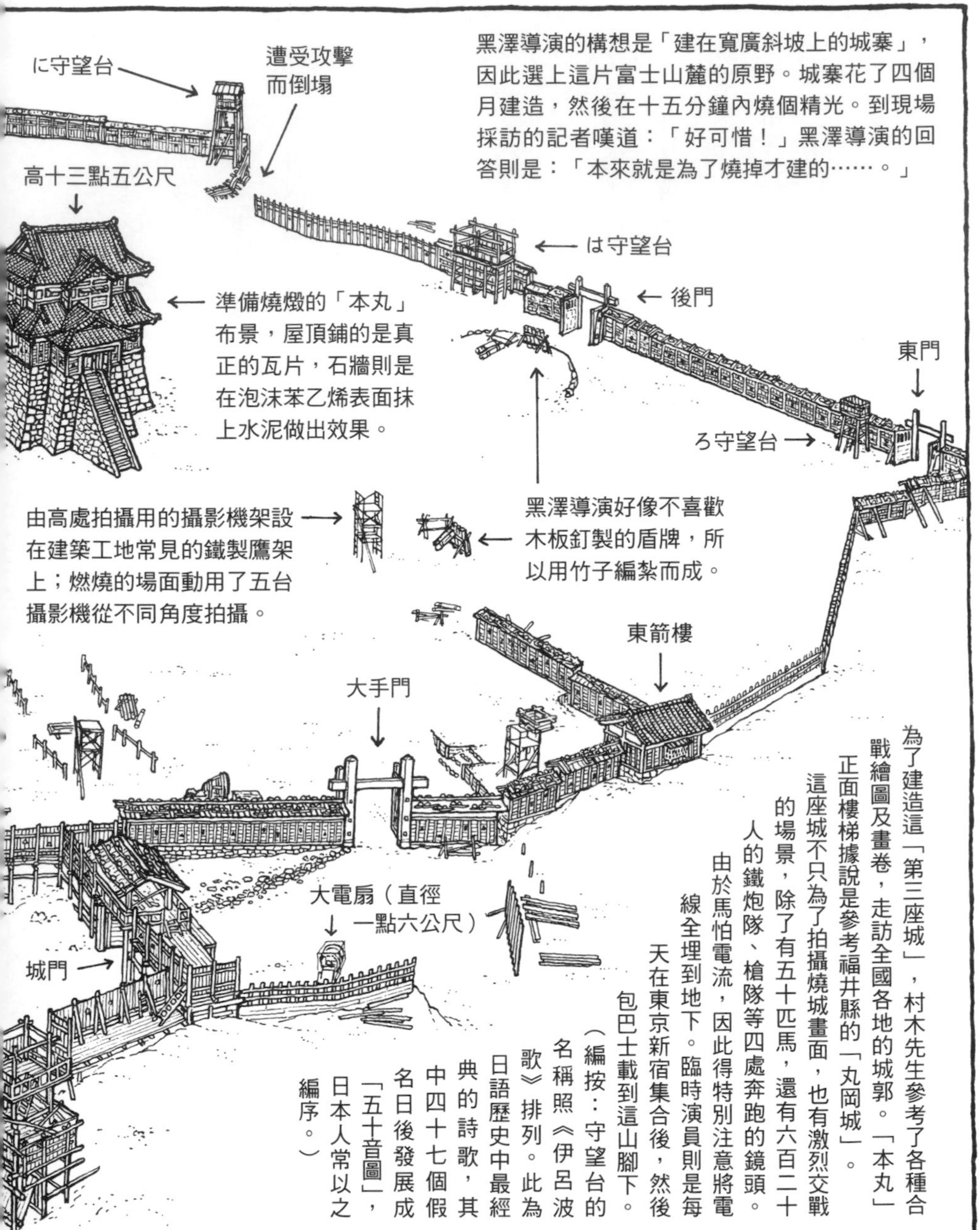
黑澤導演的構想是「建在寬廣斜坡上的城塞」，因此選上這片富士山麓的原野。城塞花了四個月建造，然後在十五分鐘內燒個精光。到現場採訪的記者嘆道：「好可惜！」黑澤導演的回答則是：「本來就是為了燒掉才建的……。」
に守望台
遭受攻擊而倒場
高十三點五公尺
は守望台
後門
準備燒燬的「本丸」布景，屋頂鋪的是真正的瓦片，石牆則是在泡沫苯乙烯表面抹上水泥做出效果。
東門
ろ守望台
由高處拍攝用的攝影機架設在建築工地常見的鐵製鷹架上；燃燒的場面動用了五台攝影機從不同角度拍攝。
黑澤導演好像不喜歡木板釘製的盾牌，所以用竹子編紮而成。
東箭樓
大手門
為了建造這「第三座城」，村木先生參考了各種合戰繪圖及畫卷，走訪全國各地的城郭。「本丸」正面樓梯據說是參考福井縣的「丸岡城」。
這座城不只為了拍攝燒城畫面，也有激烈交戰的場景，除了有五十匹馬，還有六百二十人的鐵炮隊、槍隊等四處奔跑的鏡頭。
由於馬怕電流，因此得特別注意將電線全埋到地下。臨時演員則是每天在東京新宿集合後，然後包巴士載到這山腳下。
（編按：守望台的名稱照《伊呂波歌》排列。此為日語歷史中最經典的詩歌，其中四十七個假名日後發展成「五十音圖」，日本人常以之編序。）
大電扇（直徑一點六公尺）
城門
斜坡地形有高低落差，為了整地將其填平，花了許多時間金錢。
這個凹洞就是為了挖土填地而留下來的痕跡。

《亂》片中有三座城。第一座城是在姬路城出的外景，但也有一部分是在御殿場這裡拍的。那個戶外布景搭在最左邊。第二座是在熊本拍攝。第三座的全貌就是在這裡了。這座城燒燬的場面是《亂》的最高潮。

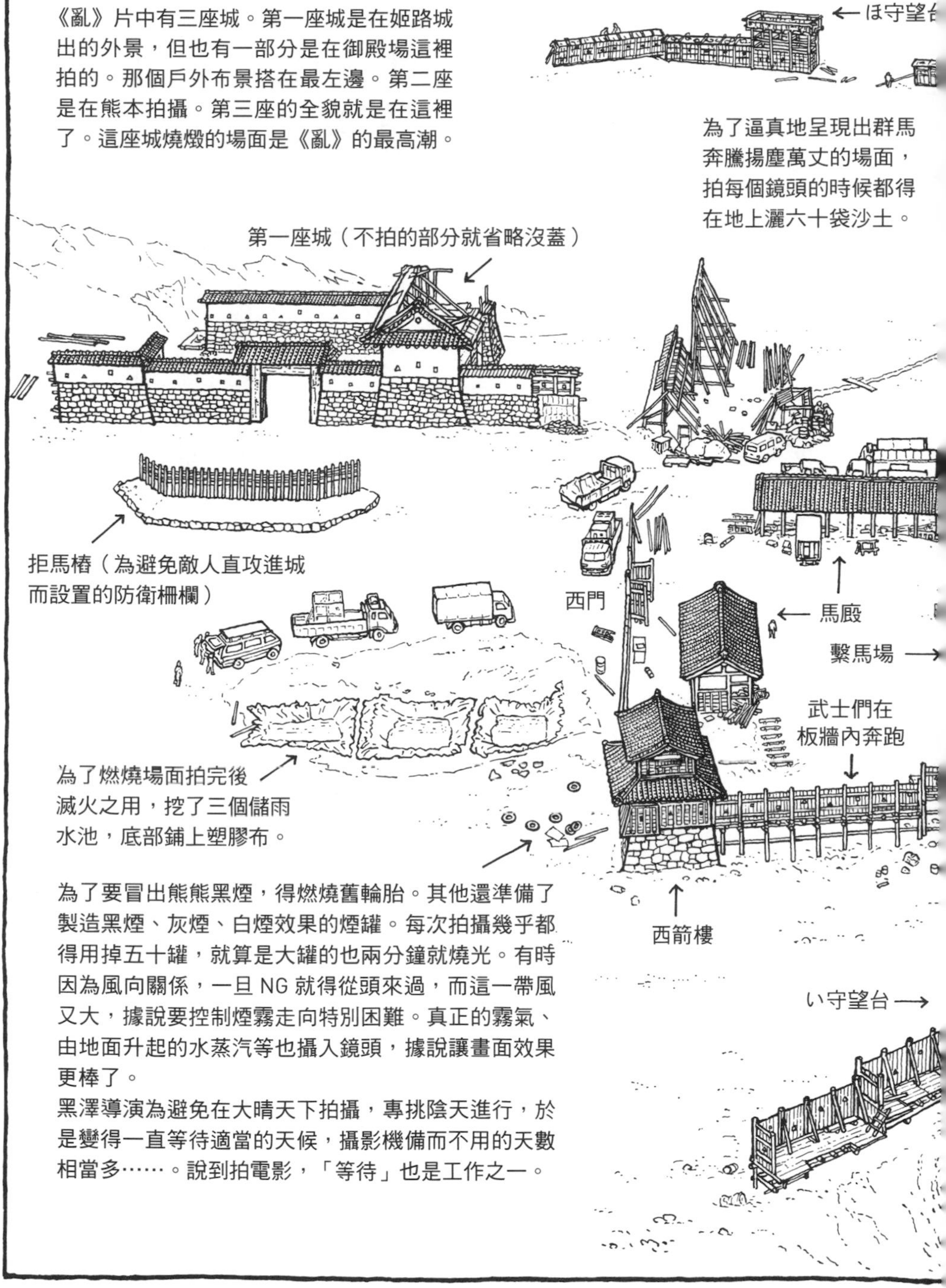

←ほ守望台
為了逼真地呈現出群馬奔騰揚塵萬丈的場面，拍每個鏡頭的時候都得在地上灑六十袋沙土。
第一座城（不拍的部分就省略沒蓋）
拒馬樁（為避免敵人直攻進城而設置的防衛柵欄）
西門
馬廄
繫馬場→
武士們在板牆內奔跑
為了燃燒場面拍完後滅火之用，挖了三個儲雨水池，底部鋪上塑膠布。
西箭樓
い守望台→

為了要冒出熊熊黑煙，得燃燒舊輪胎。其他還準備了製造黑煙、灰煙、白煙效果的煙罐。每次拍攝幾乎都得用掉五十罐，就算是大罐的也兩分鐘就燒光。有時因為風向關係，一旦 NG 就得從頭來過，而這一帶風又大，據說要控制煙霧走向特別困難。真正的霧氣、由地面升起的水蒸汽等也攝入鏡頭，據說讓畫面效果更棒了。

黑澤導演為避免在大晴天下拍攝，專挑陰天進行，於是變得一直等待適當的天候，攝影機備而不用的天數相當多⋯⋯。說到拍電影，「等待」也是工作之一。

題。村木先生從昭和二十二年（一九四七）的《酩酊天使》起，幾乎為所有黑澤明作品擔任美術指導，這部《亂》是第十八部。眾所周知，黑澤導演對一切都極為講究，當然美術設計也得戮力配合，好讓畫面中的事物看起來幾可亂真。但這不表示全部使用實物。如何讓作品看起來像真的，正是電影美術設計有趣的地方。《亂》的城寨就精彩地呈現出古城的風貌。

花費四億日圓且煞費苦心建造出來的「城寨」，在我從空中俯瞰後的隔天就燒燬塌落了。電影預計六月上映。

反窺河童

真正的寫實主義

村木与四郎

看過《亂》片的俯瞰圖後，最主要是強烈感受到與照片的差異。或許能從相同高度、角度來拍攝，但那樣的照片卻不會像這幅插畫讓人有種親切感。那種照片看起來應該滿無趣、光有紀錄性而已，因為只是將事物原封不動地攝入鏡頭。例如，拍下鋪著塑膠布的水池之類的乏味照片。
然而河童先生這張圖卻是在允許範圍內做了最大程度的「加工」。跨兩頁的大篇幅裡不僅畫滿了布景，還配上獨特的手寫文字，版面相當均衡，圖文整個兒融為一體。
由這點正可看出構圖功力所在，以及與一般所謂的「過度寫實主義」的不同之處。我想兩者間的差異正在於此。
其實電影的布景也是同樣道理。畫面如果看起來鬆散乏味，那麼就算布景道具做得再怎麼逼真，就電影美術設計來說還是失敗的。身為舞台設計家的河童先生果然在這方面經驗豐富，頗具心得。
當然，追尋寫實世界的同時，也要牢記切莫變成「過度寫實主義」。要仔細思考觀者的感受。而河童先生，果然是舞台設計的行家啊。

◉村木与四郎，一九二四年生於東京。二次世界大戰後隨即進入東寶電影攝影所美術課，一九七〇年自行開業，從事電影美術工作達四十年以上。曾擔任美術設計的電影除黑澤明的《保鏢》、《蜘蛛巢城》、《天堂與地獄》、《亂》之外，還有眾多作品。

和田誠的創作坊

每當聽到「多才多藝的人」，就聯想到「和田誠先生」。本行是平面設計和插畫家，但這以外的工作也接，是位讓人搞不清楚他本行和副業分界的人物。看看他最近對《麻將放浪記》導演工作的投入情況便知曉。該片的演員曾有如下證言：

「『和田先生不是一直都幹導演這行的啊？』熟練到讓人有錯覺呢。」

而且許多人都認為那部電影拍得很好。

還有人說：

「和田先生的職稱必須加個『電影導演』才夠呢。」

可是他本人卻加以否定：

「我只是做過電影導演而已。」

雖說如此，但不管他做什麼事，總是能達到直逼該領域專家的地步，真的厲害極了。

至於他的設計事務所，因為經常有各式各樣的人物出入，我想與其稱為工作室，叫「創作坊」還比較貼切。

「也不是什麼多偉大的房間。是啦，是有各種人進進出出，但只是普通的工作場所哦。」和田先生是這麼說，但……。

附帶一提，他曾參與的工作我想得到的數一數有：電影導演、劇本、小說、極短篇、童話、隨筆、non-fiction（編按：報導、評論、傳記等非文學性作品）、落語（編按：日本的單口相聲）劇本、採訪、翻譯、作詞、作曲、唱片製作、舞台企畫．規畫．導演、舞台設計、陶藝、攝影、漫畫、動畫，再加上本行的平面設計和插畫，竟有二十一種之多。而且，這些都是輕而易舉就完成了。他完全沒意識到自己是在做什麼追趕時代的大事，但從他投入的工作卻經常可以看見當代的「現況」。熟悉他的人就說了：

「和田先生根本是個外星人啦。因為如果不這麼想，一定會擔心自己腦筋是不是怎麼了，而且還會自卑得很呢。」

既然有此一說，我想，從工作場所多少可以發現一些蛛絲馬跡吧？於是便前去拜訪。

我並不是頭一回到他工作的地方，但從未由這種觀點出發來仔細觀察，因此這樣的重新審視反倒有一股近似初次造訪的新鮮感。

「就這樣畫下去嗎？亂亂的地方不要畫出來啦。拜託！」

他的助理Ｍ小姐懇求道。

「不照原狀畫的話就不好玩了。讀者也會覺得沒趣啊。」

和田先生卻笑著如此答腔。

從和田先生不經意的一句話就感受到他的為人作風，令人愉快。

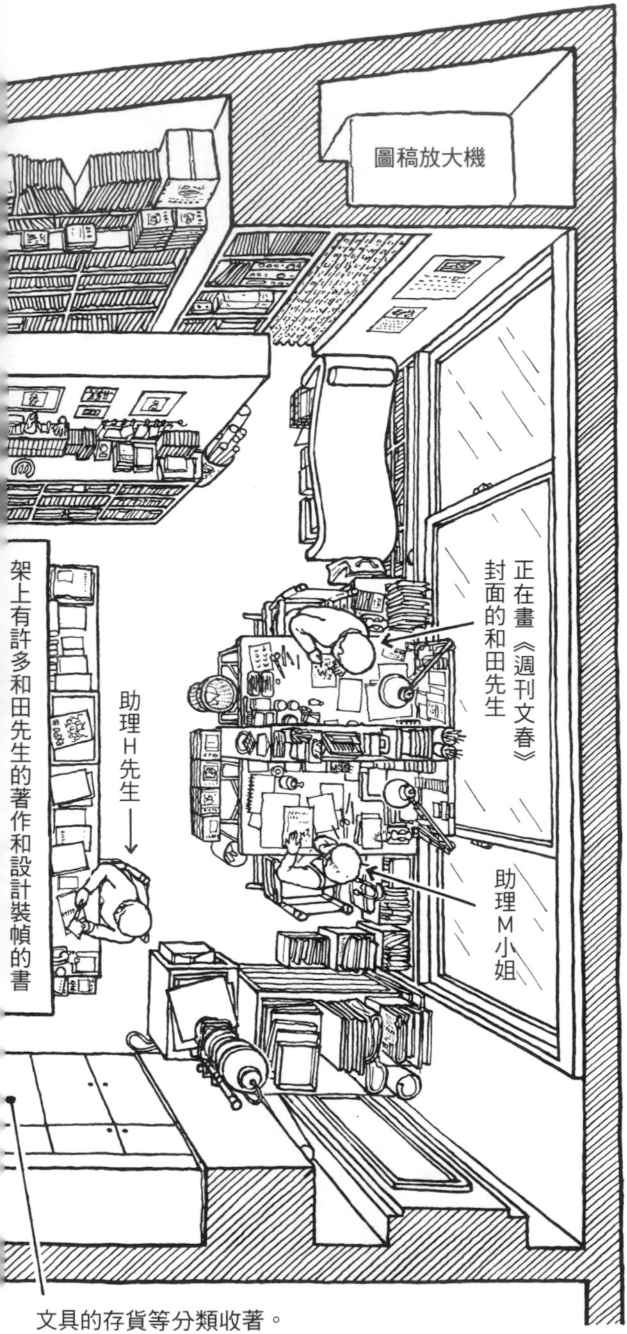
圖稿放大機
正在畫《週刊文春》封面的和田先生
助理Ｍ小姐
助理Ｈ先生
架上有許多和田先生的著作和設計裝幀的書
文具的存貨等分類收著。

一提及插畫家，也許會有人想像是面對桌子、一個勁兒地埋頭畫圖的樣子；事實上，除了畫圖以外還有不少其他工作。我原本也以為和田先生只是做設計而已，想不到他還要忙著和印刷廠的人校對海報顏色，與來訪的編輯洽談細節，忙得很。所以只能趁之間的空檔片片斷斷地進行採訪。

具傳奇性的「日活名畫座」（編按：日活電影公司直營的一間電影院）的海報，以及從一九五九年之後的幾乎所有海報都保存在靠近天花板的架子上。

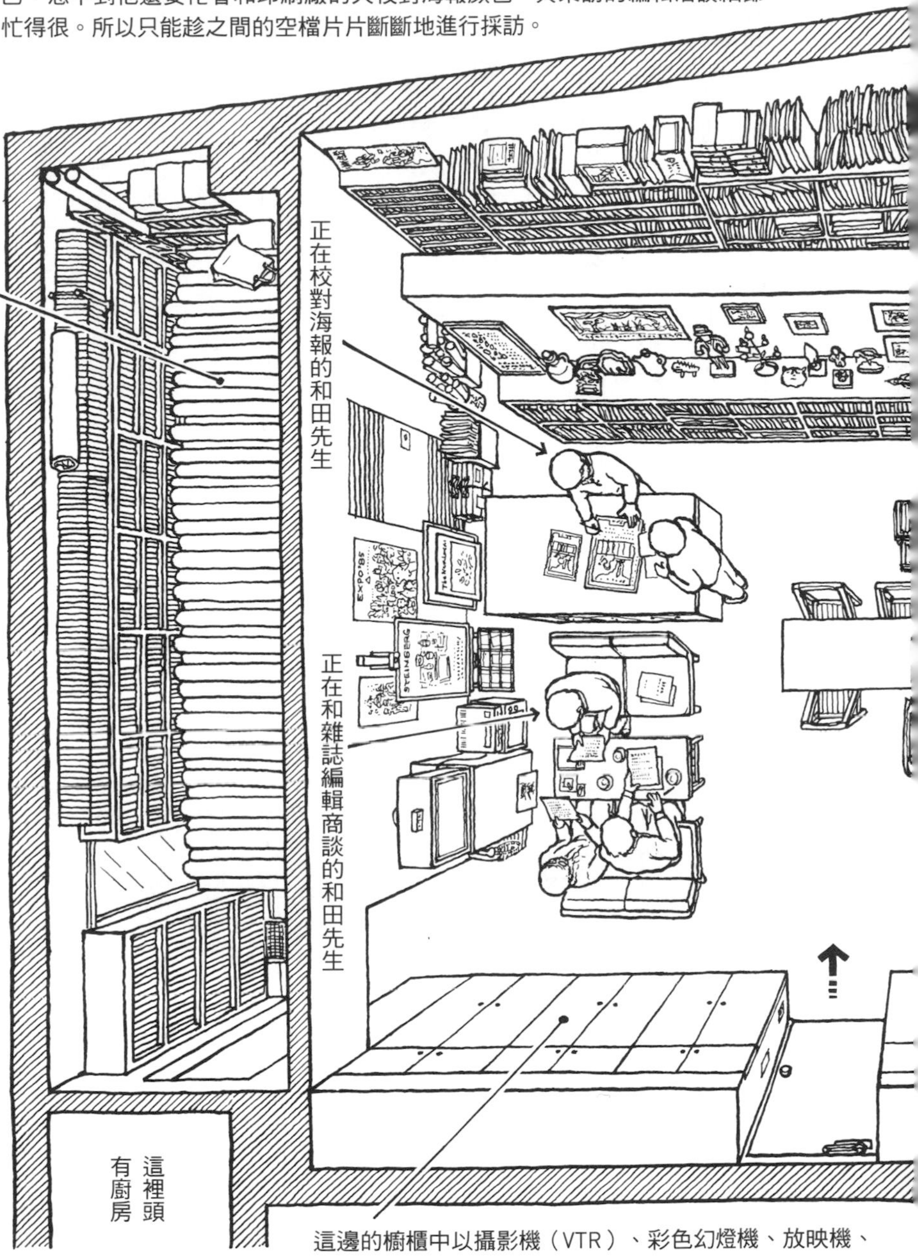

正在校對海報的和田先生
正在和雜誌編輯商談的和田先生
這裡頭有廚房
EXPO'85
STEINBERG

這邊的櫥櫃中以攝影機（VTR）、彩色幻燈機、放映機、

連自己的「工作場所」被人窺看後仔細描摹下來都覺得有趣，然後與讀者一起同樂的精神，跟他從工作中所感受到「娛樂」要素，我想應該有相通之處。他並不是將「玩樂」和「工作」分開的擁護者。而且倒不如說他的「工作」就是將「玩樂」和「工作」融合為一。使他從事目前的本行——肖像漫畫的契機，源於高中時代描畫老師的人像。當時坐隔壁的同學看了笑出聲來，還在教室裡四處傳閱，笑聲此起彼落，頗引起共鳴。

「回想起來那好像是個開端。那只是在玩而已。能讓大家快樂，自己也會高興不是嘛。小時候，念書很認真不馬虎，玩起來也是廢寢忘食拚命玩哩。」

和田先生的工作中會有如此強烈的「玩樂」要素存在，大概就是這種背景的產物吧。

「雖說娛樂別人是件快樂的事，但是卻不擅長自己直接在眾人面前表演，所以就嘗試寫寫落語劇本、企畫表演、拍拍電影了。」和田先生接著道。

「什麼多才多藝的，太過獎了。我只是順藤摸瓜，做的事情其實差異沒那麼大。例如畫插圖，是想讓孩子們快樂，那接著就想在上頭加些故事。做成童話般的東西之後，既然故事裡有韻文，又想說附上曲調就可以唱出來了。然後呢，剛好有人對此感興趣，問要不要灌成唱片？那麼，既然同樣都要製作，那就順便當起唱片製作人了。所以，這一切都只是插圖的延長，並不是打算做些什麼不一樣的事情。」

原來如此。不過就算他這樣解釋，仍舊無法否定他的「多才多藝」。但我沒再反駁他，畢竟和田先生不是普通人物。雖然他的工作種類繁多，像個超人一樣，卻絲毫不惹人反感，我想或許是因為他一切都以「娛樂眾人」為出發點吧。

反窺河童

一邊假裝工作，一邊窺看

和田誠

河童先生提說想來參觀我的工作室。雖然不覺得有什麼值得看的，不過能被窺看名人河童先生窺視一番，頗覺光榮，對工作室來說也是一種幸福，所以很高興地請他前來。

我這邊呢，其實也抱著「窺看窺看中的河童先生」的企圖。原本就知道河童先生有強烈的好奇心，也曉得他有「若沒看到想看的絕不罷休」的向前衝精神，但實際上他是如何窺看、又怎樣畫出俯瞰圖，這可就一點都不清楚了。

到了約定的那天，河童先生帶著同樣是舞台美術設計的助理越野幸榮小姐前來。一進門就立刻展開工作。河童先生取出捲尺測量記錄，越野小姐則從各個角度拍照。我裝出工作的樣子，一邊偷看河童先生。河童先生不時說「你這麼忙，不好意思啊」之類的話，一邊指揮我「麻煩到那裡站一下」或者「請坐到那邊」。問了一些問題，敏捷俐落地完成工作後便旋風般回去了。

幾天後，我看了完成圖。雖然早已知道河童先生的工作注重細節，仍然咋舌不已。他甚至連只有我才知道的細部都掌握到了，而且讓我不禁心想，「原來這裡擺著那樣東西啊」，好像在看別人的工作室一樣。

◉和田誠，一九三六年出生。就讀多摩美術大學時便以電影海報獲得第七屆「日本宣傳美術會賞」。除了在設計、插畫界以獨特風格表現活躍，同時在隨筆、作曲、電影執導等領域也創作出卓越作品。

橫澤彪的攝影棚

某雜誌曾以年輕女性為對象做過一份問卷調查：

「如果去東京，最想去的地方是哪裡？」

結果排名第一的是「新宿的ALTA」（編按：複合式商場，目前在東京、新潟、札幌設店）。

若要求年輕人回答：

「請說出一位你知道的電視製作人。」

他們的答案大概都是「富士電視台的橫澤彪先生」吧。

目前正在播放的《盡情笑吧！》和之前的《歡笑時刻》都是由橫澤彪先生製作。《歡笑時刻》開始於昭和五十五年（一九八〇年）十月，也就是在「ALTA」大樓誕生五個月後。開幕當時的「ALTA」並不像現在這樣熱鬧。年輕人開始在此地聚集、大樓的名字逐漸傳遍全國，都是拜他在其內攝影棚製作的節目之賜。

「那是因為節目每天播放，再加上大樓就坐落在新宿車站東口的正前方，又有攝影棚，

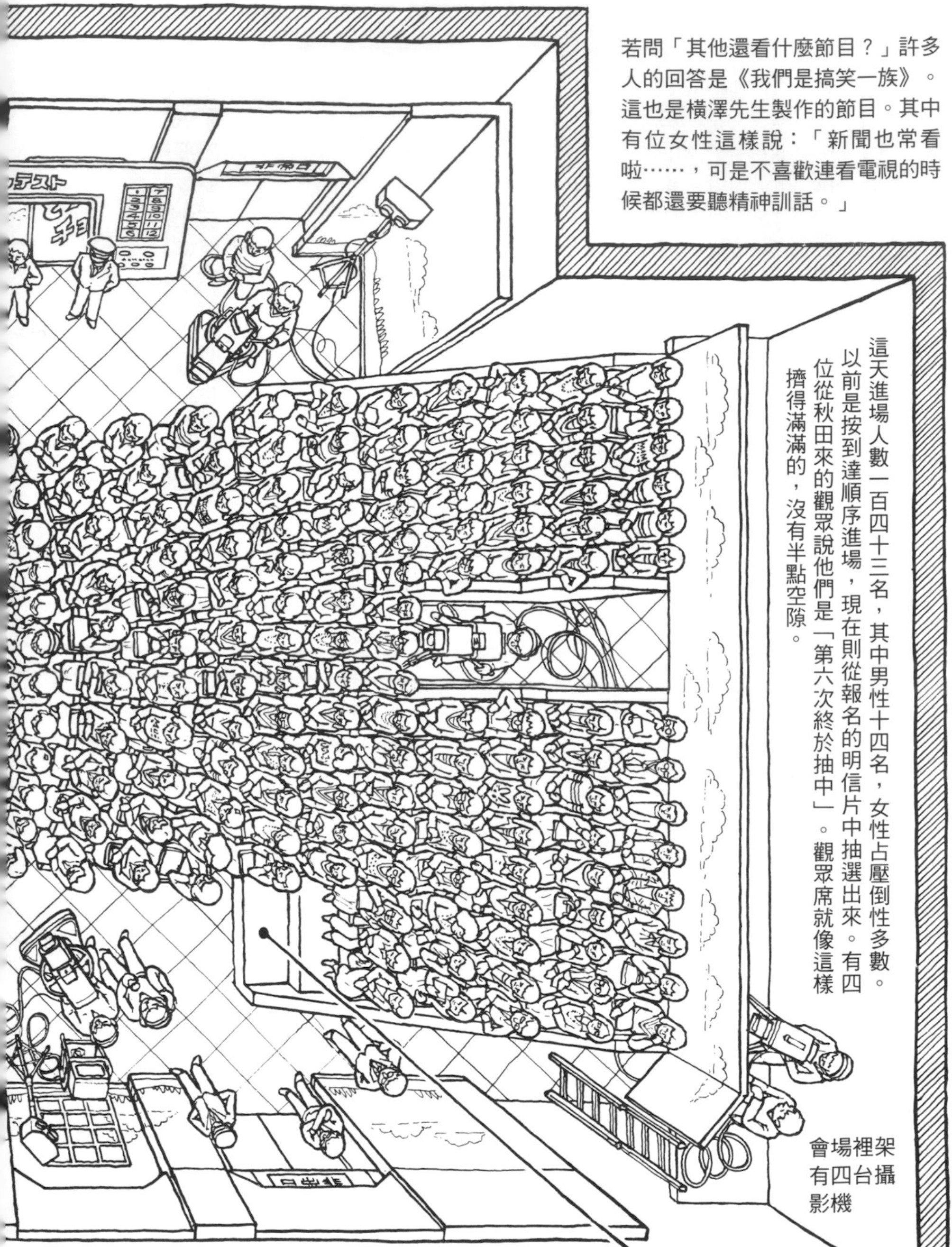
若問「其他還看什麼節目？」許多人的回答是《我們是搞笑一族》。這也是橫澤先生製作的節目。其中有位女性這樣說：「新聞也常看啦⋯⋯，可是不喜歡連看電視的時候都還要聽精神訓話。」
這天進場人數一百四十三名，其中男性十四名，女性占壓倒性多數。以前是按到達順序進場，現在則從報名的明信片中抽選出來。有四位從秋田來的觀眾說他們是「第六次終於抽中」。觀眾席就像這樣擠得滿滿的，沒有半點空隙。
會場裡架有四台攝影機
這個空位是保留給參加「意外的電話訪問」單元的特別來賓

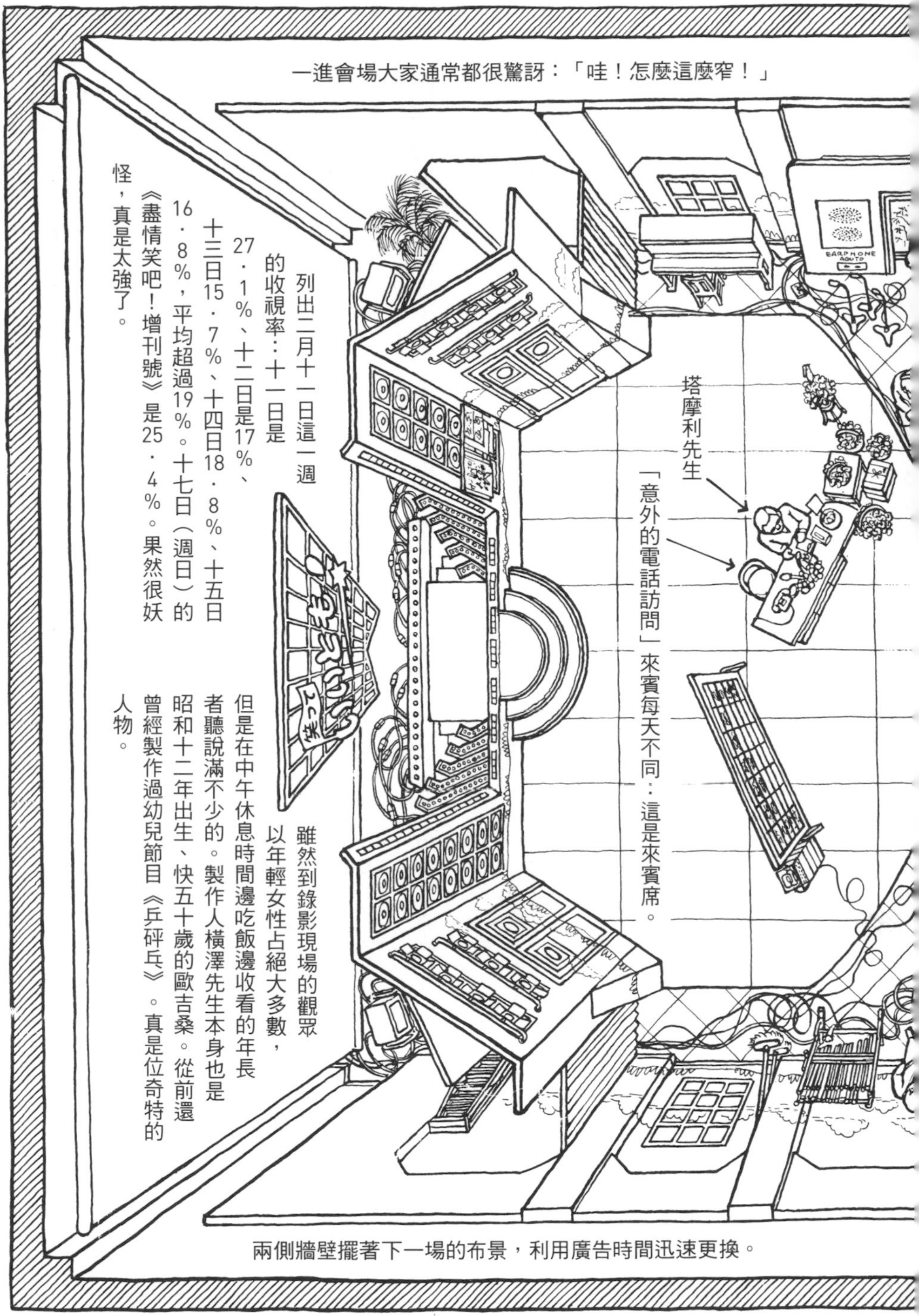
一進會場大家通常都很驚訝：「哇！怎麼這麼窄！」
塔摩利先生
「意外的電話訪問」來賓每天不同：這是來賓席。
列出二月十一日這一週的收視率：十一日是27．1%、十二日是17%、十三日15．7%、十四日18．8%、十五日16．8%，平均超過19%。十七日（週日）的《盡情笑吧！增刊號》是25．4%。果然很妖怪，真是太強了。
雖然到錄影現場的觀眾以年輕女性占絕大多數，但是在中午休息時間邊吃飯邊收看的年長者聽說滿不少的。製作人橫澤先生本身也是昭和十二年出生、快五十歲的歐吉桑。從前還曾經製作過幼兒節目《乒砰乓》。真是位奇特的人物。
兩側牆壁擺著下一場的布景，利用廣告時間迅速更換。

會有名是理所當然的嘛。」

或許有人這麼認為。但如果每天播出的節目都有這種成績，那就沒有什麼辛苦可言，而且也不需要什麼製作人了。不管哪家電視台都想做出受歡迎的節目，這就需要有能力的製作人。這種需要可是很迫切的。無論哪一行都一樣，得先做出能賣的東西才有前途可言。可是賣不賣得出去，沒實際做做看，誰也不知道。即使是《歡笑時刻》，當初電視台也有人批評：「現在是笑的時候嗎？」而乍聽到《盡情笑吧！》的主持人是塔摩利（TAMORI），很多電視界專家都斷言：「塔摩利都是在夜間露臉，竟然敢在正午的節目中任用他，橫澤也太大意了。這回行不通的，注定失敗！」可是專家們的預言卻徹底落空了。

他為什麼能預測年輕人的動向呢。很想知道，於是前往「東京新名勝」ALTA拜訪橫澤製作人。

「聽說您天天來這裡？」

「是啊！如果不仔細觀察這裡年輕人的一舉一動，就看不到下一步……。總覺得其實是他們在教導我呢。即使是他們發笑的時間點也是時時在變，所以只要一發現不同就得馬上微調。老坐在這裡是不行的。流行的變化只要仔細觀察就能了解。」

經他這麼一說，我也開始觀察起現場年輕女性的模樣。
「和去年相比特別不同的地方是？」
「沒半個女生穿長靴來吧。去年就很多……。」
原來如此。原來是這樣累積的。而他冷靜的知性判斷與敏銳的感覺，更是如虎添翼吧。

反窺河童

恐怖的來電

橫澤彪

只要是深夜時刻河童先生打來電話，就要有所覺悟，至少得講上一個鐘頭。
他總會很有禮貌地問：
「現在方便講話嗎？不方便就直說哦。」
但又說不出口：「現在正準備要上床睡覺了……。」

結果便這麼回答：「可以啊！好久不見了呢。」

河童先生是一位無論何時何地都表裡一致的人，因此客套話對他來說並不適用。也就是說，遇到「雖然嘴裡說好，其實卻有點困擾」的情況，希望河童先生察覺對方真正的意思是不可能的。而這也正是河童先生的可貴之處……。

既然回答「可以啊」，就只好認命地把Mild Seven和菸灰缸拿到手邊。因為對方的話筒可是加裝了能附掛在肩上的道具，根本不必用到手。而且河童先生還能一邊講電話、右手拿筆不停地畫，所以我可得準備好來場長期抗戰。

河童先生說：「畫細緻畫的時候多半很無聊，邊聊邊畫效率比較高。寫稿時不能說話，可是畫畫時用不到語言迴路，所以語言迴路是閒著的。」

因此深夜被「電襲」的人就得讓河童先生不覺得無聊，奉陪到底。尤其對曾是富士電視台前輩的河童先生我更不能說不。

所以說，《工作大不同》這些細緻插圖我也間接幫了不少忙。

◉橫澤彪，一九三七年生於群馬縣。一九六二年進入富士電視台。由他製作的《The Manzai》（漫才）掀起搞笑熱潮。從一九八〇年的《歡笑時刻》起到《我們是搞笑一族》、《盡情笑吧！》等等，製作了一連串大受歡迎的節目。

或許有人會很驚訝：「啊？河童先生曾是富士電視台的職員？」有這種反應也不難想像，因為直到六年前辭職，河童先生在上班的二十年裡作風行事自由得很，讓人不禁懷疑：「這人真是公司員工？」河童先生不僅以舞台設計家的身分活躍於業界，對於影像也頗感興趣，因此富士電視台開播時便加入成為一員。所以，對上班族要考慮的未來發展之類的事情，他可是毫不在意。總之他就像個自由之身，也接外面舞台設計的工作，又出書，還參加市民政治活動，跟現在完全一樣，徹頭徹尾是個大忙人。

而且還當過工會的副委員長，我當時是執行委員，負責編輯工會刊物，河童先生總是提醒我：

「工會的刊物得好讀、容易懂又有趣才行！」

因此熬夜寫的稿子常得重頭來過，這種情況發生過好幾次。

原本就睡眠不足了，認識河童先生後更是災情慘重。他是就算整夜不睡也無所謂、耐操得像怪物一樣的人，所以很恐怖。

岸田今日子的錄音間

「暴風雪的風勢愈來愈強勁，搖撼著老舊的小木屋。」

……狂風的咆哮。接著一聲「砰」，門被吹破的巨響。

「陣陣風雪灌進來，大開的門口站著一位美女。巳之吉想叫卻叫不出聲。連身體也好像被什麼東西綁住似的，絲毫動彈不得。」

（低聲細語）「是、是誰……？」

……（音樂）……

在TBS電台的錄音間裡，《雪女》的排練已經開始了。隔著錄音間的玻璃，我揮揮手跟岸田今日子小姐打招呼。

前幾天讀了岸田小姐的散文集《開始著裝彩排了》，便很想聽聽她的聲音。她的文章句子簡潔，標點句讀的位置考慮到唸出聲時的韻律與呼吸換氣的段落，令人吟味再三。果然是以說話為業的人會寫就的文體。

突然很想見見她，就打了電話問問看：

「最近有沒有錄音方面的工作進來？」

「有啊。就在後天。是幫『收音機圖書館』錄的節目，要朗誦小泉八雲寫的怪談。配合的是草野大悟先生呢。」

「我到錄音間去找妳，順便進行採訪，可以嗎？」

「可以啊。」

於是便來到錄音間。

她對語言的使用很重視；廣播比電視劇適合她。

「是啊。我也是比較喜歡廣播。」

我問為什麼喜歡，她的回答是：

「人家常說我是個沒有生活感的人，而電視講求的就是貼近日常生活吧。身為演員，要是欠缺這方面的特質，那可就傷腦筋了。廣播則是要跳脫日常世界，而且必須在黑暗中創造出一切，自己也可以化身為任何角色。例如，可以變成風或雨，有時還變成大象或是螃蟹寶寶呢。聽的人也可以用自己獨有的想像力來接收一切，結果產生一種共犯般的關係。我覺得這是收音機不同於電視的長處。」

雖然電視和收音機都是利用電波傳送內容的媒體，兩者卻全然不同——一動，一靜，也有明與暗的差異。電台錄音間不像電視攝影棚那麼熱鬧騷動，既沒有緊迫逼人的攝影機，也沒有刺眼的燈光，只有立著一支麥克風而已。製作人員也非常少，大多只有兩個人。與電視相

TBS 電台的第一錄音間非常寬敞，連整個樂團都容納得下。可以使用「隔音屏風」隔成小型錄音間。為因應導播的需求，必須利用混音器設計音響效果，製造出聲音的空間。因此，隔音屏風的排列方式和使用方法會根據收錄的作品而有各種變化。

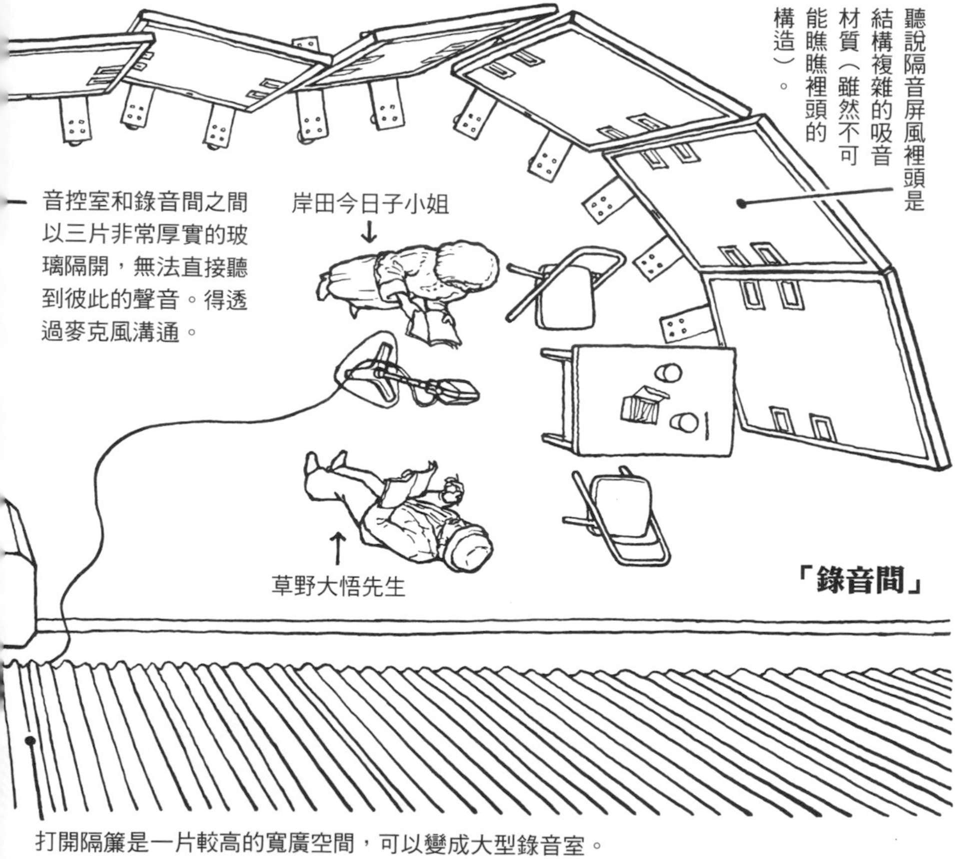
聽說隔音屏風裡頭是結構複雜的吸音材質（雖然不可能瞧瞧裡頭的構造）。
音控室和錄音間之間以三片非常厚實的玻璃隔開，無法直接聽到彼此的聲音。得透過麥克風溝通。
岸田今日子小姐
草野大悟先生
「錄音間」
打開隔簾是一片較高的寬廣空間，可以變成大型錄音室。

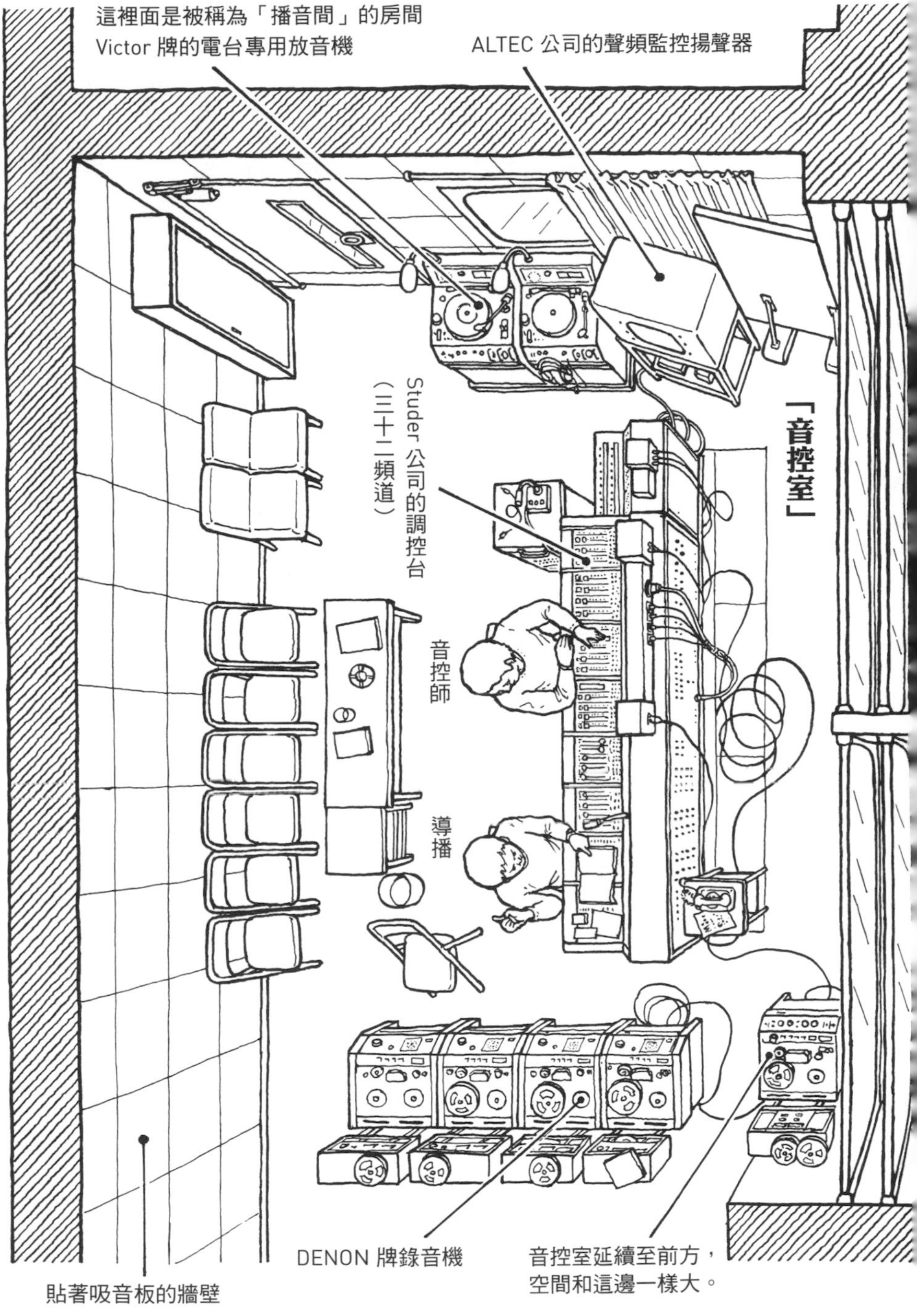
這裡面是被稱為「播音間」的房間
Victor 牌的電台專用放音機
ALTEC 公司的聲頻監控揚聲器
Studer 公司的調控台
（三十二頻道）
「音控室」
音控師
導播
DENON 牌錄音機
音控室延續至前方，
空間和這邊一樣大。
貼著吸音板的牆壁

比，廣播給人的感覺像是在密室裡手工製作。這個光憑聲音創造的世界，如果沒有聽眾的想像力配合也無法成就。電視是連幼兒也看得懂，廣播卻不然。因此她才會說「聽眾是一起創造的共犯哦」。

錄音間裡頭的雪，過不久又演變成暴風雪，隔著玻璃可以感受到扮演「敘事者與雪女」的岸田今日子小姐和飾演「巳之吉」的草野大悟先生兩人似乎就站在積雪中。看起來很冷的草野先生離麥克風忽遠忽近，一邊縮緊身子一邊以聲音來表達距離感和感情。岸田小姐也是，從「敘事者」轉變為「雪女」時聲調和語氣都不一樣了。雖說對專業人士而言這些功夫都是基本要求，但看了還是佩服……。

「我是聽廣播長大的，受它栽培，也從它身上學到很多，所以至今仍心存感激呢。」

我能了解她的意思。在戲劇的世界裡，年輕時候很不容易有演出機會，即使上了舞台，台詞也是短短幾句。然而廣播的工作不僅得說很多台詞，連在舞台上不可能當的主角、從「男性」到「動物」等通通能演，更幸運的是一個人有機會同時扮演好幾個角色。

「真的十分感謝呢。廣播和戲劇演出的趣味完全不同。再加上可以將自己扮演的角色、講的內容傳達給聽眾，帶給他們快樂。我想這也是我喜歡廣播的地方。各人有各自的想像空間，這樣不是很好嘛。」

「廣播正當紅！」現在有不少年輕人喜歡聽收音機，或許很多是因為這一層的緣故吧。

反窺河童

最喜歡被誤解了

岸田今日子

兩三年前，雖然是頭一次與河童先生談話，我就對河童先生說：「下回要去印度時，請帶我一起去吧。」

雖然我們可以說是一直身處相同職場，但是到目前為止卻不曾以舞台設計和女演員的身分合作過，也不太熟，約莫是碰到了從遠處點個頭打打招呼而已。當時正好我想去印度看看，又讀了《窺看印度》，結果就像提件稀鬆平常的事情般，隨口便說了出來。感覺上，有一位充滿好奇心、想法又有趣、會把那

◉岸田今日子，生於東京。自由學園高中畢業後進入「文學座」劇團。之後換過所屬劇團如「雲」、「圓」等，一面以演員和朗讀者身分活躍於戲劇、電影、電視和廣播領域。著有《說給孩子聽與不說給孩子聽的故事》、《開始著裝彩排了》等。

麼講究細節的工作拚命做好的人在身旁，即使迷迷糊糊去到印度，應該也很棒。

河童先生想都沒想就口氣有點急地回道：「跟我這樣的人一起會很辛苦！」

在一次偶然的機會下，剛好有人願意帶領，我與女兒、吉行和子小姐一起去了印度。回來後有一次遇見河童先生，他開口便問我：「上回提的是指跟女兒一起去嗎？」河童先生那次好像誤認為我是那種第一次跟人家說話就會邀人來趟雙人之旅的「厲害女人」。這時才真相大白。

河童先生是那種就算有誤解也無所謂、很像年輕人的人。我很喜歡那樣子的河童先生。如果那個誤會沒拆穿該有多好。

三宅一生的工作室

很想參觀三宅一生先生位於六本木的工作室，可是聽說巴黎發表會的準備工作正進入倒數階段，因此猶豫不決。

而且，發表前的作品和工作場所不讓人參觀也是理所當然的……，再加上，傳說三宅先生通常發表會前拒絕在工作室接受採訪。

其實，在我正忙於舞台設計時要是有人想來採訪，我大概也會拒絕吧。就算對某事再怎麼有興趣，總該有個分寸。正因為了解這點，「希望讓我窺看一下」就說不出口了，實在很矛盾。可是，最後還是以「一定有很多讀者想一窺究竟」之類的藉口探問一生先生。

「不行的話請儘管直說沒關係。我絕不會因此就認為『連看都不給看，小氣鬼！』」

明明是初次見面，卻還是誠惶誠恐厚臉皮地提出了採訪要求。

「可以啊。請。」

「真的嗎？可是破了例的話……。」

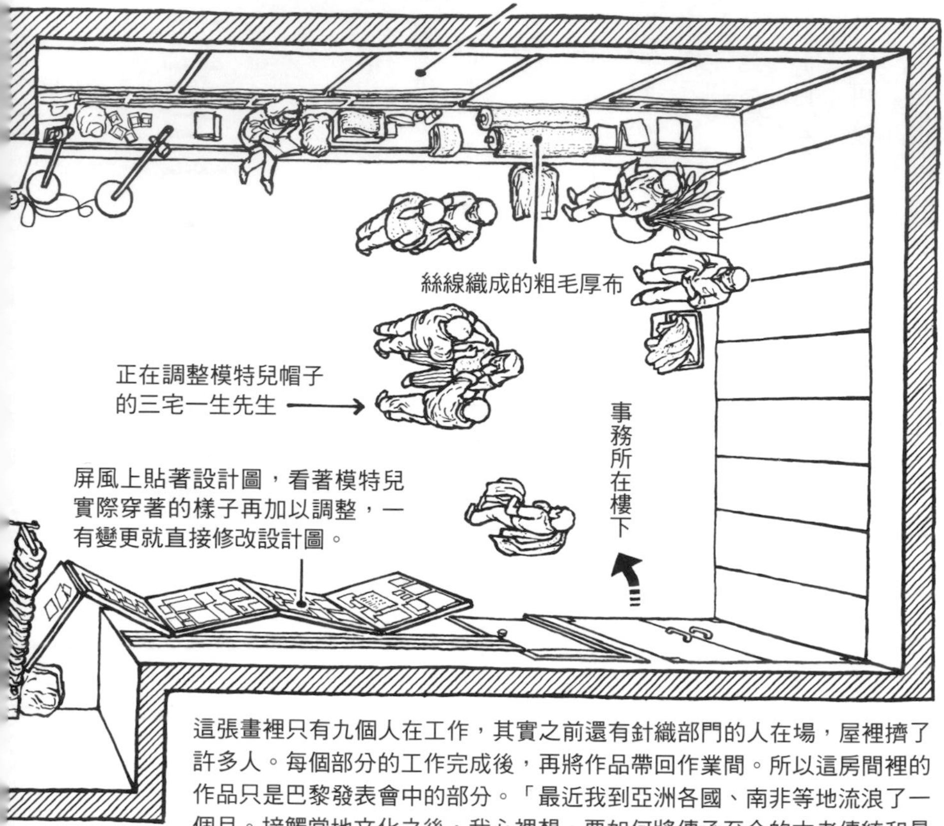
百葉窗都拉下來了，所以從對面大樓的窗戶也看不到這屋裡的狀況。
果然要防範商業間諜……？我不禁這麼臆測著。
絲線織成的粗毛厚布
正在調整模特兒帽子
的三宅一生先生
事務所在樓下
屏風上貼著設計圖，看著模特兒
實際穿著的樣子再加以調整，一
有變更就直接修改設計圖。

這張畫裡只有九個人在工作，其實之前還有針織部門的人在場，屋裡擠了許多人。每個部分的工作完成後，再將作品帶回作業間。所以這房間裡的作品只是巴黎發表會中的部分。「最近我到亞洲各國、南非等地流浪了一個月。接觸當地文化之後，我心裡想，要如何將傳承至今的古老傳統和最新的機械文明結合在一起呢？這是我目前的課題。如果能以更人性化的方式結合這兩個極端的話……。」三宅先生完成工作後這麼說道。

「因為不曉得我的工作室從上面看會是什麼模樣，好像滿有趣的……。通常都會拒絕，不過您還是來吧！」

一生先生為了讓我能輕鬆採訪，特別親切招呼我。

我沒穿過一生先生設計的衣服，不過頗贊同他的主張，例如他曾這麼說：

「因為現在正流行某種款式，就以此為

聽說平常這房間裡什麼都沒有，牆壁和桌子都很簡單，呈現無機質的感覺。
現在是因為在製作發表會的作品才是這模樣。

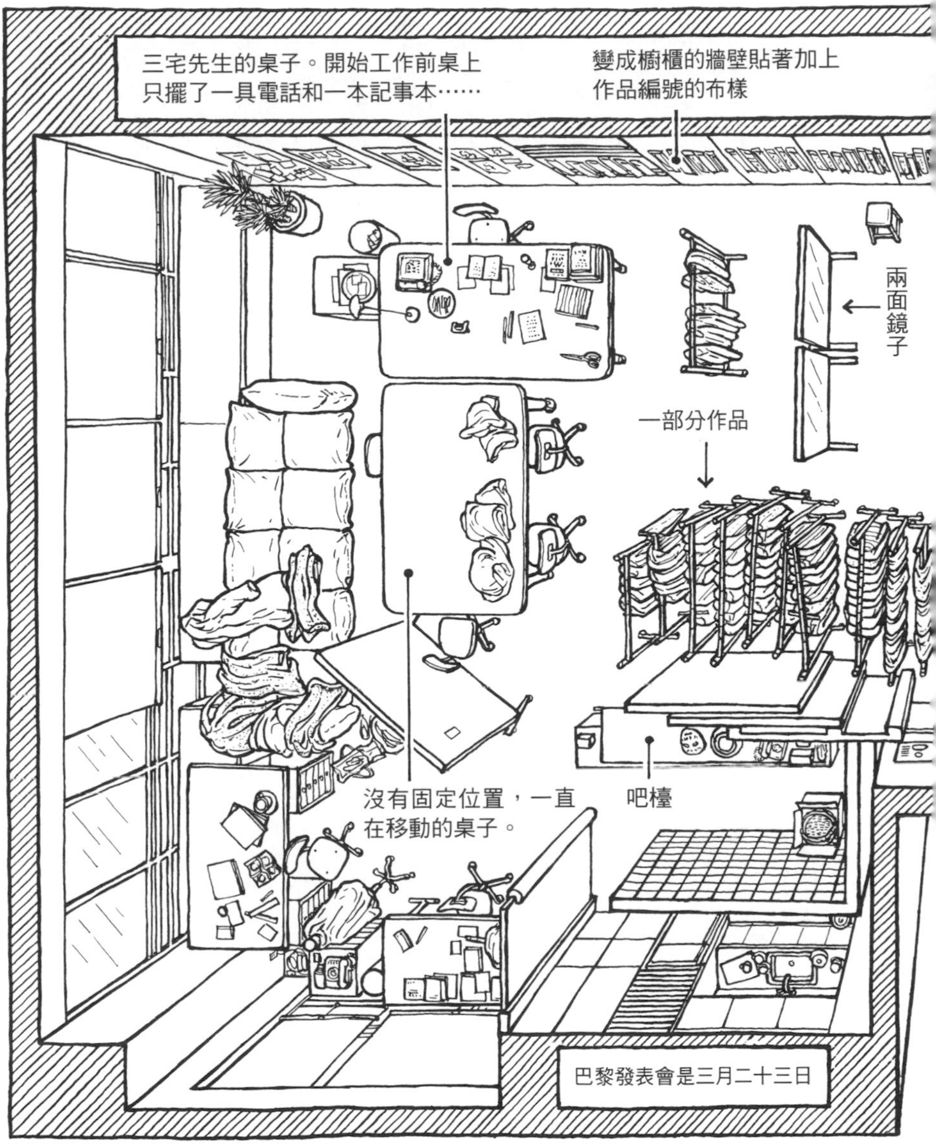
三宅先生的桌子。開始工作前桌上只擺了一具電話和一本記事本……
變成櫥櫃的牆壁貼著加上作品編號的布樣
兩面鏡子
一部分作品
沒有固定位置，一直在移動的桌子。
吧檯
巴黎發表會是三月二十三日

「時尚不是給人指示的『how to』，所以不想讓人貼上『這就是一生的形式』的標籤。不過，有時候若是說『請隨個人喜好自由地穿吧』，反而有人會很困惑呢。總之，希望大家要照自己喜歡的去穿、抱持著自信去穿。」他始終強調「要更自由些！」

名目規定這規定那的，然後就全盤接受，這不是很無趣嗎？能夠更自由地照自己喜歡的風格穿衣服才好。應該沒有不怎樣就不行的事情吧。無論素材或形式……。穿上能吸引自己的款式、照自己喜歡的方式穿。因為穿衣服是件具創造性的事。而且，如果身上的衣服感覺很自然，連穿的人都不會意識到它的存在，這種衣服應該能呈現人最美的一面吧。總而言之，我覺得人要是對『能穿什麼』可以有更自由的想法，應該會更好吧。」

說到這兒，一生先生在選擇服裝材質時也常打破既定觀念。還有用紙做的衣服呢。

「我從自然界學到很多。而在歷史上也曾有穿紙衣的時代。我希望年輕人可以覺得衣服不是非得用布料，甚至有：木頭穿身上不行嗎？試試看鐵也不錯啊！之類的想法。抱持這樣的觀念和點子，才能掙脫『流行』的束縛，讓人更自由自在。」

說到什麼「流行感」的，我可是近乎白癡，不過在一生先生面前卻可以毫不在意。因為他會肯定我的穿著也是一種「個性的表現」。

所以，即便是去參觀巴黎發表會的最新作品，我依然能自在地穿著三年來都沒變的服裝前往他的工作室。

「我正在做最後檢查，還有調整帽子等等。您請隨意參觀吧。」

雖然一生先生這麼說，我還是注意盡量別打擾人家，待在角落靜靜看著。

他有時從遠處看模特兒整體的感覺，有時上前去親自動手調整。

「這樣會不會比較好？再弄短一點。對對對，乾脆整個兒往上提。」

之類的確認溝通不斷，整個屋子裡充滿了超乎想像的朝氣。他的員工不稱他「大師」，感覺上他也直率地與助手們打成一片，大家都工作得很愉快，樂在其中。

「是啊，我覺得團隊合作齊力完成很重要。不只這屋裡的人；首先從紡紗算起，若將參與的人通通算進去……，那範圍就更廣了，可以說是跨國合作，日本各地、印度、印尼、法國等國的人士都是團隊的一員。將各階段人員的努力成果整合一起，相互激盪——而這樣的訊息不知人家能了解到什麼程度呢？我認為衣服要到穿在人身上才算整個兒完成，才算獲得了生命，因此，我覺得這是項連穿者的行為舉止都含括在內的團隊合作。」

這回的巴黎發表會，一生先生想傳達給觀眾的是「將自然穿身上」和「自然地穿著」。

預期之中及意料之外

三宅一生

◉三宅一生，一九三八年生於廣島縣，就讀多摩美術大學時便開始設計服裝，一九六三年第一次發表作品。大學畢業後赴法，返國後於一九七〇年設立三宅設計事務所。之後以紐約、巴黎、東京為中心，國際化活動不斷。

我很早以前就注意到，河童先生圖畫裡出現的人物向來面帶微笑，少有嫌惡的表情，於是在我的想像裡，河童先生的個性應該是無法將事物畫得奇形怪狀的吧。我拜讀過他有關印度的著作，想來他在印度應該也碰到過各種惹人生氣的狀況，但是在書裡卻找不到任何覺得那些事情真討厭的痕跡。感覺上他沒有「因為是採訪」、「因為是工作」的想法，而是滿懷好奇心到處跑，而且喜歡接近人。

正因為這樣，我很高興地接受了河童先生的採訪。「啊，不知會出現怎樣的人」，心裡頗為期待。原本也猶豫要不要讓他看到整個製作過程，因為會很不好意思。但轉念一想，河童先生同樣身為創作者，應該能了解我的猶豫吧。

終於，在接受採訪的當天，見到了一如預期——不，出乎意料地令人愉快的河童先生。雖然是發表會前最忙碌的階段，他時而用捲尺測量、時而拍照記錄，在屋裡引起的騷動舒緩了緊張氣氛，讓我們也倍感愉快。

河童先生同時運用眼耳口鼻心五感來直率與人面對相處，在日本人裡算是罕見的類型。希望他今後以廣闊的世界為舞台，扭轉世人對日本人「內外不一致」的印象。

灰谷健次郎的「離島住家」

上回橫渡明石海峽去淡路島已經是二十幾年前的事情了。這次是為了拜訪住在淡路島上的灰谷健次郎先生。

在神戶土生土長的我，小時候常眺望對面的淡路島，或是在須磨海邊游泳。陰天的日子裡淡路島若隱若現，天氣晴朗時則看得一清二楚，彷彿近在眼前。但是，要渡海的話便得搭船，因此在小孩子的心裡淡路島就成了是探險旅行去的島嶼。

灰谷健次郎先生從神戶遷居淡路島已經五年了，他的作品中我初次拜讀的是《兔眼》，算算竟然也十年前的事了。

那本書讓我有種重返少年時代的熟悉共鳴。我還記得很清楚，書裡對話的聲調都十分鮮活生動，故事本身也很有真實感。

聽到灰谷先生搬去淡路島，除了回憶起往昔的碼頭、山脈景致，不禁起了個疑問：「為什麼刻意搬到那裡去？」

再聽到他自己種稻種菜，更覺得這是個光芒耀眼的人。記得他曾在書裡提過決心住到島上的動機：

「在小學當老師帶遲緩兒童的那段經歷，讓我從小孩身上學到了『生命』的意義。還有，人類的溫柔體貼是來自於同等對待所有的『生命』……。因此，為了實在地感受『生命』，以及凝視自我的內心，我決定不再住都市裡，而搬到島上去。」

原來如此。可是對於軟弱的我來說，就算能夠理解，還是沒辦法做到這地步。所以想窺看這樣生活的同時，心裡不免有股愧疚。但無論如何，還是想讓大家看看這種生活方式的片隅。

吹過明石海峽的海風夾雜著小雨，明明已近春天了，卻依然微寒料峭。下了船跳上碼頭邊的計程車，只要說聲「麻煩到灰谷先生家」就知道了。那位司機先生說他也不時為了小孩的問題去請教灰谷先生。在山裡頭開了三十分鐘後，看到一棟木造沒上漆的平房，灰谷先生就站在屋前的田裡頭。

「啊呀，讓您從那麼遠的地方過來……。」

「上回的外景拍攝謝謝您的幫忙。」

我們互為這次的再會開場白。

電視連續劇《老師大人》的原著是灰谷先生的作品，因此我倆曾共事過。我把行李放在走廊下，隨即請灰谷先生帶我到堤頂的田圃去。

「這塊地能收成四斗一升的米。因為我常外出，剛好能自給自足，夠自己吃一年。那邊種的是洋蔥。」

房子周圍的田裡種了二十幾種蔬菜，連水果種類也多到讓水果店汗顏的程度。

「現在的農家也不會種這麼多種。通常是重點栽培經濟作物，蔬菜水果則是用買的。」

著作有《兔眼》、《太陽之子》、《我碰到的孩子們》、《島上的生活》、《教導與學習》、《誰也不認識》等等。

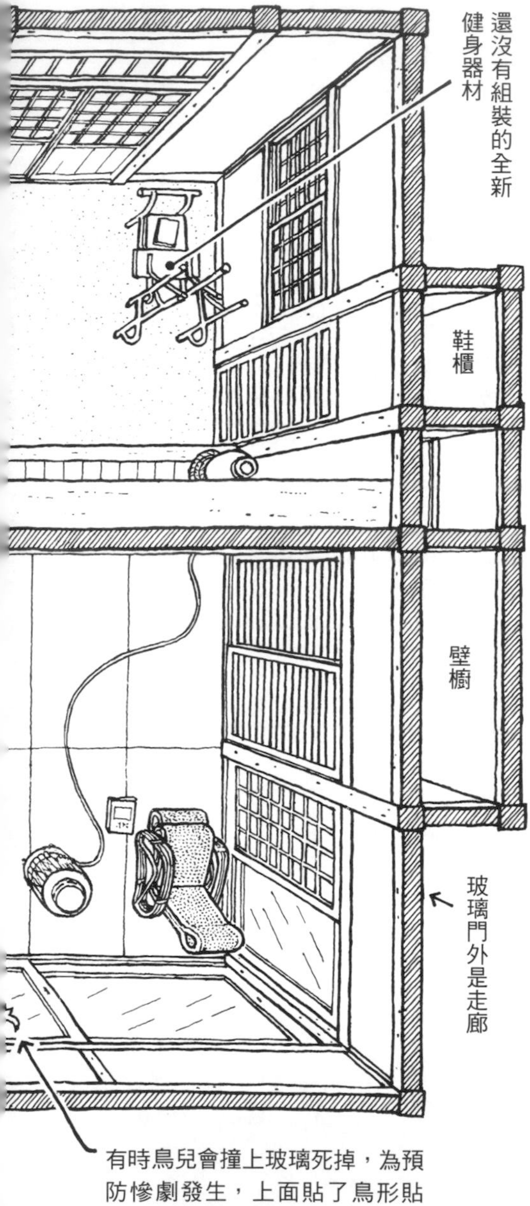
還沒有組裝的全新健身器材
鞋櫃
壁櫥
玻璃門外是走廊
有時鳥兒會撞上玻璃死掉，為預防慘劇發生，上面貼了鳥形貼紙，真正的鳥才不會撞上來。

栽種的蔬菜有青花椰菜、高麗菜、菠菜、白菜、油菜、茼蒿、青蔥、雪裡紅、野澤菜、萵苣、西洋香菜、白蘿蔔、紅蘿蔔、豌豆等。水果則有蘋果、柿子、桃子、葡萄、橘子、無花果、梨子、枇杷、油桃、草莓等。

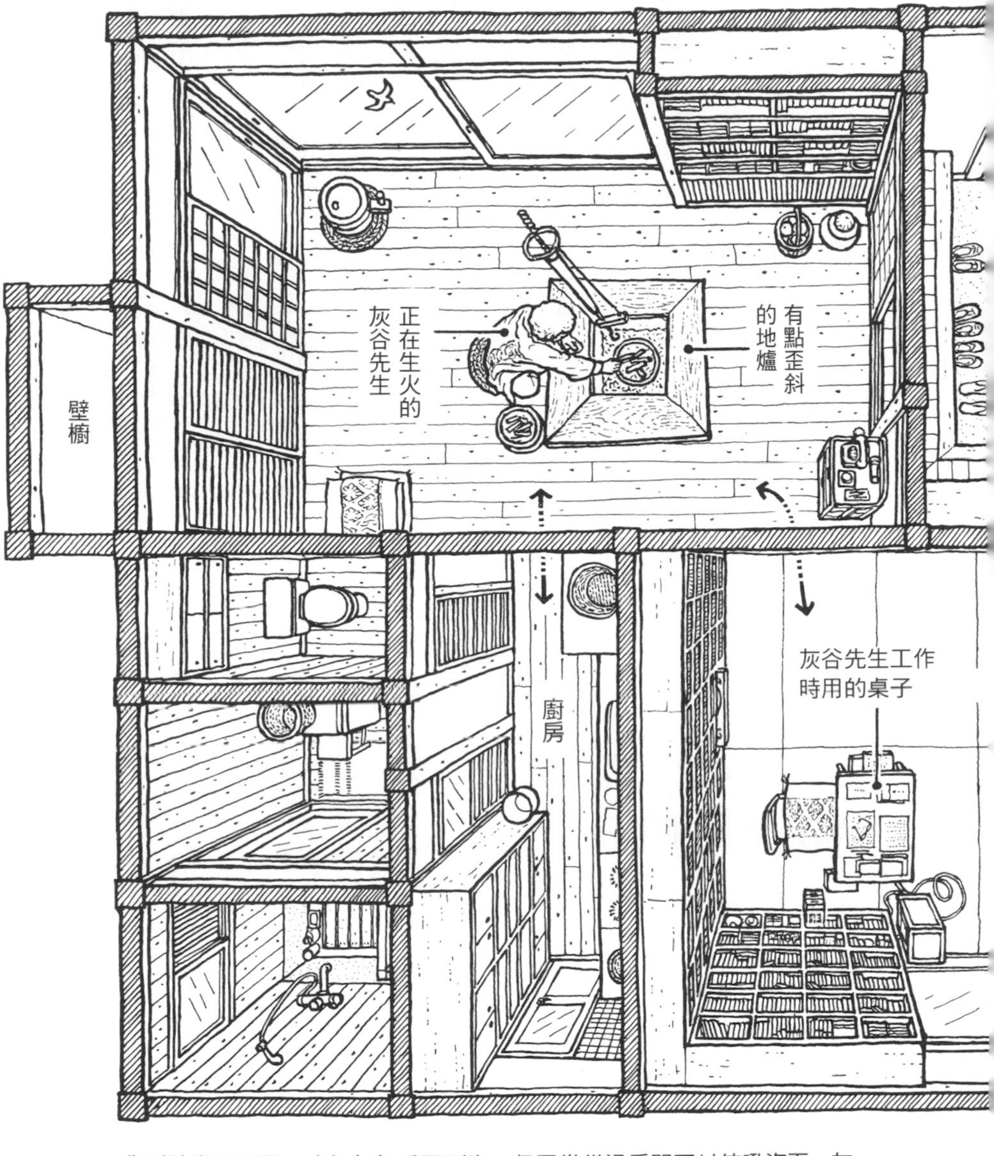

正在生火的灰谷先生
有點歪斜的地爐
壁櫥
廚房
灰谷先生工作時用的桌子

我到訪當天下雨，水氣氤氳看不到海，但平常從這房間可以俯瞰海面。灰谷先生說：「如果看不到海，住這裡就沒意義了，對我來說『活生生的海洋』是很重要的。這裡的海可不是鋪著消波水泥塊的『瀕死的海』呢。」

從田裡採了青花椰菜和高麗菜的灰谷先生說：

「我出去買個東西就回來，請慢慢測量屋裡的尺寸吧。」

便開車下山採買晚餐材料去了。早聽說灰谷先生頗擅烹調。屋裡有地爐還有吊鉤。

「不曉得會用這地爐烤什麼呀？」

嘴裡一邊碎碎唸，便從這間讓我滿在意的「有地爐的房間」開始，逐一測量畫圖。

不知為什麼，來之前想像這兒是一幅農家景象，結果看到的卻是一棟設計簡單現代的房子。使用的不是什麼珍貴木材，而是節眼多的檜木，乍見便知道並非花費龐大的豪宅。

可是，看起來非常漂亮，有個原因是屋裡收拾得很整齊乾淨。

「真的是一個人住嗎？」

我一邊和助理說話一邊丈量。

回到家的灰谷先生好像聽到我們的談話似地，說道：

「我可不是因為河童先生要來才慌慌張張地整理，而是來幫忙打掃的歐巴桑很愛乾淨，連我的桌子都整理得整整齊齊。雖然我覺得有點亂比較能工作呢。」

原來是這樣啊。可以理解。

灰谷先生先在地爐起火，然後把海邊買來的烏賊、鰤魚、竹莢魚等放到網子上烤。哇，這種美味！生的高麗菜、燙過的青花椰菜的口感和香味。真是久違了的風味啊——從前蔬菜吃起來都是這樣的呢。灰谷先生的生活看起來似乎非常優渥豐富，其實剛搬到島上時常因為闖進家裡的蚊蟲老鼠傷透腦筋，還有為了開墾農田得將石頭一個個搬開，耕種時必須注意種種事情等，全都是超乎想像地辛苦。結果還因此得到精神症，心情無法平靜，每天晚上都失眠……。

「現在，生理上總算習慣了自然生活，之前還曾因為都市人的無能，『妄想要生活在受「生命」包圍的環境裡啊！』自暴自棄了好一陣子呢。」

果然碰過這樣的狀況。

「要從孩子身上和自然界學習的東西實在很多呢。這跟光用腦子想是大不相同的。」

感覺好像由此瞥見了灰谷先生的人生態度。

我們圍著地爐，一邊吃大餐，一邊聽他談兩年前在神戶北鈴蘭台「太陽之子托兒所」的事情和學校教育本質等各種話題。

「我認為國家插手教育事務根本是錯的。所謂的教育應該是由與孩子共同生活的人來做，不需要什麼權威。原本是為了培育小孩的學校，現在卻成了傷害小孩的場所，不是嗎？」

對於受競爭理論和成績至上主義侵害的教育現狀，灰谷先生不斷提出疑問、發出警示，雖然是沉靜的批判，卻相當具有說服力。

察覺時天已經黑了。房子四周一片漆黑——又是已久遭遺忘的黑暗。我們就在黑暗中慢慢走出去，接受灰谷先生的送別，搭上來接我們的計程車。雨繼續下個不停。

反窺河童

雖然是位大人物

灰谷健次郎

河童先生是位不得了的人物。要反窺不得了的人可是件不得了的事。

不禁要抱頭發愁了。

性情溫和的人很多；但是，在感受到他的和善誠懇之前，會先讓你覺得身為人類真是三生有幸啊，才能碰到這樣的人——世上真有好到這程度的人嗎？

每當我稱呼他「妹尾先生」，河童先生就回道：「叫我河童就好啦。」還來不及改口，又叫了「妹尾先生」，他依然以同樣的語氣說：「叫我河童就好啦。」

河童先生是位大人物。既是電視台高層、又是戲劇導演，還有許多豐功偉業。通常大人物只做偉大的事情，或要人重視他的作為。其中最惹人厭的典型或許就像太宰治所說的「對於被選擇這件事，我是既狂喜又不安」。

大人物常讓人人仰馬翻。而大人物自己也覺得好累。

河童先生是怎麼將自己裡面的大人物給完全破除掉的？

不管多麼認真地窺看河童先生，就是看不到那個大人物。這是河童先生唯一讓人討厭的地方。

◉灰谷健次郎，一九三四年生於兵庫縣。在十七年小學教員的生涯後成為兒童文學作家，寫出《兔眼》、《太陽之子》、《老師大人》等書，善用其教師經驗向世人提出許多對教育的質疑。一九八〇年起移居淡路島，雖然人在山中生活，依舊勤於執筆。一九九七年時住在沖繩。

久保田一竹的「一竹辻之花」工坊

第一次知道「一竹辻之花」大約是五年前。還記得聽到傳聞時的驚訝：

「啥？真的嗎！一件和服日幣兩千萬！」

就算真有那樣的價值，就一般平民的感覺來說，那定價也早已超出和服的範圍了。尤其是天生窮命的我，光聽到這種天文數字就嚇翻了。沒親眼瞧瞧實在不甘心，所以一聽到銀座的百貨公司正舉辦「一竹辻之花」作品展，馬上飛奔前去。沒想到會場早已爆滿，等候入場的人潮綿延到樓梯間，一圈接一圈大排長龍。我也排進那長長的隊伍中依序等候。

在這之前，我不僅看過照片也問了人，對「一竹辻之花」的豪華之美先做了功課。可是親眼見到實物還是不覺屏息了。

「不禁讓人屏息……」之類的形容聽起來實在很老套，不過那時的感覺是：真的有讓人倒吸一口氣這回事啊。

的的確確，它綻放著足可稱為藝術品的光芒，其價值已不是金錢所能衡量。

但是，我心裡對這「兩千萬」的數字依然頗為在意。

某日，有位久保田先生打電話來。

「有個以『華嚴繪卷』為題材的公演《舞衣夢》，不知能否請您擔任舞台設計？如果方便的話，希望能先和您碰個面⋯⋯。」

才發現原來這位是主持「一竹辻之花」的久保田先生。雖然人家特意邀約，但我卻想推辭掉。有兩個理由。

其一，先不提這是不是一般打光很明亮的服裝秀，若以「具戲劇性的作品」的方式來呈現，為了舞台效果勢必會有燈光比較暗的場面，如此一來就看不到「一竹辻之花」精緻細膩的花紋圖案，那會讓為欣賞這極致之美而來的觀眾大失所望。

另一層考慮是，如果在表演時不小心勾破了價值連城的衣裳，那可不妙。一方面後台比較暗，而且布景道具的表面也粗糙。就算處處小心謹慎，有個萬一的話⋯⋯等等。

不管怎麼說，畢竟是一件兩千萬日幣的衣裳要接二連三地出場啊。

久保田一竹先生聽了搖手道：

「請不用擔心。既然是戲劇性演出，當然不免有較暗的場景。為了舞台效果，即使看不清楚『一竹辻之花』也沒關係。因為如果要仔細觀賞作品，就請到展場，在那邊要靠多近

一直都有三十位左右的弟子在工作

這個房間好像沒什麼「一竹辻之花」工坊的氣氛，其實是因為寬廣的作業場在更裡頭。雖然在同一棟建築內，作業場另有獨立的出入口。工坊整體的建坪竟有百坪之多……好寬敞！

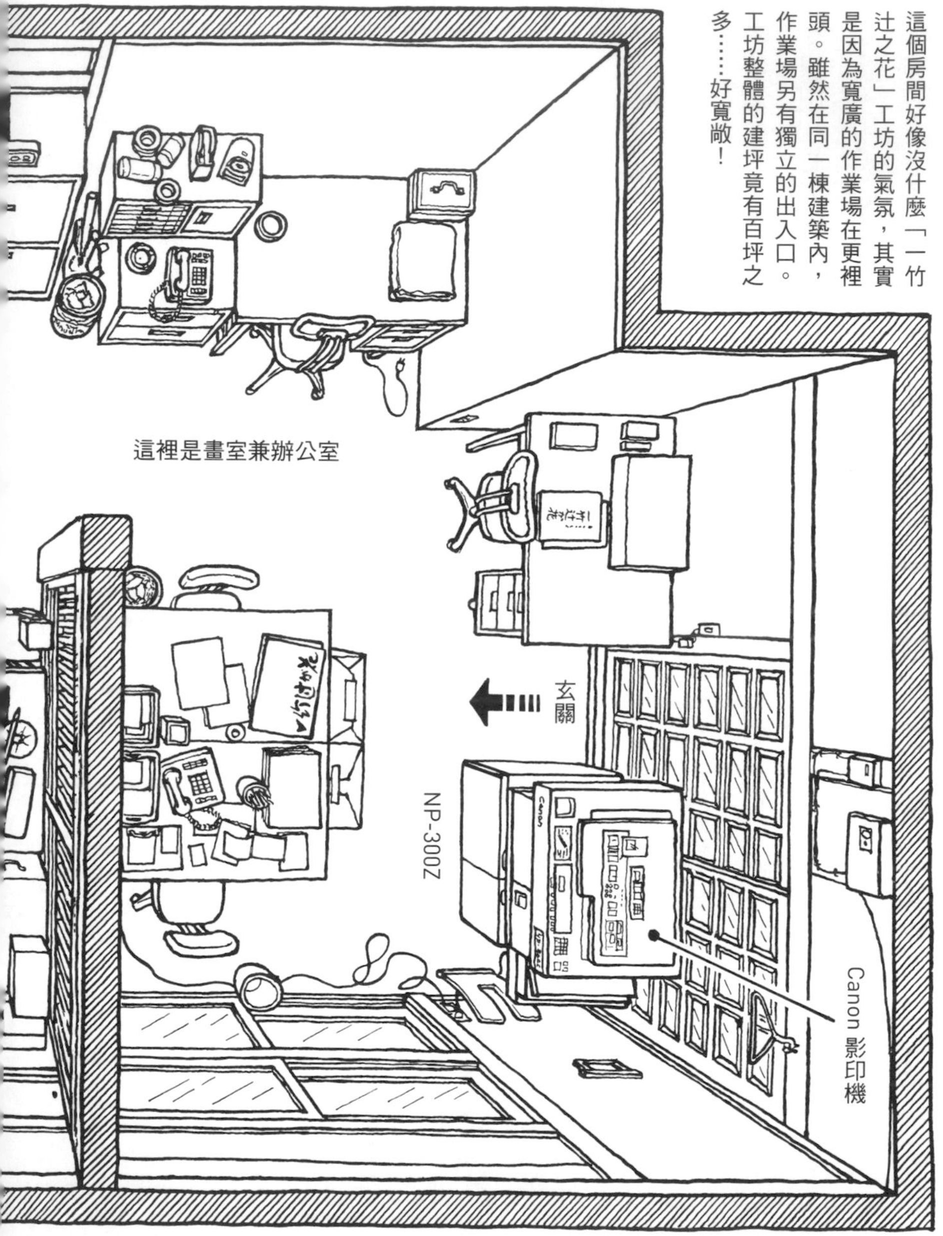
這裡是畫室兼辦公室
玄關
NP-300Z
Canon 影印機

裡頭的作業場有十八位弟子默默地從事各階段的製作程序

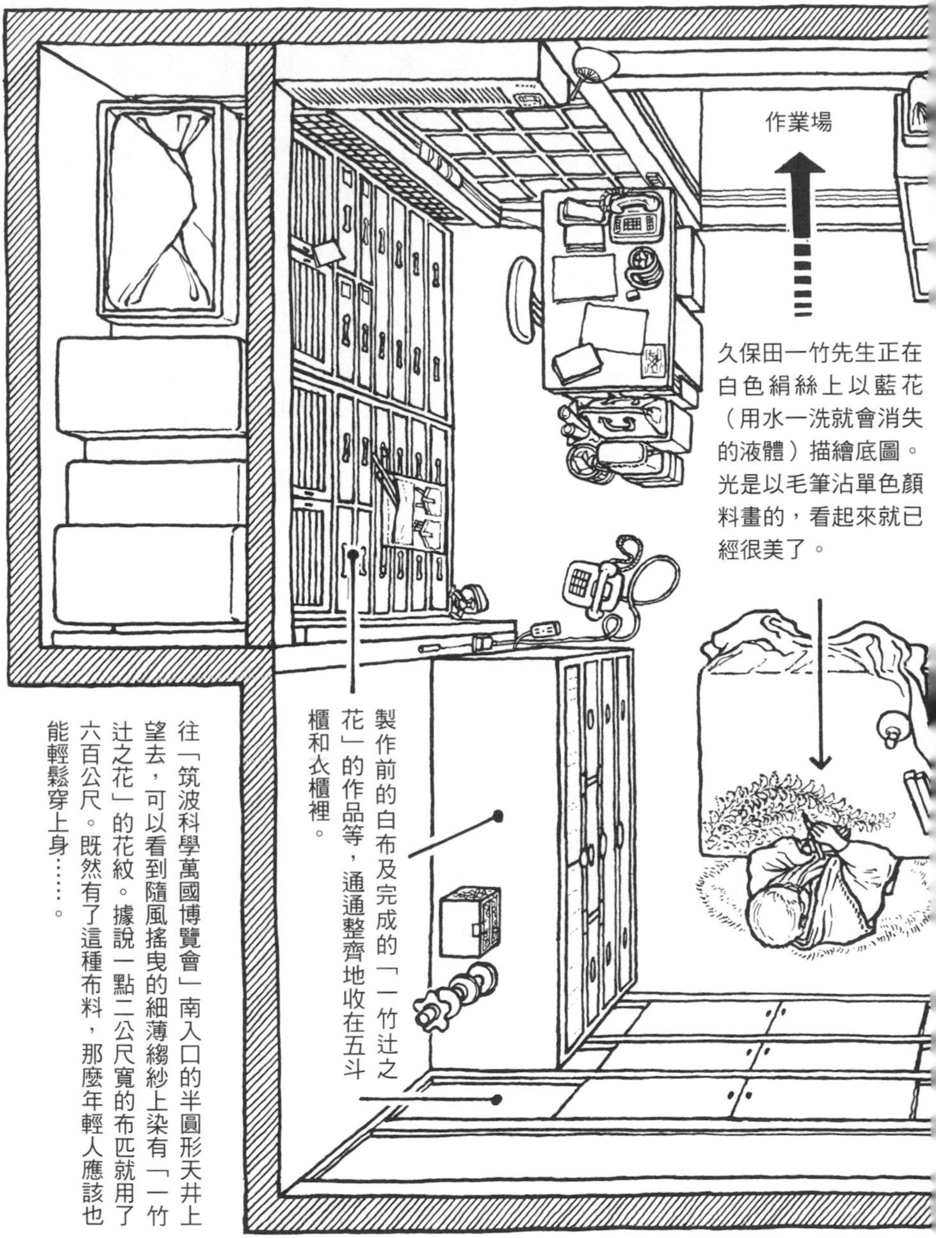
作業場
久保田一竹先生正在白色絹絲上以藍花（用水一洗就會消失的液體）描繪底圖。光是以毛筆沾單色顏料畫的，看起來就已經很美了。
製作前的白布及完成的「一竹辻之花」的作品等，通通整齊地收在五斗櫃和衣櫃裡。

往「筑波科學萬國博覽會」南入口的半圓形天井上望去，可以看到隨風搖曳的細薄綢紗上染有「一竹辻之花」的花紋。據說一點二公尺寬的布匹就用了六百公尺。既然有了這種布料，那麼年輕人應該也能輕鬆穿上身……。

都可以……。而且請不必擔心弄壞衣裳，因為破了就破了。既然是在舞台上穿的衣裳，那就把它當『戲服』看待。

「我在製作時從來沒想過它『多少錢』。聽到兩千萬的標價，最驚訝的莫過於我自己了。因為從我這邊交給客戶時也不是那個價格的。我一心只想做出美麗的作品而已。」

聽到一竹先生熱情洋溢的一席話，最後決定接下舞台設計的工作。

結果——不是因為我自己參與了才這麼說——那次公演十分成功，創造了「打破和服固有概念」的獨特舞台。透過那次公演，一竹先生想表達的是：

「和服絕對不是已走入歷史的民族服裝，大家卻愈來愈遠離它了。為什麼會這樣呢？那是和現代生活脫節之故。一直沿襲百年以前的穿法，剝奪了自由穿著的樂趣。其實應該隨著時代變化才對。希望它能變得像現代服裝一樣，可以更自由自在地穿著。」

不過，雖說希望「更自由自在地穿著」，「一竹辻之花」的價位可不是隨便誰都能穿上身的。之所以會這樣的理由在於它的織造過程。程序之繁複實在超乎想像，讓人看了簡直昏倒，每道手續都是既費時又花工夫，最後才能有這樣的成品。

染色、蒸、擰乾、水洗、描線、上色、押金箔、刺繡等手工作業得重複好幾十次。

聽說有的作品得花一年以上的時間才能完成。這已經不單是「和服」了，根本就應該當作「藝術品」來看待。

事實上，海外的美術館就視它為日本美術品來展示、欣賞的……。

隔了很久，再次造訪了位於小平市的工坊。久保田一竹先生說：

「的確這衣裳不是每個人都能穿上，但我也並非請大家都來穿『一竹辻之花』的作品。我想說的是，希望大家能再次審視和服獨特的材質之美，並且將自己視為設計師，更積極地思考它的外型和穿著方式。採用西式服裝的形式也不錯啊……。為什麼穿和服時腳上不能穿皮鞋？為什麼和服就不行配絲巾或飾品？真想要守護和服的話，不打破限制自由的種種成規是不成的……。我想，為日本傳統灌注新生命和維護日本文化是息息相關的。」

再次折服於他的熱情。

久保田一竹先生生於大正六年（一九一七年），已經近七十歲了。他的熱情可是連年輕人也比不上的。

反窺河童

拜託別再叫我「大師」了

久保田一竹

「叫『大師』會讓我渾身不自在，饒了我吧！」

這句初次見面時聽到的話讓我印象很深刻。那時是想委託河童先生接下《舞衣夢》公演的舞台設計工作。我原本就喜歡戲劇，加上常看到河童先生所設計的舞台，對這位日本當代舞台設計的代表性人物相當尊崇，不知不覺就稱他「大師」，沒想到他有如此的反應。

「拜託就別叫我大師了吧！」

從那以來，一直以感覺親近的「河童先生」稱呼，直爽地往來，這也因為河童先生深具平民性格，爽朗極了。不過，我想在那爽朗的背後應該吃過不少苦頭吧。聽他說「十七歲開始做畫看板的小學徒」，我也是十五歲起嘗過各式各樣的苦頭。河童先生人靦腆沒多說什麼，但我心裡清楚他私底下應該也吃過

◉久保田一竹，一九一七年生於東京。十四歲進入手工描繪的友禪（編按：在綢子上繪印花鳥草木山水等花樣的染法）世界，五年後成立獨立工坊，也製作舞台服裝等。花了近二十年光陰研究室町時代相當盛行的「辻之花染」，一九七七年發表將之現代化的「一竹辻之花」，在海外獲得頗高評價，大受歡迎。

不少苦。

歷盡滄桑、能夠清楚表達自己意見的河童先生對於我提倡的「配合時代更自由地穿著和服」頗為贊同，不得不讓人認為或許是他身為舞台設計師的關係。會這樣說，是因為在舞台上不用水就能表現出水的質感，即便在不使用那個素材本身或古老東西的情況下都必須以嶄新的感覺來安排呈現事物，這就是舞台設計的點子所在。如此看來，這與我對和服的想法是很類似的。我們的來往有種像在共事的樂趣，或許便與此有關吧。

氣象廳地震預報課的測報中心

「關東地方最近可能會發生大地震。」

前年的春天到夏天，這樣的耳語如野火燎原般蔓延開來。

「聽說是害怕發布消息會引起民眾恐慌，於是便加以隱瞞。」

「這是從政府高層那兒得來的情報，所以可能性應該滿高的。」

聽起來像真的一樣。

「高官的家人已經開始祕密疏散。」

「北海道地區的自衛隊正以演習的名義準備南下支援。」

連這種聳動的消息都出籠了。週刊雜誌也刊登這類傳聞，結果惶惶不安的民眾紛紛去電氣象廳詢問，氣象廳的職員被響個不停的電話搞得人仰馬翻，為了澄清這項傳聞疲於奔命。結果根本沒發生地震，也就是說，「只是個謠言」……。

前幾天，四月七日的報紙曾登出如下標題：

「東大地震研究所的茂木教授於地震學會中發表論文．是東海地震前兆嗎」

有這樣的新聞見報。如果沒搞清楚真正的意思，還真是讓人緊張。

「調查過去的地震活動後發現，在一九二三年（大正十二年）關東大地震發生前，有三十年左右的期間裡地震活動頗為頻繁。大地震發生後的四十年間則非常安靜。自一九六九年開始，六點五級以上的地震就發生了八次，可知又進入活動期了。再由最近地震發生的分布地點來看，與關東大地震發生前的情況極為類似。有可能是『東海地震』的長程前兆，顯示這地區的地殼反作用力升高。」

雖說與這則新聞的「東海地震」沒什麼關聯，不過十一日凌晨一點半發生了震度三級的地震。坐我隔壁的助理是「非常討厭地震的人」，慌慌張張躲到桌底下，聲音顫抖地說：

「下回我們去採訪能預知地震的地方吧。」

「我想，住在沒什麼地震威脅區域的人，對這主題不會太感興趣……。」

結果助手馬上以「可不是在開玩笑」的語氣回道：

「如果東京周圍地區毀於東海地震，對日本全國可是有很大影響的！」

這樣說也沒錯啦，於是臨時決定這次的《工作大不同》以「氣象廳地震預報課的測報中心」為目標，並且請理科博士津村建四朗課長擔任講解的工作。

日本是世界第一的地震國，氣象廳觀測到的有感地震光去年就有一千兩百七十六次。小地震是否就和大地震有關聯，實在無法一概而論，光地震本身也有各種特徵，是否會有前震也不一定。例如一九七八年的伊豆大島近海地震有前震，而一九七四年的伊豆半島海底地震就沒有……。

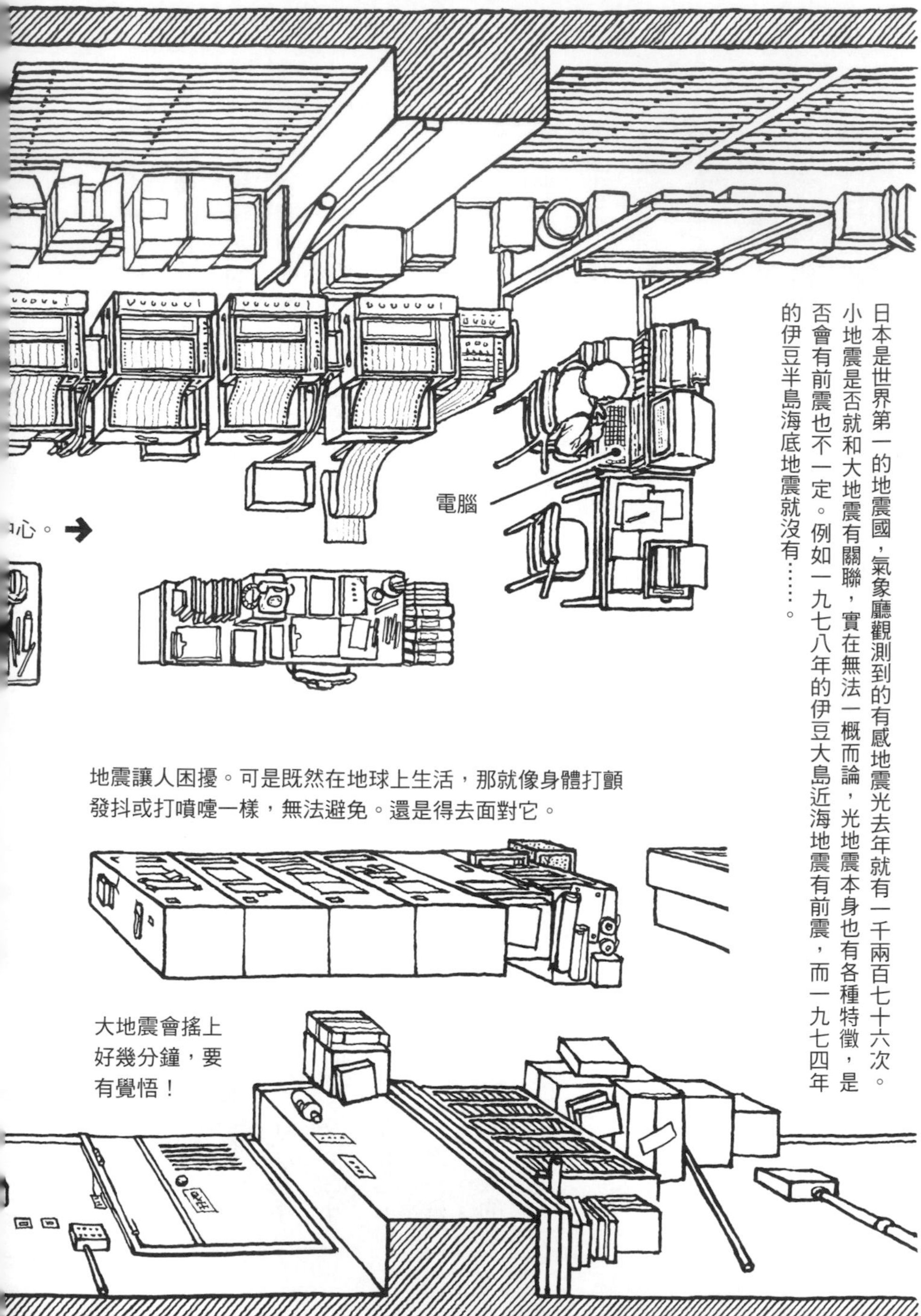

地震讓人困擾。可是既然在地球上生活，那就像身體打顫發抖或打噴嚏一樣，無法避免。還是得去面對它。

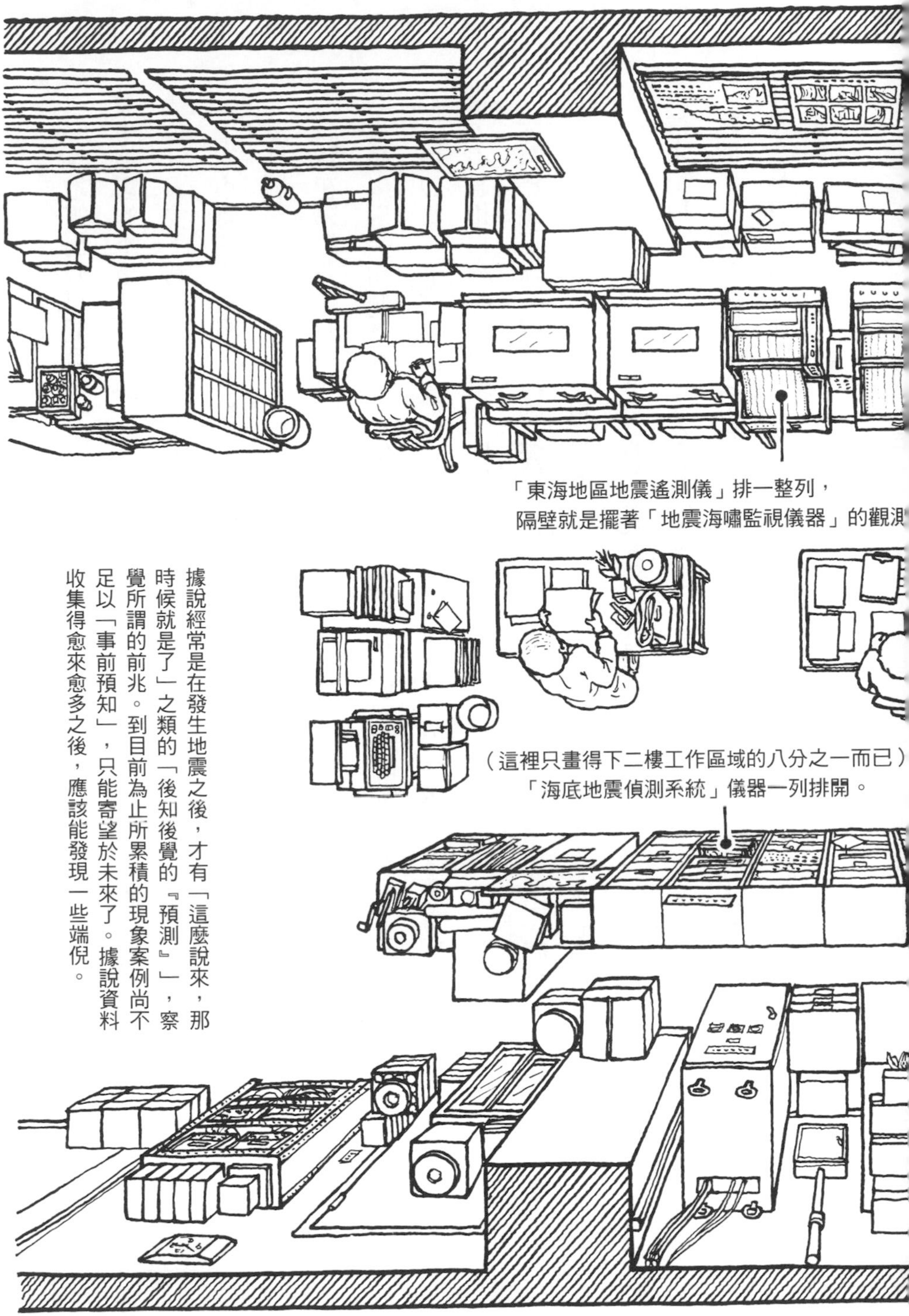
「東海地區地震遙測儀」排一整列，
隔壁就是擺著「地震海嘯監視儀器」的觀測
（這裡只畫得下二樓工作區域的八分之一而已）
「海底地震偵測系統」儀器一列排開。

據說經常是在發生地震之後，才有「這麼說來，那時候就是了」之類的「後知後覺的『預測』」，察覺所謂的前兆。到目前為止所累積的現象案例尚不足以「事前預知」，只能寄望於未來了。據說資料收集得愈來愈多之後，應該能發現一些端倪。

「『地震何時可能發生』的訊息並不會日常發布，這與天氣預報不一樣。判斷是否可能發生地震的不是各地觀測站，而是由氣象廳長的諮詢組織、六位地震學者組成的『判定委員會』。要下判斷必須平常便收集所需數據和資料；而為了發覺地震前的異常現象，必須二十四小時進行監測。這就是我們的主要工作。房間不大，請您先參觀一下。」

這是個狹長形的房間，寬八公尺半，長則有九十公尺。

設置在東海各區的「地震儀」、調查地殼膨脹收縮情況的「變形儀」、測量地殼傾斜度的「傾斜儀」和測量潮汐變化的「檢潮儀」等收集到的數據都以電話線傳回這個測報中心，所以排列著許多記錄器，一偵測到異常就會發出警報。這房間裡是擺著許多機器沒錯，不過和我腦海裡的印象實在相差甚遠。

因為聽說這裡的觀測活動堪稱是世界最大規模，我便擅自想像出一間集合現代最新科技的「綜合監視中心」，沒想到落差居然這麼大。我將感想告訴津村先生，他的回答是：

「兩年後，這房間應該就會變成那種綜合監視中心了。」

這才稍稍寬了心。可是不免心想，來得及嗎？

我問了一大堆問題之後，知道能確實預知發生「時間」、「地點」、「規模」的只有海洋型大地震，而且僅限於觀測網建立完備的東海地方。至於「時間」，也只是短程前兆，精準度只能說到「幾小時內」、「兩三天以內」而已。像前年傳的那次，在幾個月前就預言八月十日前後會發生地震，那樣的預測根本還做不到。所以，今後若聽到這類預言最好把它視為「謠言」。地震研究發展到今天，雖說已能預知，但要預測直下型地震還是非常困難；就算是海洋型地震也無法完全精準預測。例如前兆發生的方式、地震規模和發生時期等等，不論就理論上、或就統計上來看，至今都還不是十分清楚。因此一旦觀測資料中有被認定為異常者，便馬上以呼叫器召集「判定委員會」委員，請他們判斷那些顯示「異常」的數據是否直接與大地震有關。

若判定為「可能會發生大地震」，就由氣象廳廳長向總理大臣提出報告，再由內閣決議發布「警戒宣言」。聽到這樣的程序、想像需要多少時間，便不禁讓人焦急起來。

「不過，若是輕易發布地震警報，加上多次預報落空的話，容易給人『狼來了』的印象，而且從經濟為首、到社會諸多層面，均會帶來負面的影響呢。」

即使聽到這樣的說明，我還是覺得不要怕發錯警報，寧可誤判也不要疏漏延遲。與其陡然遇上巨震來襲，還是有必要面對這樣的測試。

地震雖然可怕，人類的集體恐慌更加恐怖。我想因人為因素受害的區域一定比火災所造成的損失範圍更大。

地震一定會發生。就算不是明天，也遲早會來臨。「判定委員會」主委淺田敏先生說過一番話，大意如下：

「預報本來就不是重點。既然地震無法預防，能夠做的便只有每個人都要去關心思考應變方式了。」

反窺河童

正確的採訪者

津村建四朗

一直埋頭於地震研究的我，在這次採訪前完全不認識妹尾河童這號人物。因此，當妹尾先生造訪氣象廳時一開口便說：

「我想，對於地震預報，大家似乎有許多誤解。此番前來便是希望您能告訴我們關於預報的實際狀況，並做正確介紹。礙於版面有限，就請挑最希望一般大眾理解的事項來說明。」

我聽了相當訝異。因為頭一次遇到這樣的採訪開場白。接下來便是一連串命中要點的問題。這樣的採訪應該是每週一次，不過感覺得出來，妹尾先生在短時間內密集做了不少功課，令人佩服。

大致瀏覽了現場，河童先生不小心說出他的感想：「科學技術已經如此進步，攸關人命的監測中心設備卻與我預期的有點落差。」聽說他在來氣象廳前才採訪了「筑波萬國博覽會」，因此特別感覺落差之大。幸虧新的「地震活動綜合監視系統」採購預算已經通過，告知「兩年後就會變成您所期待的模樣」，他這才露出安心的表情來。

我以往的經驗是，經常在花了幾十分鐘說明後，雜誌上登出來的內容卻只有摘要式的兩三行，有的還和我所說的意思顛倒。妹尾先生則是截稿前打電話來一字一句唸出文稿，一再確認「有沒有哪裡說錯？」，而且幾乎沒什麼誤解。妹尾先生的文章和他的插畫一樣，完全正確，並且以淺顯的方式呈現出目前地震預測的技術水準和現場實況。

◉津村建四朗，一九三三年生於和歌山縣，京都大學地球物理系畢業，歷經建設省國土地理院、東大地震研究所、氣象廳氣象研究所地震火山研究部，持續不斷進行有關地震方面的研究。一九八四年起就任氣象廳地震火山部地震預報課課長，站上了地震預測的最前線。

須田剋太的畫室

已經是三十多年前的事了；有一陣子我常到須田剋太先生府上叨擾。

當時的我是劇場「大阪朝日會館」企畫宣傳部的平面設計師，而須田先生幫會館發行的月刊畫插圖。其實去拿插圖並非我的工作，可是我自告奮勇要求：

「我去拿！」

於是，就經常前往位於大阪和神戶之間的夙川了。

有一天，拿到的插圖正中央有個破洞，我嚇了一大跳：

「有個洞耶……。」

沒想到，須田先生一派輕鬆明快地回答：

「不要緊！把它放在白紙上頭，有破洞的地方看起來就是白的了，沒問題。」

結果，的確如他所說，印刷時完全沒問題，可是……。

那張畫是在肯特紙上用墨水塗黑之後，再以刀片在黑墨的區域刮出白線。

須田先生簡直當成雕刻來做，刮得很起勁，結果一不小心刀片劃破紙張，弄出個洞來。那時須田先生四十四歲，我才二十，不過須田先生反倒比我年輕許多。其實說他年輕，還不如說他像個小孩子。那樣的須田先生要說起來故事可就一籮筐了。有次聽到須田先生二十五歲時的事蹟……。

那時他住在埼玉縣的浦和，國道上鋪的是柏油。在那個年代，這種粗糙的黑色素材好像滿少見的，他很想把柏油的顏色和肌理移植到自己的畫布上，一時忍不住衝動，便在深夜裡拿鐵鎬去挖馬路。可惜還沒弄到手就被警察逮住，帶回拘留所。他在接受偵訊時答稱：

「我是為了作畫啦，只想挖一小塊帶回去而已。」

卻被警察怒斥：

「怎會有人想偷國道！」

聽說當時不論怎麼解釋，警方就是無法了解他的想法。

我和須田先生認識時，他已經是「畫伯」級的畫家，不過他本人對這些完全不在意，而且跟從前想要鋪路材料時的他比起來，可是一點兒也沒變。

「光用筆畫圖是不行的，得從描繪的圖趨向如建築、雕刻般構成的圖才行。所以首先得讓自己的精神更加自由奔放！只有自由的人以自己的雙眼仔細觀察，畫才有辦法誕生。不管面對的是人類、還是一顆蘋果，完全一樣。渴求威勢和權力的人，事物看在他們眼裡都會渾濁不清，他們也不可能自由思考。只不過啊，諷刺的是，這種傢伙常被當偉人！」

有時他嘴裡還會迸出這樣的話來。

經過許多年，與須田先生再會了。他隔年就將滿八十歲，不過完全還是以往那位年輕人的模樣，一點兒也沒變。

不只須田先生本人如此，連畫室都還是三十年前的模樣。稍有不同的是，從河堤下來的地方原本應該有

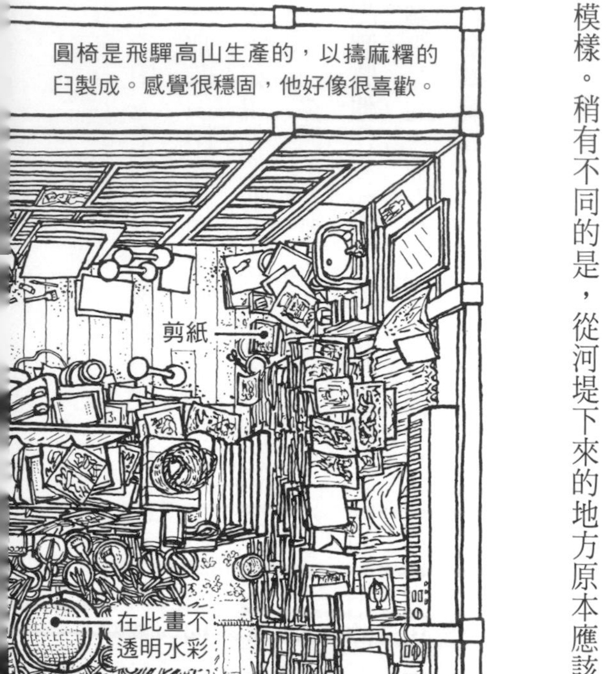

圓椅是飛驒高山生產的，以擣麻糬的臼製成。感覺很穩固，他好像很喜歡。
剪紙
在此畫不透明水彩
強而有力的作品從這一片混沌中誕生

有許多裝著剪過的色紙、金紙碎片的紙箱。須田先生不只畫畫而已，有時會在畫上加貼剪紙，有時則將照片和畫合為一。在表現手法上毫無禁忌。《週刊朝日》的畫雖是單色印刷，但原畫可是以彩色的不透明水彩描繪的。

須田先生在奈良的新藥師寺作畫時，有位女性被那幅畫深深吸引住。那位女性也是畫家，當下決定：「要讓這個人能全心作畫」，於是要須由先生將身上那沒洗過的衣服給脫下來，幾乎是將他剝個精光，然後幫他洗衣服……。隔年，須田先生四十歲時結婚了。（須田太太真偉大！）

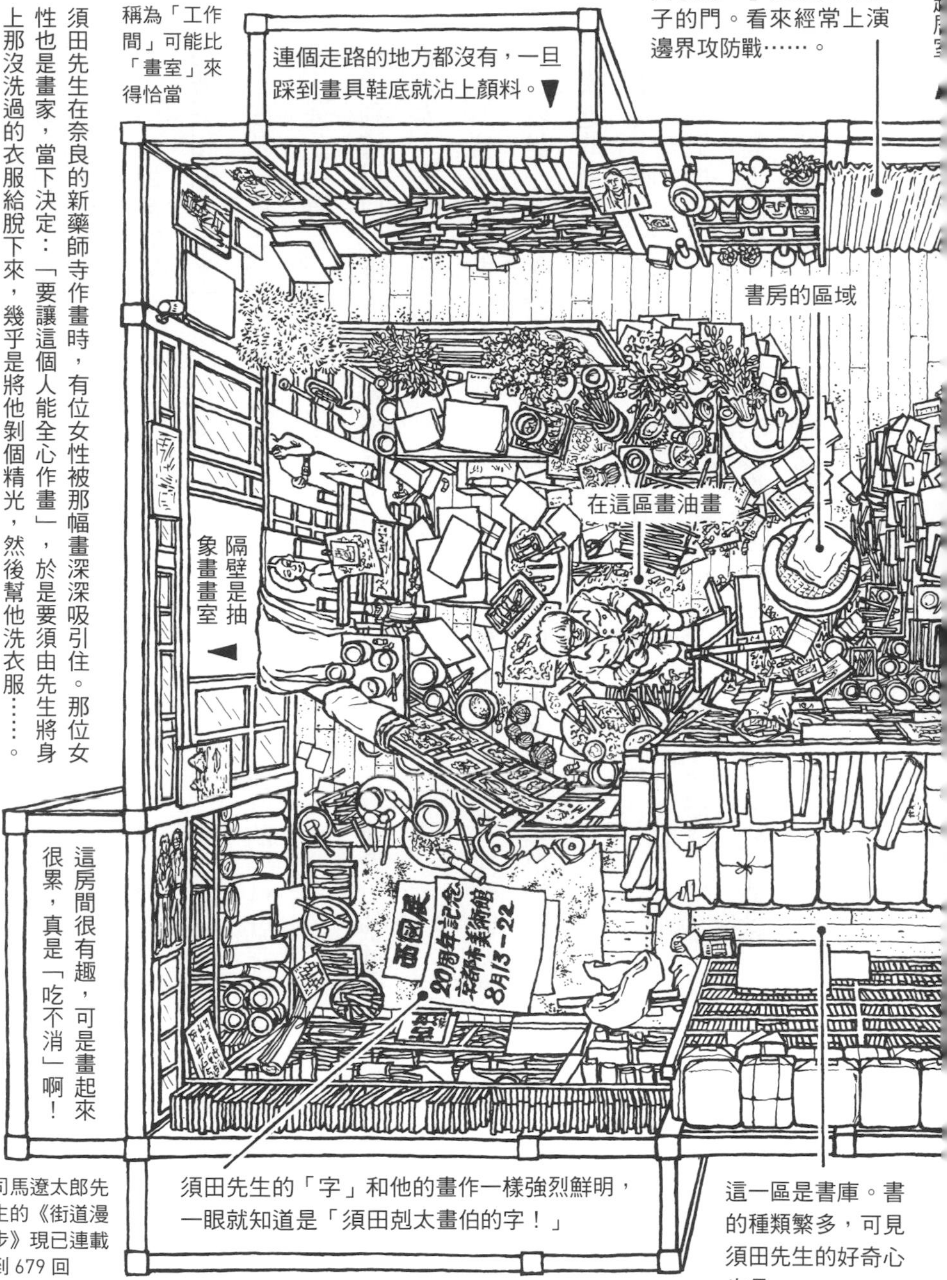

稱為「工作間」可能比「畫室」來得恰當
連個走路的地方都沒有，一旦踩到畫具鞋底就沾上顏料。▼
須田先生說：「這條是國境線。」是扇掛有簾子的門。看來經常上演邊界攻防戰……。
書房的區域
在這區畫油畫
隔壁是抽象畫畫室▼
西國展
20周年記念
京都市美術館
8月13-22
這房間很有趣，可是畫起來很累，真是「吃不消」啊！
須田先生的「字」和他的畫作一樣強烈鮮明，一眼就知道是「須田剋太畫伯的字！」
這一區是書庫。書的種類繁多，可見須田先生的好奇心也是……。

司馬遼太郎先生的《街道漫步》現已連載到 679 回

道門，現在則變成由後面進出了。

「沒錯沒錯，你記得可真清楚啊。因為隔壁人家有些變化，沒法從以前的地方進出，便把出入口改到後頭去了。」

端著茶和點心出來的須田太太也是從前的感覺，

「一點都沒變！我對他的畫室早就死心了。現在只希望髒亂的區域就那間畫室而已哪。」

須田先生指著自己腳下的鞋子：

「看到這道白色縫線的記號沒有？這是畫室專用鞋。如果穿著這鞋直接走進起居室，會被老婆大人罵的！」

「因為要不這樣做，家裡會到處都是你的畫具啊！明明叫你不要把起居室的東西帶到畫室去，就是不聽，然後沒一會兒功夫畫具就散得到處都是，真拿你沒辦法……。河童先生是來畫他的畫室嗎？那可真辛苦了！」

須田先生臉上一副很感興趣的神情道：

「不知道你會怎麼畫這間畫室哪。這邊是書房，坐在那張椅子上就變成油畫室。到這邊來瞧瞧，對面隔壁是用不透明水彩畫《週刊朝日》〈街道漫步〉插畫的地方。繞一圈往裡頭去就是寫字的地方。稍不注意就會弄髒喲！」

雖說以前也很恐怖，但眼前的混亂可遠勝往昔，看得我目瞪口呆。不過，仔細盯著看下來，會覺得在雜亂與否的境界之上，這房間本身也成為須田畫伯的造型作品之一了。

有些詞最近較少人用，但放在須田先生身上則相當適合，例如「天衣無縫」；而「無欲」、「自由」、「童心」、「純粹」等也是，自然而然就會想拿來形容他。

反窺河童

河童的窺視

須田剋太

窺看工作場所這主意實在太棒了。名為「窺看」，卻與脫衣舞的看光光不同，而是有掌握到事物實體的感覺。我覺得這點子很有趣，每回連載均未錯過，只是沒想到居然有一天會輪到我被窺看。等見到作者本人，才發現是三十幾年前在朝日會館工作的妹尾河童小老弟嘛。

他對我的房間也是採直升機俯瞰法，由上而下全盤掌握。用這方法看到的景物可是連屋主自己都沒見過，令我驚訝不已。是一種全新的觀看法。這種「由上往下窺看」的構想真可說是傑作中的傑作！

克里斯多（Christo）「捆包」的表現手法，是種與剝開的行為正相反、而將之包起來的藝術表現。其實，「包起來」此一行為並非讓東西就此看不到，而是藉此去捕捉另一種實體。這近似於白天看慣了的風景，到了夜晚或者下雪天時便給人全然不同的印象。河童老弟以獨特視點所描繪的畫作只是線描，也沒上色，卻能確實呈現出從照片上看不到的東西。看似與克里斯多的捆包手法不一樣，其實原理相同，都是直接以手觸摸、然後捕捉。

被人以此法窺看，結果日常見慣的東西都會被抓出來，在河童老弟所窺見的另一面更呈現了事物的本質。其他人是察覺不

◉須田剋太，一九〇六年生於埼玉縣，自學繪畫，一九三九年起曾三次獲選為日展特選。一九四九年成為「國畫會」會員。除了創作具象和抽象的西洋畫以外，亦以書法家廣為人知。長期為《週刊朝日》上連載的〈街道漫步〉畫插畫，因而於一九八三年獲得講談社出版文化賞。一九九〇年去世。

到，但被畫進去的部分有些地方只有本人自己知曉，而他卻若無其事一一畫進去，讓被窺看的一方有股「唉呀被發覺了！」的緊張感，像是種勝負比賽似的。而美國總統也在受窺之列，真是讓人愉快啊。

不過，雖說是被河童老弟窺看，但被逮到的這一方可也將他看得一清二楚。

他不斷窺看各行各業人士，被看的一方又在〈反窺河童〉中表現出他們眼中的河童。而每回連載都不放過的讀者又藉此來窺看河童老弟。換句話來說，這是三重窺看。

大家互相「窺看・反窺」、「掌握・被掌握」，真是有趣的結構！

玉村豐男的廚房

玉村豐男先生住到輕井澤已經整整兩年了。若把那裡當避暑別墅就另當別論，可是長年居住的話，我想應該有許多不便之處吧，沒想到他倒過得如魚得水，還被他說了一頓：

「為什麼？輕井澤又不是夏天才有人住，冬天也是有當地的居民啊。你們大概都認為我在這裡的生活很乏味吧！」

他反而覺得我們的想法奇怪。

「那就來我這兒吃頓飯吧。冬天人比較少的輕井澤也不錯喲！」

雖然他這麼說，我還是等到春天才去。在積雪的季節去一定會被要求幫忙剷雪的，我幾乎可以聞到自己閃到腰的危險氣味。

「來的人當然得幫忙除雪。人家說『一餐一宿之恩』，總該回報吧！」

玉村先生笑道。

我還是等到櫻花凋謝、確定絕不會再下場意外春雪的時節才出發前往輕井澤。

拜訪的主要目的是享用他親手做的料理。

眾所周知，這位玉村豐男先生不僅擅長烹飪，對料理也有獨特想法，還擁有豐富的相關知識。他烹飪方面的著書頗多；我對玉村先生很有共鳴之處在於他不單是美食評論家，而且對於「食」的態度是在日常生活中真正享受做菜和吃食的樂趣，還將自身經驗轉換成文字分享大眾，讓人真是欣羨。

既然如此，我就老實不客氣把吃飯和「窺看工作場所」的採訪結合，來個一箭雙鵰。

玉村豐男先生的家蓋在別墅區外的雜樹林裡，獨棟獨院，附近沒其他人家。建築的外觀是灰色系濃淡相間，頗具格調，但夜裡看起來有股孤獨寂寥感。

「四周全黑哦。天上的星星看得很清楚呢。還可以跟狸等各種動物玩……。」

本來還懷疑是「都會人打腫臉充胖子，逞能住到山野中」？沒想到他真的是打心底快樂得很。

「的確，這裡有些食品不容易買到，但只要去東京時買回來就好了。相反地，這裡可有許多東西是東京人想買都買不到的。像這水芹是前面小溪摘來的，蕈類品種多又便宜，蔬菜也新鮮，還可以買到小諸牧場品質不錯的肉……。河童先生要不要也搬來？這裡的土地沒那麼貴喔！」

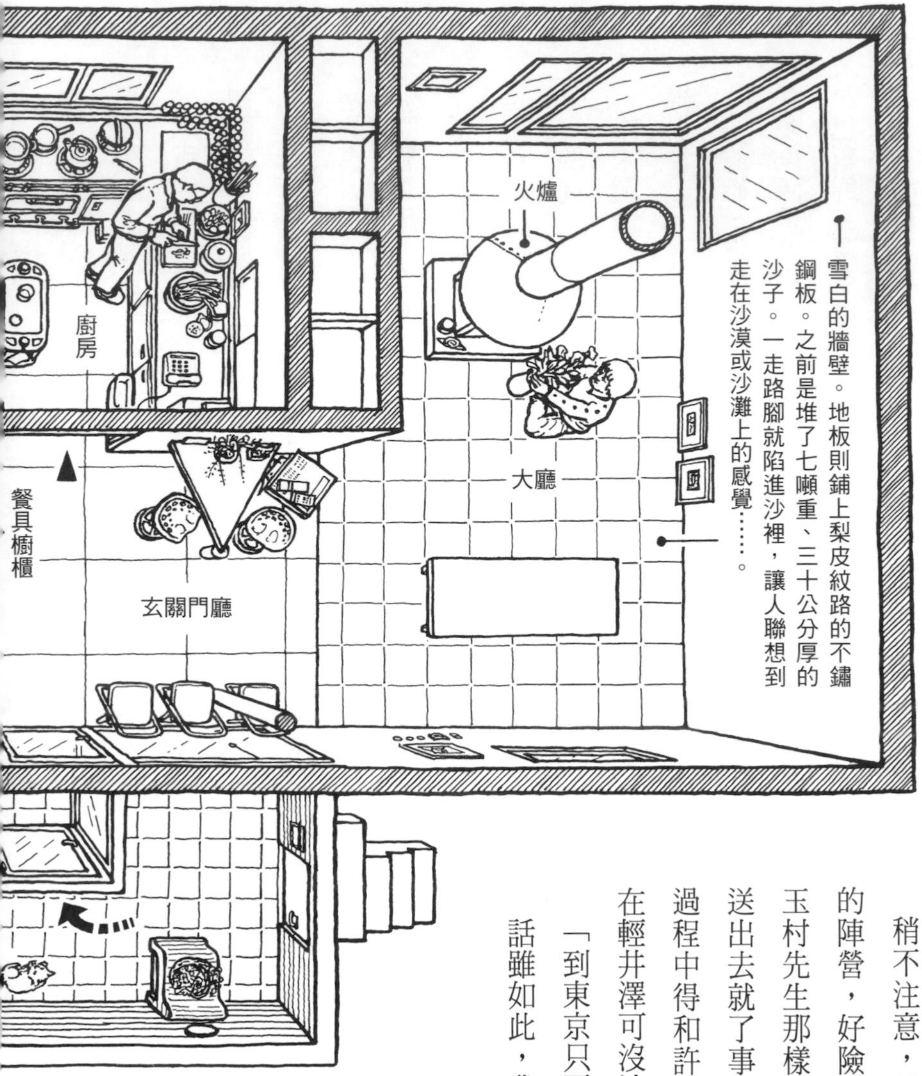
火爐
廚房
大廳
餐具櫥櫃
玄關門廳
雪白的牆壁。地板則鋪上梨皮紋路的不鏽鋼板。之前是堆了七噸重、三十公分厚的沙子。一走路腳就陷進沙裡，讓人聯想到走在沙漠或沙灘上的感覺……。

稍不注意，差點兒就被說服加入他的陣營，好險呀。可惜我的工作不像玉村先生那樣，只消用傳真機把原稿送出去就了事。在舞台設計、製作的過程中得和許多人舉行多次協商，住在輕井澤可沒法兒這麼做。

「到東京只要兩小時啊！」

話雖如此，我覺得還是行不通。

透過玄關的玻璃門往裡看，眼前就是廚房。

「很多人來訪時都嚇了一跳。因為不但一進門就看到廚房，而且吃飯地點就在玄

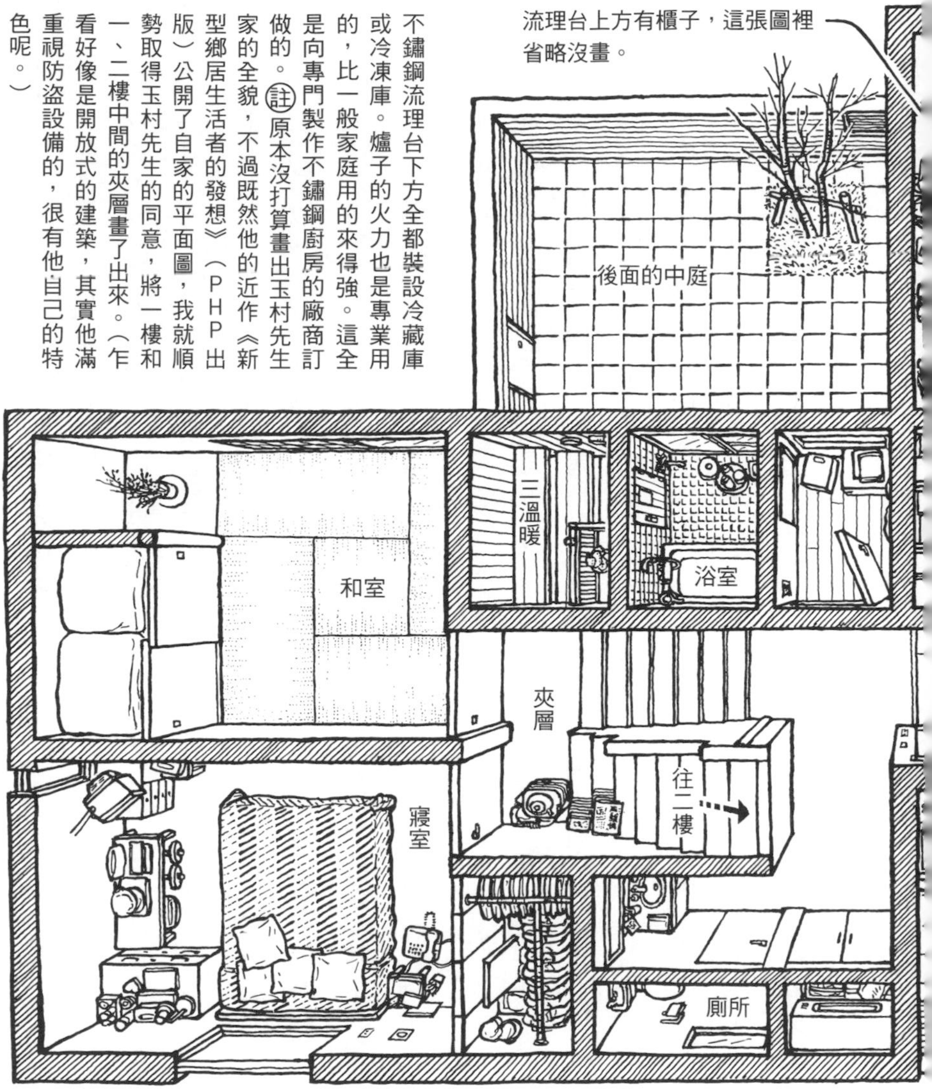
流理台上方有櫃子，這張圖裡省略沒畫。
後面的中庭
三溫暖
浴室
和室
夾層
往二樓
寢室
廁所

不鏽鋼流理台下方全都裝設冷藏庫或冷凍庫。爐子的火力也是專業用的，比一般家庭用的來得強。這全是向專門製作不鏽鋼廚房的廠商訂做的。(註)原本沒打算畫出玉村先生家的全貌，不過既然他的近作《新型鄉居生活者的發想》（PHP出版）公開了自家的平面圖，我就順勢取得玉村先生的同意，將一樓和一、二樓中間的夾層畫了出來。（乍看好像是開放式的建築，其實他滿重視防盜設備的，很有他自己的特色呢。）

關門廳。」

在哪裡吃飯也不一定，都視當天的心情，有時還會移到外頭用餐。

玉村先生究竟在開玩笑、還是認真的，若有人想弄清楚，恐怕會愈想愈糊塗了。

右手邊的房間地上全部鋪設不鏽鋼板，下頭有暖氣，所以地板踩起來暖呼呼的。與我一起前來的助手愛搗蛋，偷偷把暖氣調到最高，結果地板熱得像鐵板燒。
「為什麼用不鏽鋼板呢？」
我猜，玉村先生的回答，別說是問的人，恐怕連他自己聽了都覺得說不過去。
「只是因為好玩而已。我想夏天應該會很冰涼舒適，所以就……。」
的確好玩。事實上，不鏽鋼地板是我來訪前一個禮拜才換上的，之前是鋪著沙子。聽說是以沙子取代地毯，鋪了大量的沙當「沙坑」在玩。許多訪客剛見到時都是一臉錯愕，結果沒多久便紛紛像小孩一般，開始光著腳丫天真地挖沙堆沙玩將起來。
「沙子剷來剷去搞得塵土飛揚，滿傷腦筋的。再說我們自己也玩夠了，所以這次就改成不鏽鋼板。」
玉村先生寫稿的書齋位在廚房正上方的二樓，但是這屋子上上下下看起來，最重要的心臟地帶還是廚房。將他的廚房稱為「工作場所」，他大概也不會否認吧。聽說他不管截稿期限多麼緊迫，都一定會站到廚房裡自己做飯。
「經常有人會問『那您太太呢？』，人家好像以為她什麼都不用做，對她來說真是冤枉……。其實事後都是她在收拾。」
有些男人興致一來會進廚房搞幾道菜，但是餐餐親力親為且自得其樂的可就少之又少。

像他這種會把沙子搬進屋、或弄個不鏽鋼地板、想法自由的人，哪會覺得男人進廚房很奇怪？

「這麼有趣的事怎能只讓女人做啊！」

他應該是這麼覺得的吧。

他為我們做的菜色有韓式蔬菜前菜、泰式蝦子料理及印度式茄子和雞肉咖哩，十分多樣化。

烹調的手法也熟練優美，速度又快，味道更是棒極了。

「廚房既然是工作場所，沒辦法馬力全開可就……。太寬敞的話，反而得浪費體力移來移去，所以我覺得這樣的大小剛剛好。」

「玉村先生的料理哲學是？」

「應該是別被概念給框死吧。譬如說，本來要做道蔬菜冷盤，結果不小心淋上了油，也沒什麼好緊張的，改成中華料理不就成了。自由自在地享受比較重要。」

不論工作或料理，都和他的生活態度很一致。

反窺河童

非常人

玉村豐男

我與河童先生只見過四次面。

一年半前造訪河童先生府上是第一次，再加上「窺看軍團」三次來襲。不過一直維持著超乎次數以上的親密交遊關係（可以這樣說吧）。

河童先生是位電話魔。常常三更半夜一個人在工作室裡邊畫圖邊講長電話。大概他是很怕寂寞的人，無法忍受一個人孤立於密室中的幽閉感。還有，一般人拿起話筒時通常會說「喂喂」，河童先生則是發出「噗—噗—」的豬叫聲。沒辦法，我只好也跟著噗噗叫，有時則模仿汪汪或嗥嗥的動物叫聲應戰，甚至還會有一通以上的對戰狀況。像他這樣以噗噗豬叫聲取代喂喂，實在異常，我懷疑他是不是有強迫性精神官能症呢？

河童先生非常喜歡與人碰面。還有，不論看到什麼、聽到什

◉玉村豐男，一九四五年生於東京。一九七一年東大法文系畢業後擔任過口譯員、導遊、翻譯等，最後加入作家行列。主要著作有《巴黎旅行雜學筆記》、《倫敦旅行雜學筆記》、《文明人的生活法》、《料理的四面體》等。一九九七年時住在長野縣小縣郡東部町。

麼，他通常都會表現出非常強烈的興趣，簡直到了有點異常的程度。我想，他本應該在街上討生活，而不該是位關在工作室裡的人吧！

河童先生異常地活力充沛。

雖不喝酒，卻向來爽朗。

總是面帶微笑，個性很陽光，一般人不敢接下的麻煩事他都犧牲睡眠時間承擔下來。性格上好像是偏向受虐狂。

總之，河童先生非常人，而其異於常人之處卻帥極了。

三浦宏的精細工坊

大約四年前，我在銀座看到「江戶時代遊廓吉原的妓院」模型時，嚇了一大跳。我在工作上也常需要製作舞台模型，但跟它完全不能比，那件模型真是精緻極了。由其諸般講究馬上看得出來作者絕非泛泛之輩，至於到底是何方神聖，可就完全沒線索。

不僅時代考證詳盡，柱子、牆壁、瓦片的尺寸自不用說，連日式拉門木格柵等細節都讓人瞠目結舌：「連這種地方都注意到了！」更令人驚訝的是建築物後方的雨水桶。與其說那水桶是模型，不如說是真的水桶迷你版，裡頭還裝著水呢。一滴都沒滲漏。後來聽說作者是位「木桶師傅」——難怪，否則怎麼做得出直徑八公分的水桶。那水桶簡直像是作者的簽名一樣。

聽說作者的名字叫「三浦宏」。

三浦先生的祖父原是木船師傅，造的船就在隅田川航行。可是他父親並沒有繼承父業，而是轉行成為做澡堂和家庭用水桶的工匠。

因為從那時起，受到東京開始進行都市開發的影響，河川和運河的功能衰退，對船隻的需求便減少了。雖然說從工作上來看造船和做水桶的差異滿大的，但至少兩者都不允許有漏水的情形發生，所以在技術上有些類似的地方。反正就是跟水有關啦。

三浦先生追隨父親的腳步，也成為桶匠。只不過在大戰期間，不只水桶，連蓋房子到車輛製造等等，什麼都做。那麼按理來推，雖說做的只是模型，相信應該是有能力建造真的房子吧。

今年正月，我收到在有樂町的西武百貨舉辦個展的邀請函，便前往參觀。這回展出「江戶時代的大雜院」和「大街旁的和服店」。

「這回是住大雜院裡嗎？」

結果三浦先生回答道：

「是呀，深切體會到前人的生活智慧呢。雖然空間狹小條件不好，卻在許多地方下功夫，結果打造出滿舒適的小窩來。做的時候感受到種種用心之處，做得很愉快。結果自己好像身量也縮小了，成為這大雜院的居民了呢。」

這大雜院裡擠著木屐師傅、木工、賣海苔的商人、裁縫師傅等的住家。

他拿出木工熊先生的工具箱讓我瞧，約兩公分大小的鉋刀到十八種各式各樣的木工工具

那裡當學徒，修業中。

工匠父子都健在

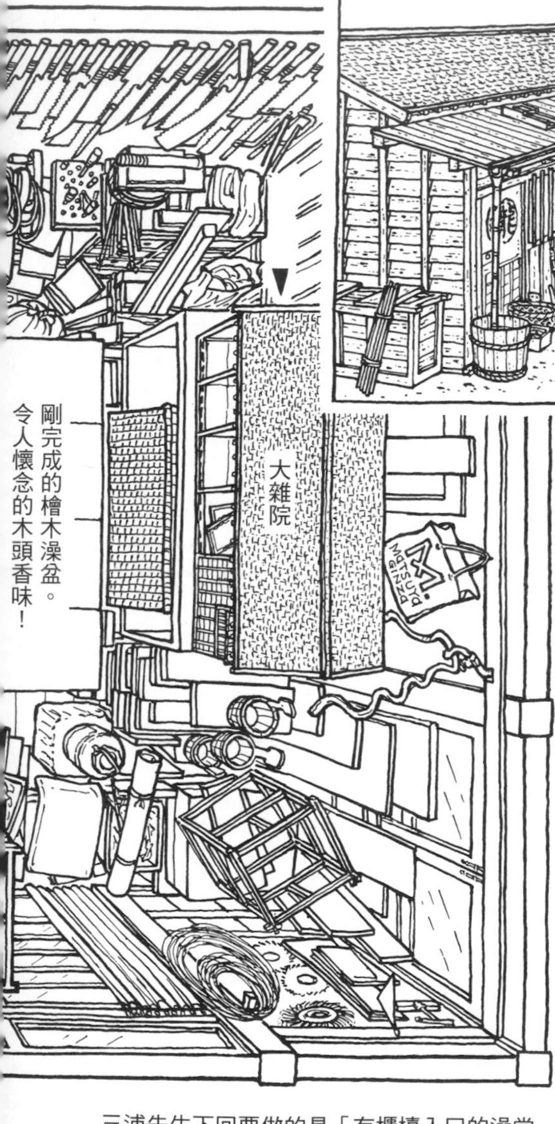
大雜院
剛完成的檜木澡盆。
令人懷念的木頭香味！

三浦先生下回要做的是「有櫃檯入口的澡堂」

一應俱全。看看大街旁和服店裡帳房的算盤，珠子還能撥動呢。感覺真有群身量只十分之一大小的人們住在那兒。所有的東西都可以使用，做得既精細又逼真。從大雜院的一塊塊木板建材也能看出這點：和之前的遊廓模型不同，採用了多種木板。

「大雜院的建材應該不會用未裁過的好木料。我

三浦先生大正十五年生，他兒子祥宏君是昭和三十九年生，現年二十歲。正在父親的後輩桶匠

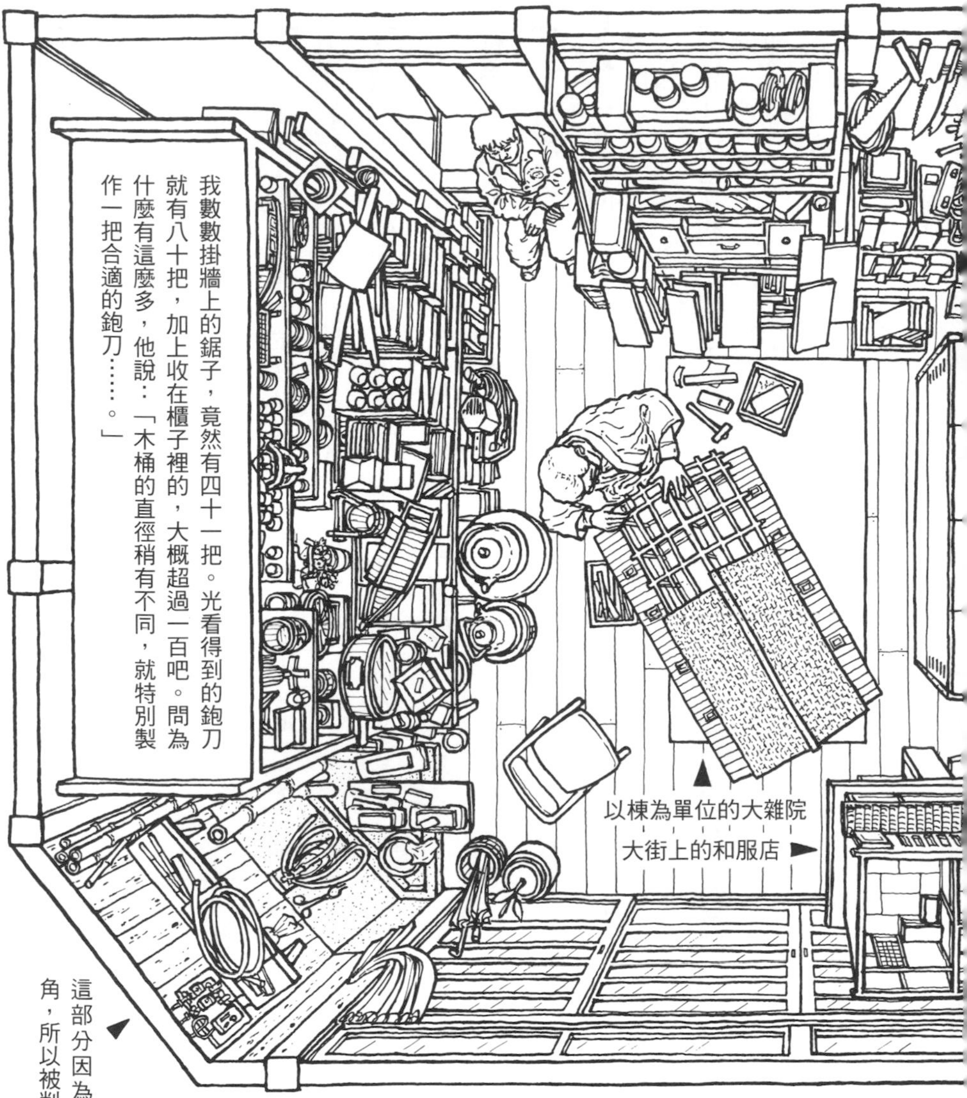
我數數掛牆上的鋸子，竟然有四十一把。光看得到的鉋刀就有八十把，加上收在櫃子裡的，大概超過一百吧。問為什麼有這麼多，他說：「木桶的直徑稍有不同，就特別製作一把合適的鉋刀……。」
以棟為單位的大雜院
大街上的和服店
這部分因為是街角，所以被削掉。

這附近住的多是工匠，有修廟的工匠、製作佛壇、小五金等精工工匠。

想，通常會混用蓋大街商店時剩下的零碎建材吧……。所以建材便沒有統一，試著用各種材料看看。」

用到的材料種類有杉木、檜木、花柏、松木等。

「花柏？」

「它也可以用來做木桶，因為容易裁切，是鋪設屋頂的上好材料。像桂離宮的屋頂就是，不過大雜院用的不是頂級品，而是零碎的薄木。」

做到這種地步，這已經不只是模型，也不是普通的講究了。如果說他是個講究的人，那太輕描淡寫了；他可是講究講究再講究啊。實在佩服。

「請您務必來看看。」

既然主人這麼說了，便前往東京下町（編按：東京沿隅田川、江戶川地區的通稱，是以前工商製造業發達的地區）淺草壽町的三浦先生府上拜訪。他的工作場所面對大街，是典型的下町工匠住處。

「我就是在這麼狹窄的地方工作哦。做洗澡桶的時候空間常不夠，滿傷腦筋的。」

就算傷腦筋，再怎麼說還是本行啊，不能光做模型不顧現實……。我想，只做自己想做的事，那人家裡可辛苦了。

「別光說別人。」

我怕被助理這麼吐槽，便不敢開口……。

三浦先生的大雜院模型最讓我佩服的地方在於它不僅是座模型，還是人類生活智慧的結晶，從中也可看出哲思。就以屋頂上的遮雨棚來說，下面有承接的雨水桶，大雜院裡還有水井和吊桶。大概因為他的本行是桶匠，所以對於生活用水特別關心吧。

「是啊！對於水，我可能比一般人來得在意吧。我了解從前人們對水非常珍惜，雖說也因為當時水資源不像現在這麼充沛，反正他們絕不會隨隨便便把水浪費掉。像這個是當時從玉川上水引流過來、然後到四谷見附那邊分支出去的水管模型……。」

他給我看的是連接圓桶的管線。他真的很關心水，連埋在地底的水管都要重現出來，真讓人想脫帽致敬了。

「像飲用和洗滌用水都是分開的呢。雨水桶接的水就拿來刷洗，洗米水拿來澆花，枯水期則留意要儲水備用……。跟現在水龍頭一開水就嘩啦嘩啦地流可不同。如果拿以前和現在做比較，大家覺得如何？像現在這種用水法，我覺得實在很浪費呢。」

我在想，三浦先生是不是為了表達這個想法，才以模型來重現江戶時期的大雜院？

除此之外，他還說：

「現在還有以『甜美之水』為號召的賣水行為，形成有錢就能買到水的風潮，這和努力維護水質、珍惜用水的想法簡直就是背道而馳呀。那是惡質用水國家才會做的事。」

反窺河童

凡事講究的同志之士

三浦宏

「哇！雨水桶裡有水耶。這是三浦先生的簽名吧。」

河童先生看到「江戶時代遊廓吉原的妓院」模型時劈頭就這麼說。他連繁華妓院裡靜靜擺著的雨水桶都注意到了。

聽到這句話，覺得他把我最希望人家注意、最想表達的事物全看到了，非常高興。這對我日後的工作有很大影響。

由此也知道，河童先生本身也相當重視水。他去印度時就曾走進河裡，連頭都浸下去……。我自己也有類似經驗。的確，置身河裡會注意到在陸地上看不到的地方。那就是所謂的「能看見看不到的事物的眼睛」吧。我想，正因為擁有那樣的眼睛，河童先生才會跳進印度的河裡。

他來探訪時，非常仔細地測量了各個細節，連我沒注意到的破銅爛鐵都清楚畫進去了。早知如此，事先該整理整理的——這只是馬後砲啦。拿到河童先生的畫之後趕緊和實物及現場做個比較，讓人吃驚的是完完全全一樣。這樣的講究讓我看得樂極了，好像畫的是別人家似的。

同為凡事講究之人，希望今後還能如此繼續交流下去。

◉三浦宏，一九二六年生於東京，十二歲起跟隨父親學藝，踏上木匠一途。除了製作家用的澡盆水桶外也著手大木船、屋形船等的模型。以吉原妓院、大雜院、澡堂等實物十分之一大小的精細模型成為話題人物。

茶谷正洋的研究室

一打開對折的白紙，躍然呈現的是立體球形、盛開的花朵或是泰姬瑪哈陵、金字塔等建築物。摺起後又回復扁平狀態，立體的「蹦出來的紙雕」就消失在對折的紙縫間。這叫「摺紙建築」，雖然不是什麼魔術，但無論玩過幾次都還會有不可思議之感，有趣極了。而且造型奇特又優美。

這種「紙張造型遊戲」正在女性和兒童之間悄悄形成風潮，其生父便是東京工業大學工學院的茶谷正洋教授。

我第一次見到這種不可思議的「摺紙建築」是去年春天，銀座的百貨公司舉辦「遊戲的博物館第二彈」展覽，標題是「延伸的知覺世界」。入口的牆上寫著：

「歡迎來到不可思議之國的美術館！這裡是世上絕無僅有的『發現國』。請先拋棄對遊戲的既定觀念。喚醒您的鮮活童心，另一個充滿創造性的世界即會在您眼前展開。」

會場裡有機關玩具、利用眼睛錯覺的幻視遊戲、描繪幻象世界的圖畫、可讓觀眾參與的光影遊戲等等，共計兩百多件。當中也有茶谷教授的「摺紙建築」。

可惜該作品被放在壓克力箱裡，無法用手觸摸。摺紙的開合是電動控制，我站在作品前足足看了三十分鐘。

以前也有「立體繪本」之類的書，就是冊頁間會有東西冒出來，但「摺紙建築」又跟那不大相同。

「摺紙建築」讓人佩服之處，首先是造型很棒。建築的外型雖然都經簡化，但特徵卻都掌握到了，而且連抽象的圓形、四方形或階梯形都讓人覺得造型洗鍊大方。我當時還不知道作者是位建築師，所以更是佩服之至。因為就算建築師也未必能設計出好樣式，而且——這說法或許不適切——至少它的造型不是圖畫描繪式的，而是出自建築師手筆、有建築感的。

至於茶谷教授會開始發表這類作品的契機，我在雜誌上讀到過相關報導：

「日本建築師協會的教育委員會曾針對『提升社會對建築關心度的方法』進行討論，當中有人說：『現在才想要教育建築師或建築系學生都已經太晚了，還不如想想有沒有方法可以讓未來將成為建築師或屋主的青少年見識到建築之美……。』那時剛好這種摺紙藝術引起了大家的興趣，就這麼開始了。」

我想見見茶谷教授。

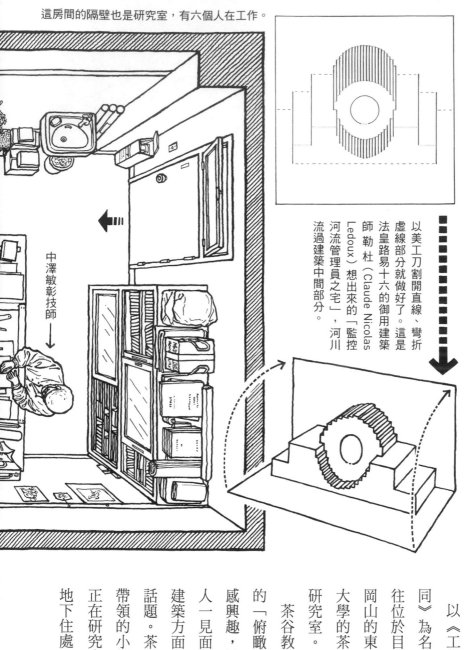

這房間的隔壁也是研究室，有六個人在工作。

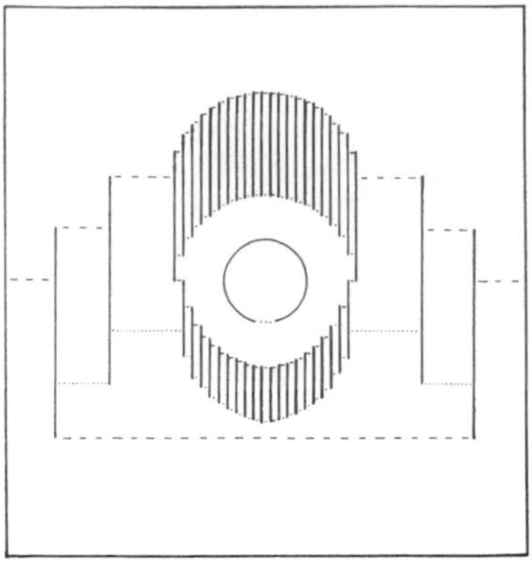

以美工刀割開直線、彎折虛線部分就做好了。這是法皇路易十六的御用建築師勒杜（Claude Nicolas Ledoux）想出來的「監控河流管理員之宅」，河川流過建築中間部分。

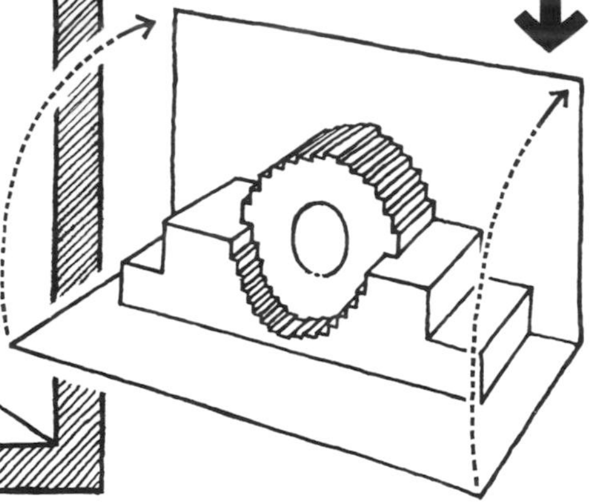

以《工作大不同》為名義，前往位於目黑區大岡山的東京工業大學的茶谷教授研究室。

茶谷教授對我的「俯瞰圖」也感興趣，於是兩人一見面便進入建築方面的專業話題。茶谷教授帶領的小組目前正在研究中國的地下住處。整個

「摺紙」的造型是深夜在自家思考的。關於作品的想法則詢問研究室的助教們。

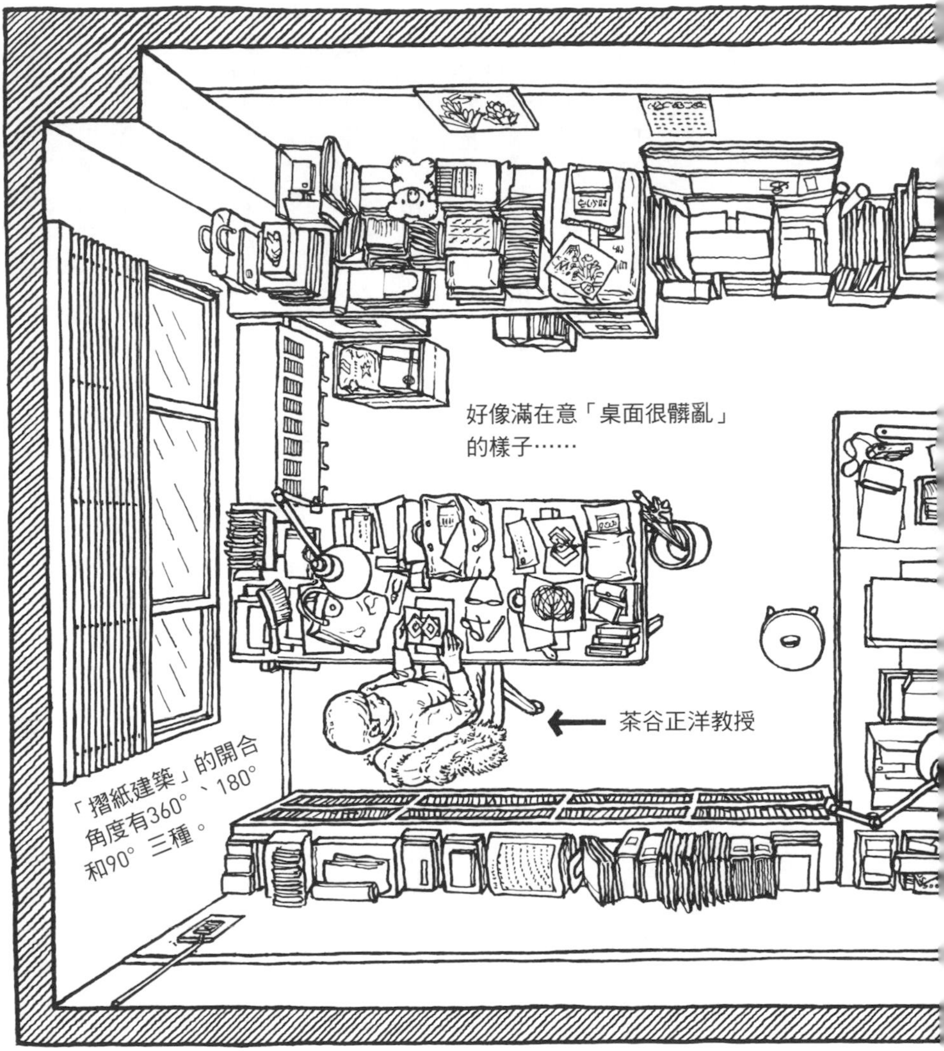
好像滿在意「桌面很髒亂」的樣子……
茶谷正洋教授
「摺紙建築」的開合角度有360°、180°和90°三種。

想了解茶谷教授作品的讀者可以看《摺紙建築紙型輯》和以兒童為對象的《跳出來的摺紙》等書。

村子像是埋在地底，到處都挖有四方形的洞當庭院用，在它周圍橫向掘出洞穴通道當作居室。要拍攝村子全貌只得從空中俯瞰，於是就以風箏取代直升機，將相機綁在風箏上。拍出來的照片效果很不錯。

「黃河流域的氣候很嚴酷，因

此地底住宅有冬暖夏涼的優點。很想去瞧瞧吧？河童先生的話，就有辦法直接從每個住處上方畫出精細的圖面來了……」

我當然感興趣囉。一看到這情勢，我的助理趕緊投出牽制球：

「該測量房間的大小了。」

他大概猜想，如果讓茶谷教授這麼繼續說下去，我或許會冒出：「那就一起去中國吧！」

從茶谷教授的談話中可以清楚知道，他不僅是位關心「人如何經營生活」的建築家，也是位學者。

「一般人常以為我是摺紙家，所以我就回答說，我也搞些建築哩。」

茶谷先生淘氣地笑道。

看到這樣神情的茶谷教授，我便問了：

「等到對『摺紙建築』感興趣的兒童長大後，建築師這行不就難做了嗎？業主住戶通通有自己的意見，結果，『老是要求得蓋些奇奇怪怪的建築，可真傷腦筋啊。』

「我就是希望發展成那樣。建築本就屬於居住者或使用者的，所以要有自己的想法，而且建築師也不可以太過獨斷。」

聽到這樣的回答，便更進一步了解到茶谷教授寄託在「摺紙建築」上的用心了。

反窺河童

窺看窺看中的河童先生

茶谷正洋

◉茶谷正洋，一九三四年生於廣島縣。在東京工業大學學習建築，並回母校教授繪圖學。一九九七年為母校名譽教授、法政大學教授。除建築本職外並以「摺紙建築」聞名，以其精細的手工創造日式建築、窯洞等作品成為熱門話題。亦涉獵電腦繪圖領域。

心裡早已盤算好，先下手為強，想請河童先生在《窺看日本》《窺看歐洲》等書的初版上簽名，沒想到他卻回道：「那我就爬上天花板吧。」當真？被這句玩笑嚇了一大跳。

結果，我的工作現場就這樣被畫了下來。現在我不禁搖頭嘆息：「光為人忙自顧無暇」的實況曝光了。

提到我那張亂七八糟的桌子，有位遭過小偷的老教授看到時說：被翻得那麼徹底啊——小偷連碰都沒碰過的桌子居然被以為發生了什麼刑事案件。但要是心血來潮開始整理桌面，又會被人問：發生什麼事了？

（可以說我的摺紙作品好像出汙泥而不染的蓮花，是從紙屑堆裡誕生的。）

河童先生所描繪的舞台、房間及一些構造奇特的畫，讓人在看的時候不禁把書翻來轉去，讀得津津有味。河童先生每次總讓人驚奇不已，不曉得是爬上天花板？還是飛上天空俯瞰呢？每次都呈現出大家意想不到的新視點。我不禁想像，他設計的舞台應該也是一樣，雖然呈現在觀眾面前的只有前台，但是旁邊、後面、上、下各角度，他都會下足工夫吧。

河童先生是以怎樣的視點觀看呢？就像請攝影家讓我們從他的觀景窗看出去以了解他的取景一般——身為忠實讀者，真想跟在窺看中的河童先生背後，看看他眼中的景物啊。

立花隆的書齋

去年九月，立花隆先生家裡聚集了約三十位友人，舉辦一場印度音樂的家庭音樂會。那個房間是專門設計的視聽室，只要是偏好此道的人無不對之興味盎然，但我比較關心他的書齋。不過當時沒去窺看。

那時候不曉得為什麼，想到要窺看書齋便湧出一股恐懼感。那房裡好像充滿了立花先生的苦吟氣息，於是，

「能不能讓我看一眼？」的要求便無法輕易說出口了。

立花先生七年來旁聽判決、且花了八年時間整理的《洛克希德判決旁聽記》全四卷，最近完稿了。這套書無論就分量或頁數來說都很不平常：重二點五公斤、總計一四六五頁。以四百字稿紙來計算的話，是三千六百六十張的重量級作品。

「客觀來看可算是長篇鉅作，但就我自己而言，有種『難道就只有這樣？』的感覺，好像分量上出乎意料地少。」本人如此說道。

以實際的感受來說，比起成書的重量，寫作過程的漫長、歷經寒暑的季節更迭等親身體會可是沉重得多了吧。

見識過立花先生的工作成績，通常會認為這是位深具壓迫感的厲害角色，可是等到和本人碰面後，往往感覺完全相反：「咦？這人就是那位立花先生嗎？」單就外表所給人的印象來說吧，沉靜穩重的說話方式、和藹可親的眼神和表情、蓬鬆雜亂的髮型和不拘小節的衣著等，一點都看不出來是做出那麼驚天動地事情的人。

「嗯……，還是想參觀參觀您的工作室……。」

才這麼說，他馬上大方答允：

「好啊！沒問題！」

之所以會說「還是」，一方面是真的想一探究竟，但同時也隱約有股不妙的預感，才會如此掙扎，猶豫不決。倒不是有什麼深奧的理由，只不過是怕那些龐大的資料和書籍「畫起來非常辛苦」，多少有逃避的心態。

不過，看了《洛克希德判決旁聽記》之後，什麼害怕猶豫的可就不值一提了。與他的工作相比，我那渺小的勞累根本是小巫見大巫。

才開始這麼想，隨即又起了想了解他的資料分類法、藏書整理法的念頭。一來感興趣，再者對我又有實質助益，但如果連這些都加進來，那就更恐怖了。

立花先生在住家二樓也有書房，但太過狹窄，所以當工作室用的書齋就設在附近大樓的一個房間裡。

開門之前我已有充分的覺悟了，可是，首當其衝映入眼簾的就是玄關地板上堆積如山的資料，助理馬上回頭瞧了我一眼。

這裡擺的只是日常必要的資料而已；湯島那邊書庫裡的資料量可是這邊的兩倍，要用的時候才搬過來——這聽了更讓人吃驚。

「沒辦法整理得很整齊呢。跟判決有關的資料，基本上通通分類放在這一頭……。工作時書也跟著移來移去，所以房間容易變得亂七八糟，沒辦法保持同樣狀態。」

他是這麼說，不過，那種亂的性質，跟我房間的雜亂又大不相同。我的房裡總是一堆堆待找的物品；立花先生的書房裡同樣是這裡一堆那裡一堆的書山，卻是經過分類整理，自有其論理根據，有邏輯脈絡可循。這裡的混沌像是活火山的岩漿，而我的工作室則像座垃圾山。立花流的資料分類法全在立花先生的腦袋裡，我不但學不來，也派不上用場。打個比喻，那兒就像東京秋葉原電器街裡販賣電器零組件的店家。機器白癡的我當然搞不清楚是怎麼回事，但對玩家來說，能自由組裝的機器可是夢寐以求的。

Bose 牌，後方為 Tannoy 牌 • 主要擴大機是 Accuphase 牌 Exclusive, Marantz 牌、Yamaha 牌個人製作管球式 • Exclusive 前置擴大機 • Sony 牌聲道分音器 • Technics 牌播放機 • Nakamichi 卡式錄音座 • NEC 牌 CD 唱盤 • Marantz 牌調諧器 • Sansui 牌 PCM 錄音機 • 錄影機有 Sony, NEC, National 廠牌 • Pioneer 牌 LD 放映機。

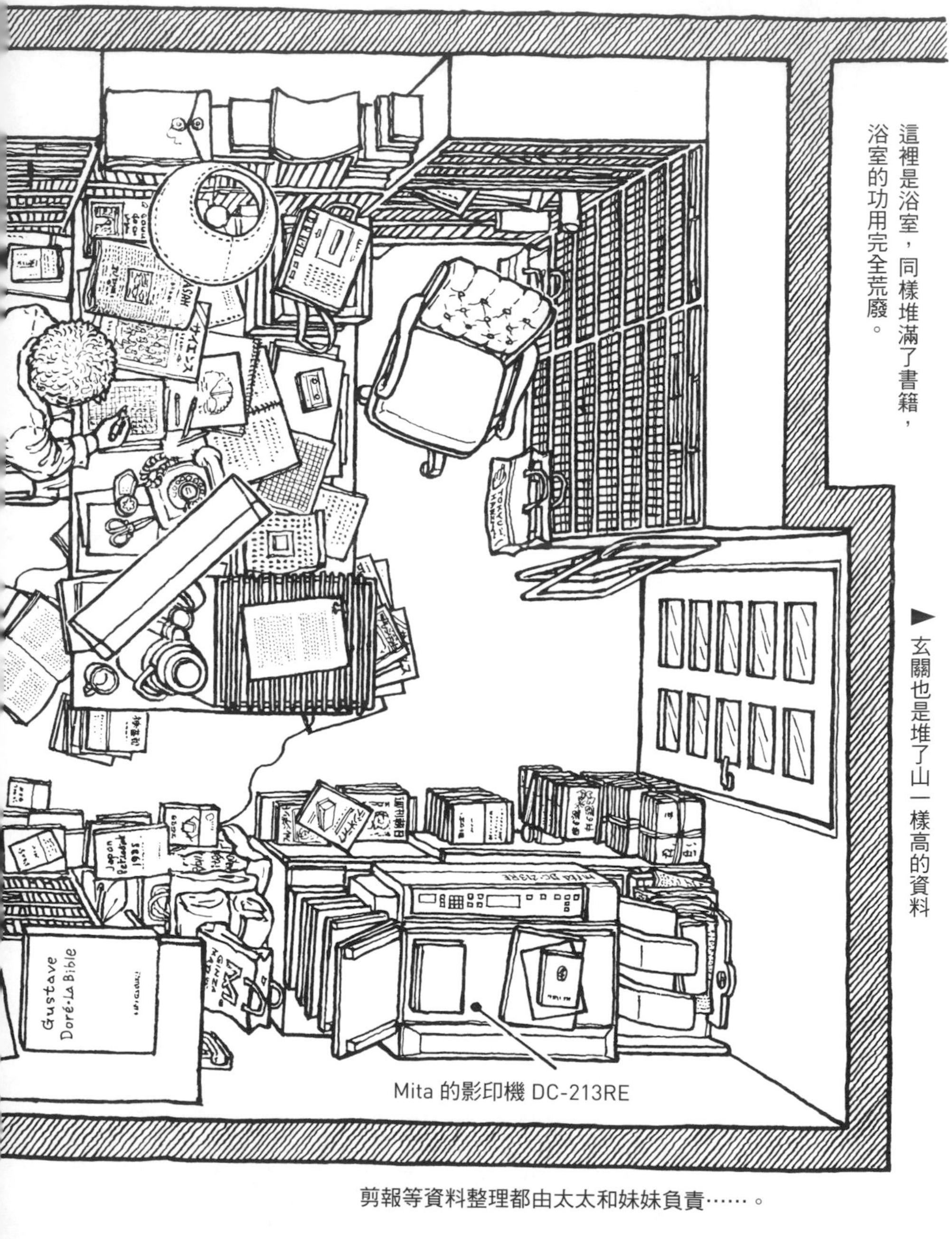
這裡是浴室，同樣堆滿了書籍，浴室的功用完全荒廢。
▶玄關也是堆了山一樣高的資料
Gustave Doré-La Bible
Japon Pittoresque 1935
Mita DC-213RE
Mita 的影印機 DC-213RE

剪報等資料整理都由太太和妹妹負責……。

立花先生家裡的視聽器材有：
• 揚聲器前方主喇叭四頻五聲道（JBL 系列 Technics Exclusive, TAD 牌），前方延遲音用的為

紙袋到處都是。從湯島書庫搬過來的書就這麼直接用將起來，要歸回原位好像會很麻煩。

說到這兒，立花先生可是位不折不扣的機械迷。他在追查「田中金脈」（編按：一九七〇年代，田中角榮以派閥領袖身分籌措分配巨額政治資金的運作方式，組成自民黨內獨大派閥並當選總理。之後因涉嫌洛克希德購機賄賂案而被迫辭職）時，應該也是將一個個小零件拼湊起來，加以組合後才解開整個來龍去脈吧。我想這應該與他的分析、整理和建構能力息息相關。

與立花先生聊了之後，才發覺話題老在音樂上頭打轉，和他工作給人的印象差真遠。相熟的人都知道他是個歌劇迷，對音響設備極其癡狂，朋友老笑他已經「病入膏肓」了。目前他腦子裡想的全是灌唱片的事。去年秋天，他在自家舉辦了印度歌手開拉薩・昌德拉・潘迪的演唱會，並且計畫將這傳統歌聲灌成唱片與同好分享，限量五百張。

至於何以會熱衷至此，是因為這種音樂非常珍稀，連在印度都很少有機會聽到，日本更不用說了。加上現場氣氛極佳，又有好友小室等先生利用專業混音器以ＰＣＭ模式側錄下來。

潘迪先生的老師承襲了蘭浦爾（Rampur）藩王所扶持的古典音樂，想當然爾，他也師承該流派。

這種音樂與街頭演藝正好相反，絕不在有許多聽眾的音樂會上演出，因此與我們一般聽到的印度音樂截然不同，更凸顯其珍貴之處；此外還讓人體會到印度文化優雅的一面。

立花先生說：「這音樂只讓三十個人聽實在太可惜了！應該讓想聽的人也有機會接觸。」所以決定製作私家版唱片。

廠牌名稱就叫「立花家」（Chez Tachibana）。

他講究到連唱片封套都一一手工製作，而且張張不同。

定價比一般市面上的唱片來得便宜，但每張的售價依封套而異，相當奇特。想購買的人請寄明信片至「〒101　東京都千代田區神田神保町一—二一・一和多大樓・綜合文化社」提出申請，便可獲得通知。

昔日的收音機少年現下正熱衷於唱片製作。但話說回來，他本就是個少年般的人物啊。

反窺河童

妹尾肇是怎麼變成妹尾河童的？

立花隆記錄

那時候在大阪朝日會館當平面設計師，負責畫海報。大概是二十歲吧？我迷上附近酒吧的一位小姐，人家打烊後直接睡店裡，隔天就從酒吧去上班。

有天店家出了道下酒菜，是摻了菊花的漬物，我說：「搞不好其他的花也能吃？」就把店裡所有花都摘一片吃吃看。那店裡的花還真多哪。全部有七八種吧，味道有的苦有的澀……。

過了一會兒，肚子突然疼了起來。也搞不清楚到底是哪種花作怪，痛得我在地上打滾。真的是名副其實地七葷八素，可是大伙兒只在一旁望著我笑。他們的眼光就像在說，嘿，這傢伙又在耍什麼鬼把戲啊。當天的客人有一位是《航空朝日》的總編輯齋藤寅郎，他說：

「你這傢伙，真像河童哪。」

◉立花隆，一九四〇年生於長崎縣，東京大學法文系畢業後曾任職出版社，後來再入東京大學就讀哲學系。一九七四年以《田中金脈研究》讓當時的田中內閣下台，一舉成名。主要著作有《田中角榮研究．全記錄》、《農協》、《洛克希德判決旁聽記》、《從宇宙歸來》等。

結果大家紛紛接口：

「對呀！河童河童！」

隔天這綽號就傳遍朝日新聞社了。因為我老是做些怪事，大家從以前就認定「那傢伙不是人！」雖然這麼覺得，卻又說不上來到底像什麼？結果這綽號來得正好，從此廣為流傳。雖然我本名「肇」，但打那時起，大家都只叫我「河童」了。

連最初在藤原歌劇團擔任舞台設計時，恩師藤原義江老爺也忘了我的本名，直接在工作人員名單填上「妹尾河童」。因為用了這名字出道，後來在工作中就只好一直用「河童」了。在這期間，連我爹娘來信都把收信人寫成「妹尾河童先生」。既然如此，一不做二不休，我乾脆到戶政事務所申請改名，連本名都用河童。過程歷經波折，作業可不簡單呢。而且還被人訓了一頓：「更改戶籍名字的立法主旨在於拯救因父母取的名字太奇特而受苦的人。原本名字不錯卻要改成怪名字的，只有你一個咧。」

島倉二千六的大型畫室

看過五月七日富士電視台播出的《世界原來如此》的觀眾，應該曉得島倉二千六這號人物吧。但就算完全不認識，我想一定在電視、電影或舞台上見識過他的工作成績。不過他並非演藝人員。

他是位專門畫「雲」的畫家。客戶和朋友都叫他「畫雲名人小呼」（編按：二千六的日文發音為「Fuchimu」）。明明是個四十四歲的大男人，卻老被人叫小呼小呼的，但這暱稱跟他的性格還真配，像是天空上的浮雲，給人溫暖親切的感覺。

如果真的雲朵看見他畫的雲，恐怕會說：

「哇！比我還像真的哩。」

他的功力可是非常深厚，好得沒話說。

有些電視廣告為了捕捉藍天白雲的海景，便把外景隊拉到關島或夏威夷去，但是天候條件可沒辦法任人安排。有時期待的雲相一直沒出現，十天半個月都耗在那裡，連張片子都沒拍到，只得鎩羽而歸，這種情況並不少見。這時就會有人提議：

「找小呼幫忙！請他畫夏天的雲。」

說到雲，它的表情可是隨設定情境和戲劇場面而不同。例如層層相疊的層積雲、鱗片狀的卷積雲、絮狀雲、卷雲，還有籠罩天際讓人不寒而慄的烏雲等等，形態迥異；而他對每種雲的掌握都分毫不差。有時我們看到電視上的雲朵心生讚嘆：「好漂亮的雲啊！」其實很多時候都是出自島倉先生之手。

像在電影《燃燒零式戰機》中，有許多重要場面是戰鬥機穿越雲層。不論是零式戰機的模型、實際大小的駕駛座後方的背景雲層，或是大片被夕陽染紅的雲彩，都是他在攝影棚牆上以噴槍畫出來的。

噴槍是種畫具，利用壓縮機壓縮儲存空氣、再從噴嘴噴出混合了空氣的霧狀顏料。

別看他一派輕鬆地手執噴槍，栩栩如生的白雲就從噴嘴冒出來；其實空氣的噴出量和顏料的調節相當困難，噴出來的結果常常不如預期。

他畫雲已經二十五年了，但到現在還是嘆說雲很難畫。

就算用照相機把雲拍下來，再依照比例放大到原寸，看起來也不見得有立體感，而且雲本身的形狀不一定與戲劇的需求相符。因此，通常是導演和美術設計先向島倉先生描述所

這一大片雲和海可不是從照片剪貼下來，而是島倉先生親手繪製的。我用線條筆觸怎樣都畫不出雲的感覺，所以這次的插畫特別請島倉先生合作。我對島倉先生的要求是：「希望將大畫面的雲彩重現在這頁面上。」不過要在小小頁面裡呈現同樣的效果似乎是件難事。原本的畫可是厲害到讓人不禁冒出「居然！」的讚嘆，但也只能請各位從電影或電視上觀賞了。不過「畫雲」的工作大多沒有署名，因此大多數人很難判斷畫面上的雲彩究竟是出自島倉之手

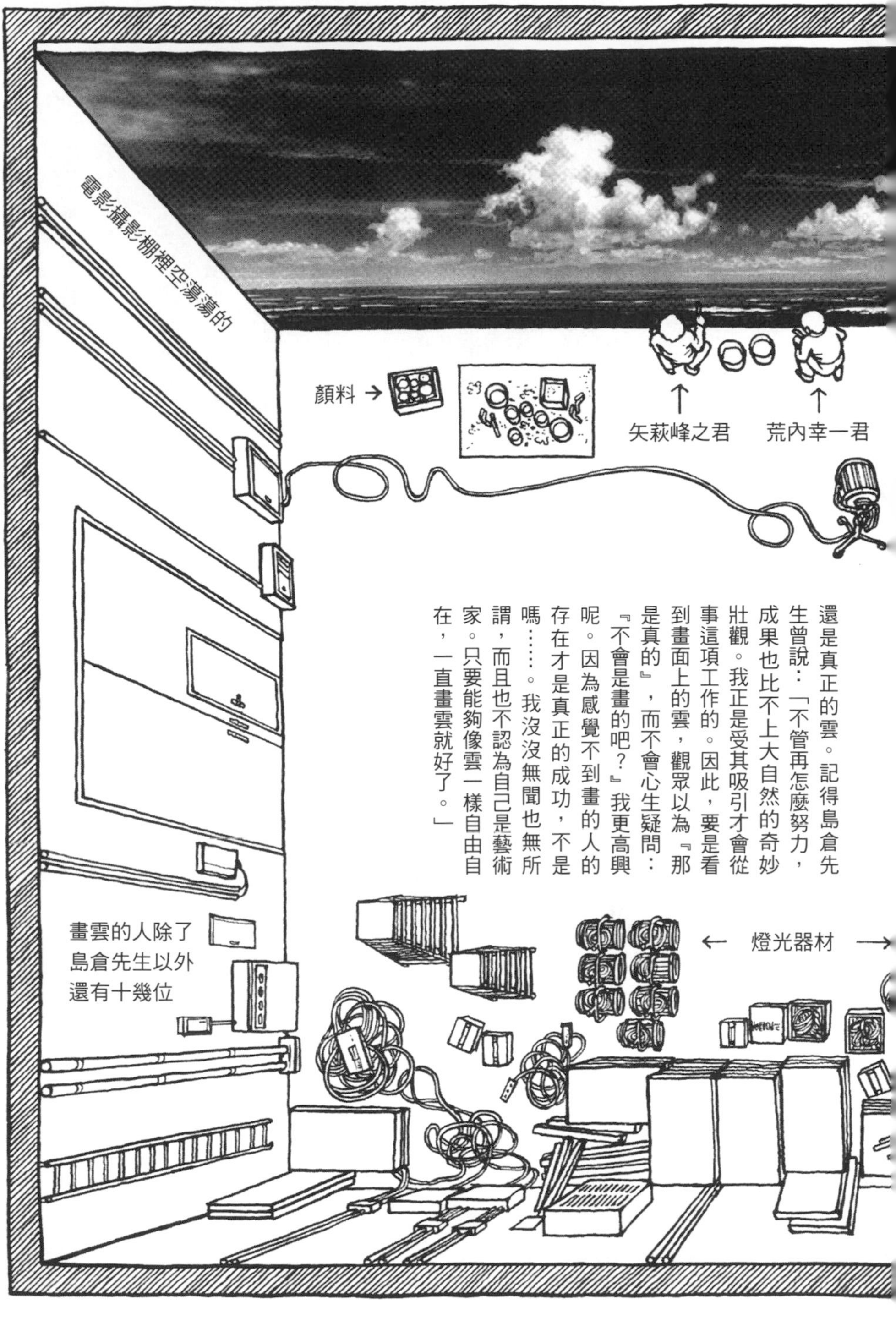
電影攝影棚裡空蕩蕩的
顏料
矢萩峰之君
荒內幸一君
還是真正的雲。記得島倉先生曾說：「不管再怎麼努力，成果也比不上大自然的奇妙壯觀。我正是受其吸引才會從事這項工作的。因此，要是看到畫面上的雲，觀眾以為『那是真的』，而不會心生疑問：『不會是畫的吧？』我更高興呢。因為感覺不到畫的人的存在才是真正的成功，不是嗎……。我沒沒無聞也無所謂，而且也不認為自己是藝術家。只要能夠像雲一樣自由自在，一直畫雲就好了。」
燈光器材
畫雲的人除了島倉先生以外還有十幾位

需要的影像，他再根據自己的詮釋下筆。在如同巨幅畫布的牆面上，他總是不打草稿就直接用噴槍作畫。

「我都是一邊感覺風向和太陽的位置來想像自己是雲……。若是硬要畫出來，那雲不會有浮著的感覺呢。」他這麼說。

「這回要畫很大片的雲喔。想看的話，歡迎參觀。」

接到這通來電我便出門了。從以前到現在，他的工作情形我已經不知看過幾次了，但還不曾從頭看到尾呢。

這回造訪的是電影攝影棚，高六點三公尺、寬三十七公尺的一大片牆壁全塗上藍色。上層顏色較深，下面漸漸轉亮，是萬里無雲的大晴天。站在可移式台架上的島倉先生慢慢畫出雲的模樣。乍看到藍天上的浮雲很容易誤以為這工作輕鬆得很；但真正站在旁邊看，這才知道並不簡單啊。因為得在充滿霧狀顏料的環境中呼吸，雲好像要鑽進肺裡去了。

「所以啊，沒工作的時候就到山裡去，努力呼吸新鮮空氣，一邊溪釣，然後抬頭望望真正的天空。」島倉笑道。

這種耗時費勁的工作遠景如何？雖然電腦繪圖和相片的放大技術如此發達，這工作一時間似乎還不會被淘汰。因為要將腦海裡所想像的雲朵具體呈現出來，除了倚靠人手別無他途。現在有許多年輕人對ＳＦＸ（電影特效）很感興趣，但它也是得靠人腦人手、經過繁複的作業過程才得以成形。將來借助科技的範圍應該會更大，但再怎麼說還是要靠人來製作，此主體性是不會消失的。「畫雲」也可說是基於這個原點。

巨大壁面下方有兩位年輕人正在畫海浪，分別是矢萩峰之君三十一歲、荒內幸一君二十六歲，兩人都在修業中。矢萩君是第四年，荒內君才一年。無論哪個領域，情況都類似：再怎麼拚的人，要把技術學得差不多，大概也要五年；而獨當一面恐怕得花上十年吧……。

光看島倉先生的手部動作，便知道在他二十五年的職業生涯中累積了爐火純青的功力。一朵朵白雲不斷產生。先是描繪形狀，再噴上陰影，接著強調受光面。然後為了呈現雲朵的柔細質感，在背景的天空部分修飾輪廓，最後才一層層往深處畫去，做最後修潤。花了十八個鐘頭左右，攝影棚裡出現了大片壯麗雄偉的白雲藍天。

今年應該又有很多人會被電視廣告中充滿夏季氣息的藍天白雲給騙了吧。

反窺河童

委託的工作向來不輕鬆，但是……

島倉二千六

與河童先生共事已有十多年了。我想，應該有很多人看到河童先生細緻的畫作便以為他本人既嚴格又一板一眼的吧。事實上完全相反，他根本像個孩子，擁有一顆純真的童心。

正因如此，每當河童先生說「有工作想拜託你」時，感覺上像在邀約「一起來玩玩吧！」於是便有種預感：這工作應該很有趣！所以一定都會加入。

可是，先別說好不好玩，工作本身的作業程序通常是既繁複又累人的。明知如此卻依然上鉤，都是看在河童先生的個性份上。也有可能是我自己一廂情願地全身投入啦……。

身為美術指導的河童先生向來很清楚他想表達的意見，但不會一一詳加說明然後硬要人家照做。這和他對獨力完成的工作要求完美的態度正好相反。這或許是因為他將團隊合作的成果

◉島倉二千六，一九四〇年生於新潟縣，十八歲修業完成後進入電影布景繪製業。二十歲轉入東寶特攝電影公司，擔任《哥吉拉》系列等的布景繪製工作。一九八一年起獨立接案，專門繪製電影、戲劇、電視布景以及各地博物館的透視畫等，以卓越的繪畫才能廣為人知。

和個人的表現區分開來，而且能從其間的差異找出樂趣吧。

他是個抱持著「快樂工作主義」的人，所以在戰場般的工作環境裡常會說些笑話逗大家開心，炒熱整個氣氛。連表達他的意見時也是河童流——簡單明白，剩下的就交由現場執行人員發揮創意。因此，為了回應他的全心信賴，唯有戮力以報了。最後總是「真累啊，不過累得有價值！」讓人有股「工作得很充實的快感」。

另外值得一提的是，只要有機會，他一定盡量將聚光燈打在幕後工作人員身上。像在《工作大不同》中介紹「畫雲」便是一例，同行的伙伴都非常高興。

不過，我對河童先生有一項請求。

「希望能看到河童先生親手畫的雲。」會這樣說，是因為河童先生也很擅長以噴槍作畫，一定能讓讀者看到不同於素描風采的絕佳作品。

阿久津哲造的人工心臟開發製作室

只要是關於「心臟手術」的新聞，報導方式向來比其他手術聳動。

美國的修羅德（William Schroeder）先生從去年（一九八四年）十一月二十五日接受人工心臟植入手術以來，至今仍然健在，並且正持續創新紀錄中；但大家的焦點老是擺在「究竟可以活幾天？」上頭，給人一種很奇怪的感覺。

兩年前克拉克（Barney Clark）先生動手術後也是相同情形；他在一百二十天後去世。當時醫學界對心臟手術的看法相當分歧：一派認為這類手術不過是「將死期短暫延後而已」，給予嚴厲的批判；另一派則抱持相當肯定的態度，視為「醫學上的壯舉」。

這次植入修羅德先生體內的人工心臟是否因維持時間較克拉克先生久，就比較好呢？我是外行人對此無從判斷，但很想知道答案。

而且，現在廣受注意的「腦死」問題也是……。

「希望您以外行人都能理解的方式，針對此一議題做個說明。」

這回拜訪的對象是大阪府吹田市「國立循環器官疾病中心」的阿久津哲造博士。

阿久津博士二十八年前在狗體內植入人工心臟的手術是世界創舉。那隻狗雖然只活了一個半小時，卻是敲開「心臟移植」大門的劃時代實驗，令人印象深刻。最近在美國進行的動物實驗是在羊身上植入人工心臟，將紀錄延長到兩百九十七天。雖然已經算是有了長足進步，但真要說起來，存活時間還是滿短的。目前成為話題人物的修羅德先生也面臨上述情況，成為美國媒體報導的對象。這麼說來，現階段的成果不就等同於動物實驗嗎？真是如此的話，那麼要說目前的成果是太早發表了也不為過……。

「和植入克拉克先生體內的心臟相比，目前的成果尚不足以稱為有進步。」

聽到這番話著實嚇一跳，但同時又有「果然沒錯」的感覺。「理想的人工心臟」似乎非得等到二十一世紀才可能出現。

「這麼說來，至今在人體內植入人工心臟的手術，不就等同於實驗嗎？但是，聽說『心肌梗塞』的病患可以借重『輔助人工心臟』，那個不一樣嗎？」

「『輔助人工心臟』和『人工心臟』不同。所謂『輔助』，是在一定期間內在體外加個東西來幫忙心臟跳動。為了避免混淆，我們先不談輔助人工心臟。所謂人工心臟，是在心臟的位置完全植入一個人工心臟，稱為『同所性全置換型』。它的原理說起來不過是構造簡單的幫浦，但至今還沒有令人滿意的人工心臟。主要癥結在於製作材料的耐久性和動力問題，這兩點是目前的重大課題。」

說到這裡，的確修羅德先生是坐在裝有電池的輪椅上，而且人和輪椅上的幫浦以管線相接，好將壓縮空氣打入人工心臟。

如果把那塑膠幫浦拆掉，就無法自由自在地行動了。

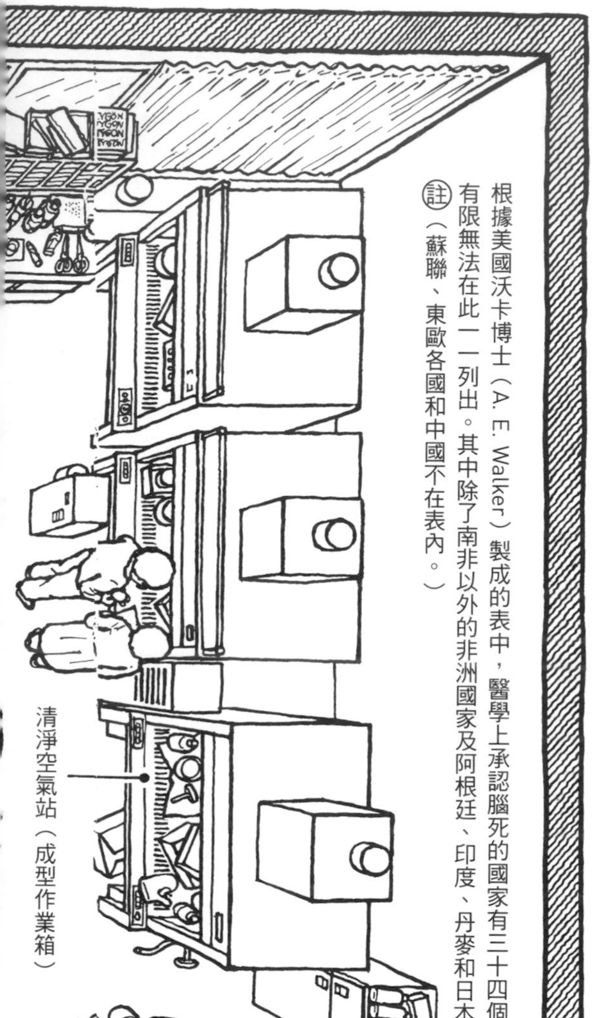

根據美國沃卡博士（A. E. Walker）製成的表中，醫學上承認腦死的國家有三十四個。由於版面有限無法在此一一列出。其中除了南非以外的非洲國家及阿根廷、印度、丹麥和日本均不承認。

㊟（蘇聯、東歐各國和中國不在表內。）

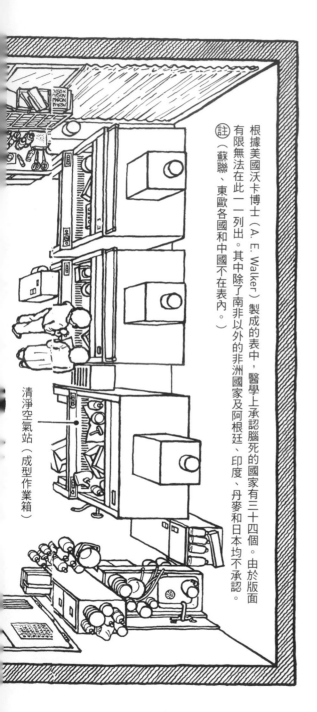

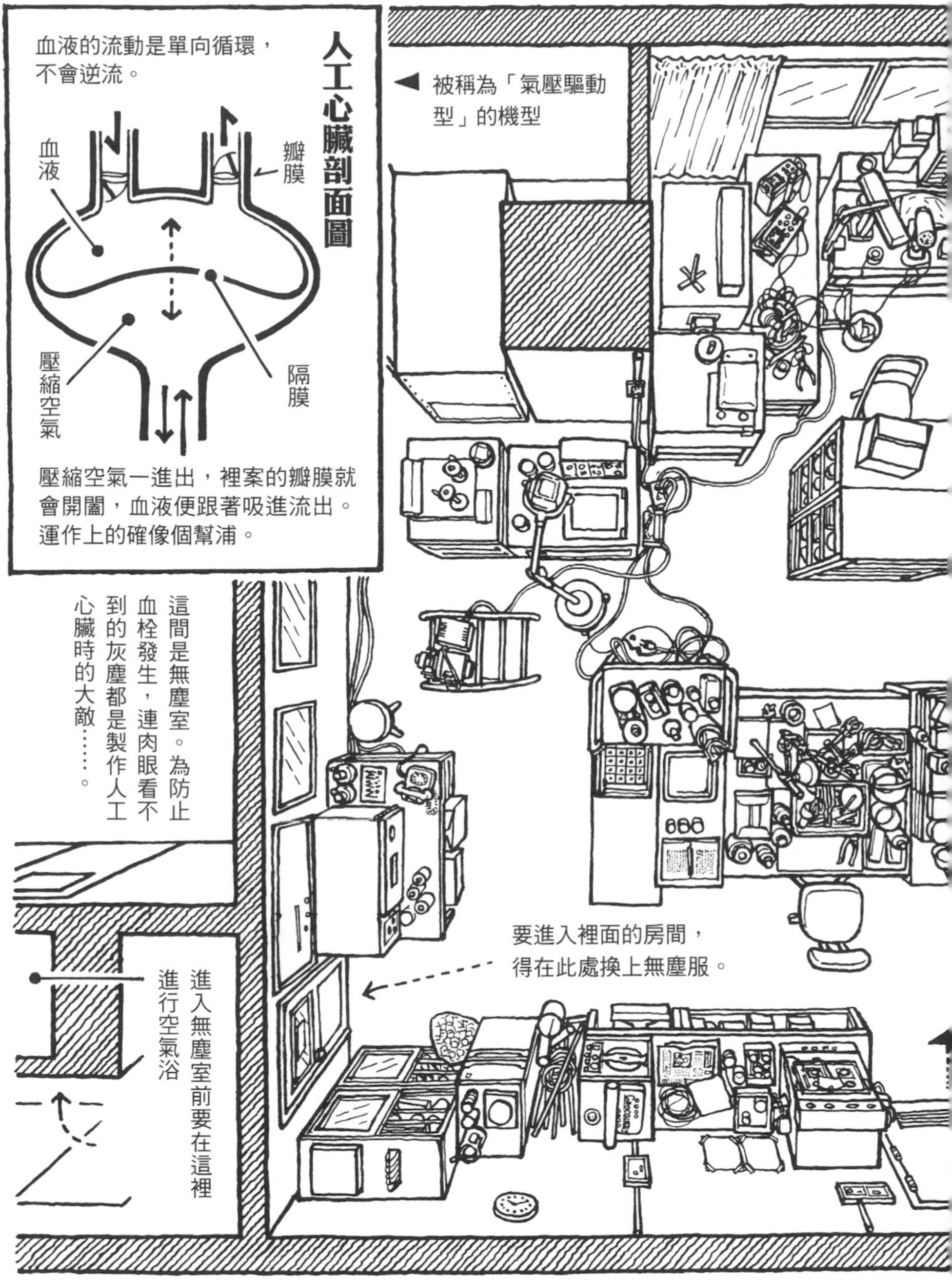
人工心臟剖面圖
血液的流動是單向循環，不會逆流。
血液
瓣膜
壓縮空氣
隔膜
壓縮空氣一進出，裡案的瓣膜就會開闔，血液便跟著吸進流出。運作上的確像個幫浦。
被稱為「氣壓驅動型」的機型
這間是無塵室。為防止血栓發生，連肉眼看不到的灰塵都是製作人工心臟時的大敵……。
要進入裡面的房間，得在此處換上無塵服。
進入無塵室前要在這裡進行空氣浴

「動力的供給還是得像現在這樣以管線連結，談不上『能享受自由自在的高品質生活』。今後醫學界若要一一解決這些問題，勢必得與其他科技領域合力研究開發才行。可惜目前的情況是難以取得協助。就以人工瓣膜來說吧，如您所見，其實構造非常簡單，只是一開一闔而已，但卻只有進口貨。只要把心臟瓣膜換成人工瓣膜就能拯救許多病患。構造如此簡單，卻能救人一命哩。您覺得這一個價格多少？八十萬日幣！一對就一百六十萬。其實從技術面來說，日本並非做不出來，而且應該能做出物美價廉的產品。那麼為什麼沒有國產品呢？因為企業界認為這涉及『生命』，事關重大，便盡量避開。他們對開發沒風險且獲益高的醫療器材就相當積極；但像『人工心臟』這類小型馬達卻一副不想碰的態度。」

製作室裡的機器動作細微地運轉著，製造塑膠材質的人工心臟。擺在台上不斷旋轉是為了讓內面平滑均一；因為有血液通過的內側若不平滑，血液容易在該處凝結形成血栓。雖然嘗試了各種方法企圖消除這類瑕疵，但據說若沒有研發出新的材質，這問題很難解決。

「人工心臟尚未到達能拯救性命的地步，因為再怎麼說都比不上人類自己的器官。所以器官移植是比較理想的方式，但那又牽涉到許多難解的問題。首先器官必須仍有生命跡象；而這只能從剛過世的人身上取下，偏偏心臟的取得又比其他器官都來得困難，因為涉及人類對『死亡』的認定。現在以『腦死』作為認定『死亡』標準的國家雖然漸漸增加，不過在日本這還牽涉到大眾的『生死觀』，要改變觀念實非易事。而且對於遺體的感受和宗教觀等也與歐美大不相同。」

「畢竟『心臟跳動意味著一息尚存』的觀念至今仍深植人心呢。」

「沒錯。文字也寫成『心臟』二字呢。若問：『人心位於身體的哪個部位？』大多數人都會摀住胸口吧。因為那是很容易就能確定它正在活動的器官。人們之所以會把它與心靈連結在一起，或許是因為鼓動的頻率會反映精神狀態的變化吧，但那並非意味著我們的『心』就在那裡。老實說，心臟與肝臟、腎臟等器官同樣冠上『臟』之名，卻是臟器中功能最單純的一個。說起來就是個『幫浦』而已，因此才能製造出『人工心臟』。心臟以外的臟器就無法製造呢。像腎臟的功能是排除血液中的廢物，但還有許多複雜的任務，因此有可以代替腎臟清血的『人工透析』，卻沒有『人工腎臟』。

「我並不是要否定心臟的重要，只是希望大家能了解心臟也是臟器之一。所謂『死亡』並非心臟停止跳動的那一刻，而是人類擁有的獨立個體的終結之時。也就是說，『腦死』是判定『人類死亡』的標準。不過有一點要提醒大家，不要將『腦死』與『植物人』混為一談，那完全是兩碼子事。」

「腦死之後，大概經過多久心臟才會停止跳動？」

「從幾個小時到幾天都有可能。有些人還會維持得更久，但絕沒有從『腦死』狀態起死回生的人。在日本，這問題不只牽涉到死亡的判定，也因為許多逝者家屬對於從遺體摘出器官一事頗為抗拒……。」

若有人提供心臟，只要血型和組織相符，器官移植後的生活品質之佳，是植入人工心臟以管線相連的情況所無法相比的，存活時間也長到不成問題。心臟移植在日本僅有一例，全世界的換心手術則有一千兩百多例。最近手術後存活期超過兩年的病患有百分之七十。將來器官移植的道路應該會愈走愈開闊才是，不過首先要解決「腦死」問題，否則根本無法往前邁進。

這不是醫生和宗教家之間的論爭而已；在這個時代，我們是不是也該對此深思了呢？

反窺河童

知道那張畫的祕密了

阿久津哲造

最初同意接受採訪時也沒搞清楚狀況，以為河童先生是位記者，見了面得知他是舞台設計師，大吃一驚。然後知道連助理都是舞台設計師，更覺得匪夷所思：為什麼舞台設計師會對人工心臟感興趣？不過，開始採訪後才了解這次的工作與戲劇毫無關聯。簡單說，採訪過程中發問十分熱烈，未曾稍歇，河童先生臉上沒出現過一知半解的表情，總是問到都懂了才進行下個問題。可見來訪前已經仔細讀過資料、下過許多工夫。

更讓人吃驚的是進研究室後丈量尺寸的仔細程度。不只是房間大小，連裡頭擺的儀器設備全測量了，然後仔細確實地記錄下來。為何要畫這麼詳細的圖？我完全沒概念。通常採訪就是你問我答，然後拍兩三張研究室的照片便宣布結束，可是這回則完全出乎我的意料。

但是，等到雜誌出刊後我第一次看到內容和插圖，嚇到第三

◉阿久津哲造，一九二一年生於群馬縣，名古屋大學醫學系畢業後，一九五七年前往美國密西西比大學醫療中心、德州心臟研究所等機構進行人工心臟的研究開發，成績斐然。二十四年後於一九八一年返國，被稱為「頭腦逆向輸入」，轟動一時。現為「TERUMO」株式會社的董事會會長。

次了。這才恍然大悟，河童先生為什麼要那麼仔細地實地丈量。而這張並非出自建築師、而是舞台設計師之手的插畫，簡直比照片還逼真，看了不禁覺得「那樣測量果然有道理！」

這樣的表現手法應該誰都看得懂；而且對於認為醫學艱深的人來說，也是很好的解說方式。為了了解人工心臟而從正上方俯瞰研究室，真是天外飛來一筆的奇想，不但具有衝擊力，也十分有說服力，實在是佩服佩服！

看到為了描繪這張畫而特地到現場採訪的精力和仔細工夫，雖說是自己的工作場所被人窺看，相對地，我覺得自己也從河童先生熱心採訪的態度上窺看到「河童先生的工作場所」。

加藤唐九郎的轆轤場

說到「加藤唐九郎先生」，在陶藝界簡直像神明般的存在；不過他倒是那種人家稱呼他為「唐九郎先生」也不以為意的人。

「那種稱人為『大師』的風潮我可是一點兒都不喜歡。個性特色的什麼都沒有。其實我是覺得，不用敬稱直接叫名字不是比較有力？但光這樣好像也不行，所以只要叫『唐九郎先生』就可以啦。」

一開始交談，不知不覺便忘了對方可是高齡八十八的長者。

曾有一段時期，他對電話的構造很感興趣，只要有關電話的事都想知道，徹徹底底調查過一番。

四年前文字處理機還頗為罕見的時代，他就已經購置了一台，而且玩得不亦樂乎。

有關他朝氣蓬勃、充滿好奇心的事蹟太多了。我明知這問題太過陳腐，但還是開口問問看了：

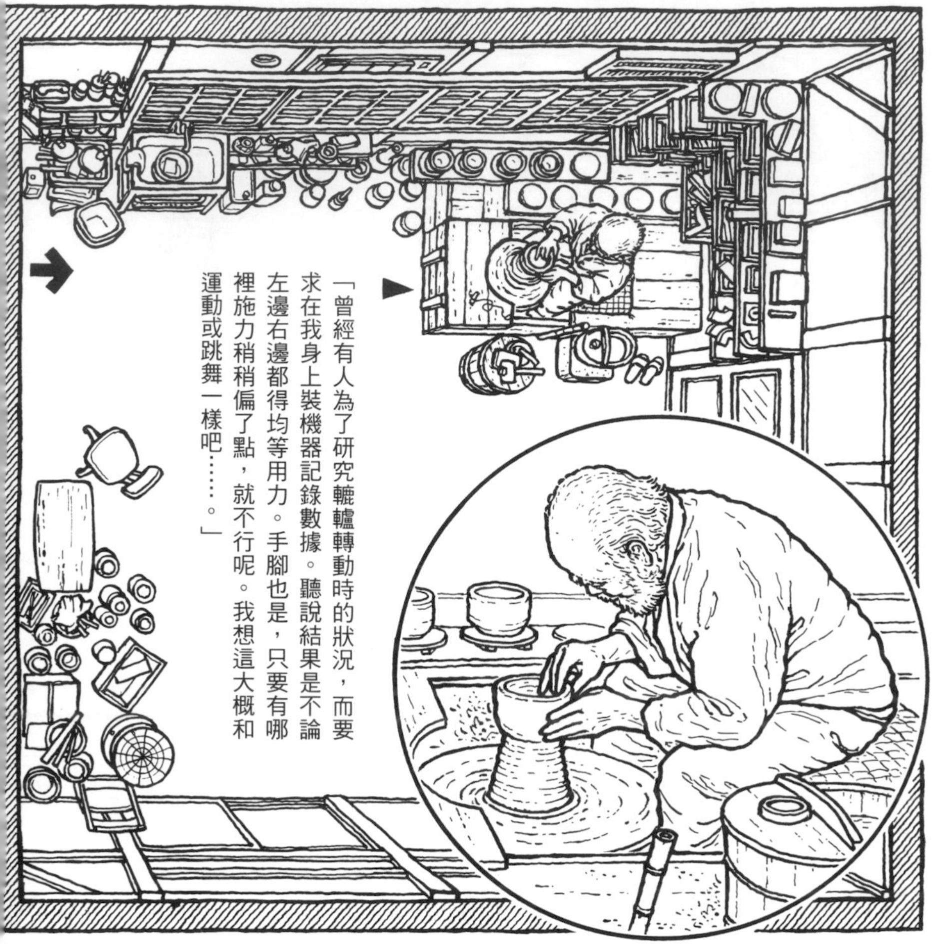
「曾經有人為了研究轆轤轉動時的狀況，而要
求在我身上裝機器記錄數據。聽說結果是不論
左邊右邊都得均等用力。手腳也是，只要有哪
裡施力稍稍偏了點，就不行呢。我想這大概和
運動或跳舞一樣吧……。」

「請問您保持年輕的祕訣是什麼？」

「說我年輕，還不如說像個小孩吧。小孩對感興趣的事情不老愛問『為什麼？』，人長大後，覺得不可思議的事情慢慢變少了哪。就算碰到不懂的事，也裝出一臉知道的樣子。這樣人很快就會變老。你在《藝術新潮》雜誌裡寫的那篇關於達文西的文章很有趣呢。我不知道他當時就已經接觸舞台

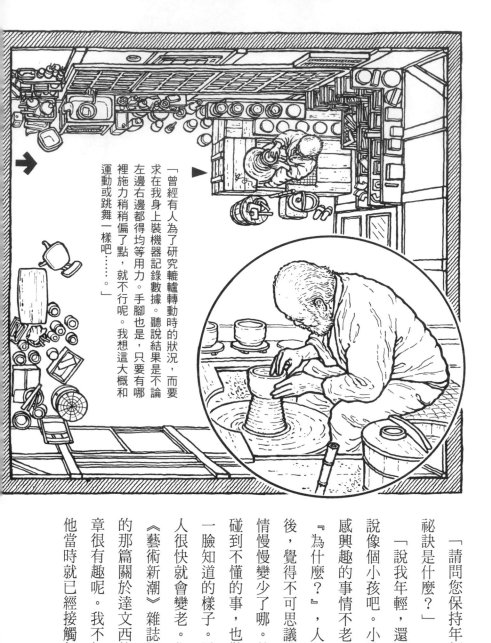

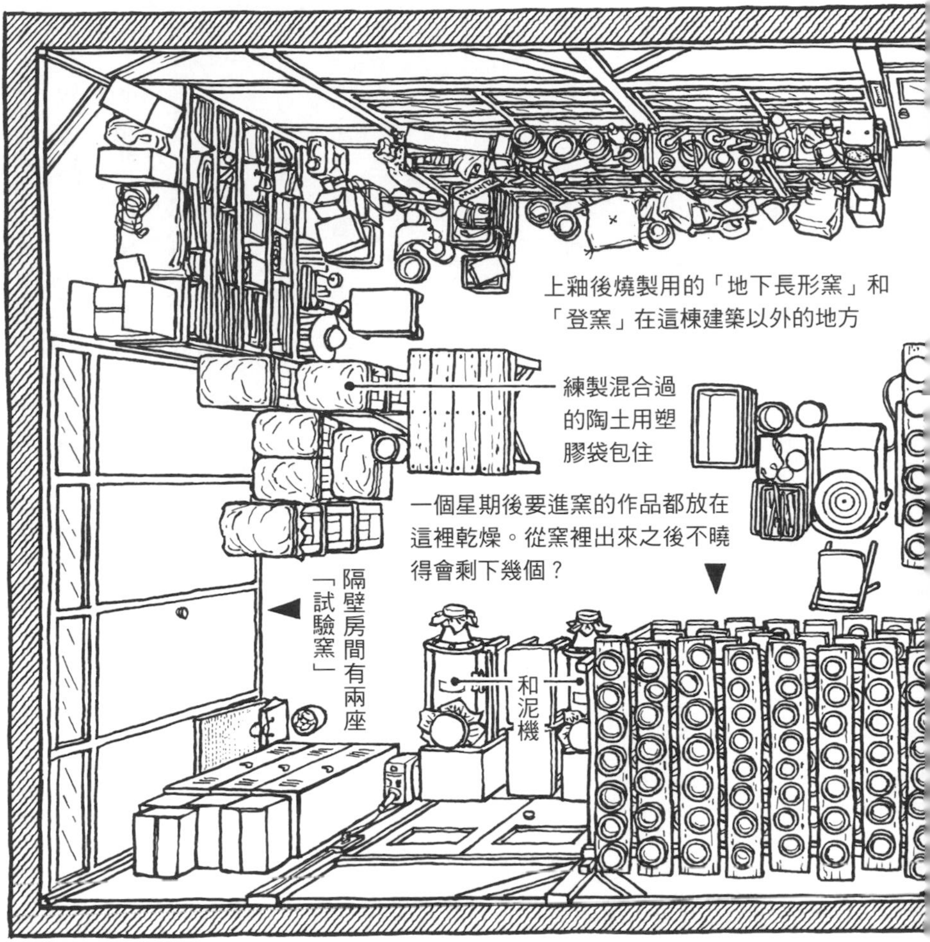
上釉後燒製用的「地下長形窯」和
「登窯」在這棟建築以外的地方
練製混合過
的陶土用塑
膠袋包住
一個星期後要進窯的作品都放在
這裡乾燥。從窯裡出來之後不曉
得會剩下幾個？
隔壁房間有兩座
「試驗窯」
和泥機

布景的事，興趣可真廣泛。所以他也很年輕。達文西並不把藝術和科學分開思考，兩者都出自同一主幹。國家也一樣，政治、經濟、文化必須平衡發展才成；文化裡的藝術和科學也不能有所偏廢。」

「對了，聽說您已經參觀過『筑波科學萬國博覽會』，覺得如何呢？」

「那我就老實不客氣說了。如果仔細思考要如何讓大眾真正認識基礎科學，那科學博覽會實在沒啥意義呢。雖然影像等表現手法十分華麗眩目，的確達到了招攬觀眾的目的，但與其強調表面的成果，科學研究的過程、今後的發展方向等基礎科學的重要性也應該要告訴民眾。二十世紀都快結束了，但對於二十一世紀的走向卻完全沒有提及，實在是很遺憾呢。」

唐九郎先生提出了相當尖銳的意見。

「想要參觀工作場所啊。哪裡好呢？因為我燒陶的地方不只一個……。現在正在燒窯，那就去轆轤場好了。」

前往轆轤場之前先參觀了「陶藝紀念館」。展示室中央的櫃子裡擺了一個直徑六十公分的大盤子，白色的底色上頭畫了兩尾鯰魚，筆觸充滿力道。上面寫著創作於「大正七年」，這麼說來，是唐九郎先生二十歲時的作品了。從這件作品可以清楚知道，唐九郎先生在那麼年輕的時候就已經是位出眾的陶藝家。

「說到二十歲，聽說您那時學過小提琴……？」

「那時候為了認識歐洲，想說透過小提琴來實際體驗一下，應該是個不錯的方法。我的小提琴老師是德國人，所以也了解到德國人的精神和氣質。他的教法滿親切的，不過理論上的要求就很嚴格。就這樣邊理解箇中道理地一路學了下來。」

那時候唐九郎先生還信了基督教，認識井上藤藏牧師後在思想上受其相當影響，投入社會主義運動，度過了善感的青春時代。

「那時被警察逮捕過好幾次，關進拘留所，被視為異端份子或怪人之流的也習以為常了。連住附近的朋友都說：『那傢伙終於瘋了。』」

回顧當時的時代背景，正是處於經濟不景氣的谷底。唐九郎先生說：

「現在的思想還是一樣喔。」

接著話題轉到「權力的結構」，唐九郎先生不禁激動得咬牙切齒，假牙嘎吱作響，緊握拳頭敲著桌面說：

「權力創造不出作品來的。藝術不需要權力的光環。教育也是，問題在於做法。所謂教育並不是指書本，更不是指學校建築。有學歷和有學問根本是兩碼子事，真正學到手的才叫學問，而學歷這東西是不需要的。」

後來還談到他與畢卡索的交遊、訪問中國之旅等等，話題不限時空地飛縱交錯，酣暢淋漓。

聽人家說，他到現在讀書量依舊十分驚人。書庫裡一排排大型移動式書架，像個圖書館一樣。

唐九郎先生從三十六歲著手編著，花了七年光陰才完成人稱不朽名著的《原色陶器大辭典》共六卷，想來他從年輕時便是位努力鑽研學問的人。就算平時沒接觸陶藝，應該也有許多人從昭和三十五年（一九六〇年）的「永仁壺事件」而聽過陶藝家「加藤唐九郎」之名吧。那個壺當年被鑑定為「鎌倉時代古物」並列為國家重要文化財，其實是二十三年前、唐九郎先生三十九歲時的作品，後來交給別人。唐九郎先生自己承認「的確是我做的」，成為喧騰一時的社會新聞。我印象很深刻，當時曾有「陶藝作品的價值應該依據年代或其他因素來決定？」的質疑。

我請唐九郎先生坐到轆轤前做個茶碗。轆轤一轉動，茶碗便在他手中逐漸隆起成形。

「轆轤的操作其實很簡單，大約就像學騎自行車的難度而已，稍做練習誰都能上手。困難的是入窯燒製。而用火就像遇上魔女一般，可是沒辦法讓你隨心所欲的。」

「出窯後的作品最後大多敲碎處理掉嗎？」

「是啊，因為我想應該能做出更好的來。但這不代表我追求的是高超的技術，因為有些就算燒得不好也能撼動人心。不過，好作品不容易做出來。所以才一直不斷敲碎毀掉。」

真令人折服啊。

※加藤唐九郎先生爽快允諾為〈反窺河童〉單元執筆，卻不幸於一九八五年十二月二十四日驟然離世。就在前一天他還來電說：「稿子寫好後會送過去。」非常遺憾無法在此刊載唐九郎先生的「反窺」一稿。

謹此敬祈冥福。

◉加藤唐九郎，一八九七年生於愛知縣。十六歲繼承父親的陶窯開始製陶活動。精通志野、織部、黃瀨戶等多種陶器之燒製，是現代日本陶藝的代表人物，表現活躍。著有《黃瀨戶》、《原色陶器大辭典》等，編纂的書籍亦多。一九八五年十二月因急性心肌梗塞以八十八高齡離開人世。

吉原董的打擊樂練習室

吉原小姐是位打擊樂演奏者，聽說從印度回來後她對朋友說：

「印度很棒喲！」

於是這回去問她：「哪裡棒呢？」

以前她從非洲回來時也說：

「去了真是有被點醒的感覺！」

問她為什麼？她說聽到非洲鼓聲的節奏，現代人心裡那股失去已久的生命起源力量又復甦了，感動莫名。人類最早的樂器應該就是打擊樂器，源於用棒子在樹幹上敲敲打打，或互擊石頭叩叩作響，以這種簡單樸素的形式開始的吧。如果手邊沒有道具，雙手拍掌或雙腳踏地也可以演奏起來。非洲的打擊樂至今仍與源起之時的感覺相當接近，我以為她是聽到這個而感動到有「被點醒」的感覺。結果卻非如此。

「在非洲聽到的演奏，確實讓人有『這才是鼓』的感受。非洲鼓不但節奏豐富到簡直像一種語言，而且那個地區的樂器種類之多也是世界第一。所以我也買了一大堆樂器回來哦。不過，在憧憬已久的非洲當地聽了演奏，我突然領悟到：自己對樂器是不是太過講究了？或許在聽到日本某處的太鼓時也曾察覺這一點……。除了敲擊以外，用手撫觸所發出的聲音也是音樂。其實在去非洲前就已經有這樣的觀念；實際演奏時我也曾以揉搓、撫摩、搔撓、摩挲、彈叩等方式發聲，只是到了非洲，才又有機會檢視自己、再次意識到這點吧。」

「那這回說印度很棒，又是什麼意思呢？」

「印度有我所追求的多樣樂聲。就以塔布拉鼓（tabla）和巴亞鼓（baya）為例，除了敲擊以外，演奏時還加上撫摩、搔撓、彈叩等動作。演奏塔布拉鼓的方式很複雜，有用第一指節敲打、第二指節敲打、第三指節敲打，以及整個手掌拍擊。不只這樣，五根指頭個別敲出的聲音也通通不一樣。好像從一面鼓所發出的聲音裡就可以感受到宇宙的存在，真是太厲害了。我跟印度的音樂家這麼說，結果他們滿臉得意地自吹自擂：『音色和技巧也是世界第一咧！』看到對方大言不慚的模樣，突然氣了起來，很想回對方說：『不是只有印度的音樂才是音樂！』不過，印度打擊樂技法的『厲害』還是無法否認的。」

我請她讓我參觀練習室。果真如傳聞一樣，樂器種類與數量多到讓人啞口無言。鋼琴家的話，只要一台鋼琴就夠了……。

有些樂器會發出巨響，本來以為她家人應該吃了不少苦頭吧，後來才知道這房間的牆壁、天花板和門板全部採用隔音材質，連窗子都改為雙層氣密窗。（雖然已經做到這種地步了，還是會有聲音流洩出去，滿傷腦筋的……。）

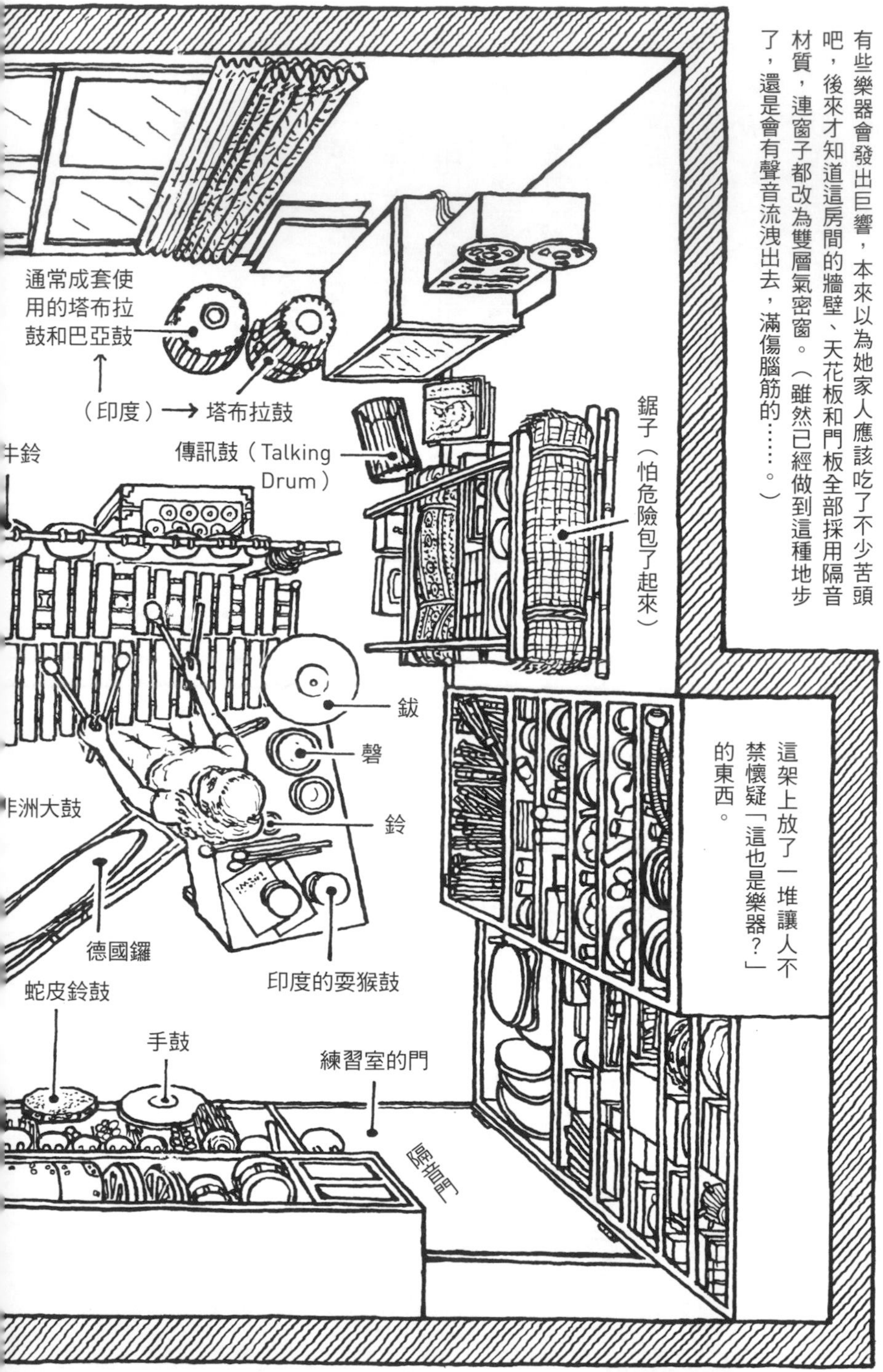

通常成套使用的塔布拉鼓和巴亞鼓
（印度）→塔布拉鼓
鈴
傳訊鼓（Talking Drum）
鋸子（怕危險包了起來）
鈸
磬
鈴
洲大鼓
德國鑼
印度的耍猴鼓
蛇皮鈴鼓
手鼓
練習室的門
隔音門
這架上放了一堆讓人不禁懷疑「這也是樂器？」的東西。

她的朋友都說：「這房間好像玩具箱一樣。」我也這麼覺得，不覺吃吃笑了出來。

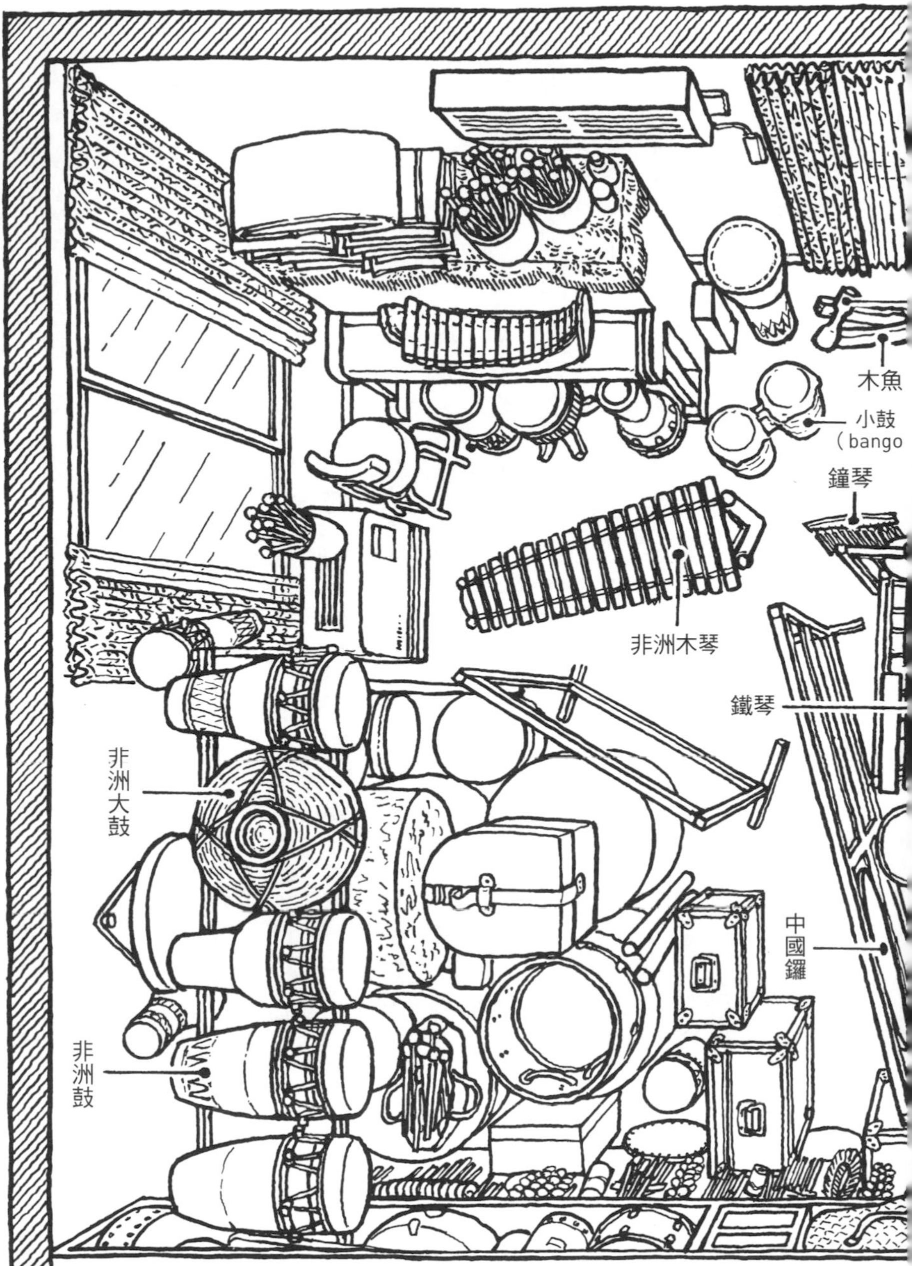
木魚
小鼓
（bango
鐘琴
非洲木琴
鐵琴
非洲大鼓
中國鑼
非洲鼓

這房裡所收集的樂器可不是全部。「如果全都放在這兒，那會連站的地方都沒啦。」聽說她自己家裡還放了一些，於是請她開車載我們前往參觀。果然。看了目瞪口呆。

「妳到底有多少樂器啊？」

「多少？不知道耶。因為從沒算過。也許有上千個吧。」

吉原小姐的先生山口恭範也是位打擊樂家，這回一起到印度四個城市巡迴演奏。兩個人的樂器若通通加起來，數量會多到嚇死人；而且因為都會發出聲響，兩個人的練習室是分開的：山口先生是在自己家裡，吉原小姐則是在娘家的這個房間練習。

這裡不管地板牆壁通通擺滿掛滿各式樂器，其中還有些讓人懷疑它到底算樂器嗎？例如光是把五寸釘聚在一起的垂吊物，還有會喀噠作響的嬰兒玩具。

「啊，這個哦，因為小孩長大不需要了，就拿來用了。這釘子發出的聲音很好聽吧？只要出得了聲就能當樂器，所以就這樣沒限制地增加，一發不可收拾了。」

地上還有橡膠小球滾來滾去。

「這個又是什麼樂器？」

「沒名字的一大堆哩。這個也是小孩的玩具，叫做超級球。拿這來摩擦銅鑼的話會發出這種聲音哦。」

果然，發出了「Kyun～～Kyun～～」不可思議的聲音，簡直就像電子合成器做出來的。我也跟著試試看，卻只發出「吱——」的聲音，聽起來一點也不好玩。不過是摩擦而已，看起來很簡單，但專家發出的聲音果然就是不一樣。

這些樂器有的是不花一毛錢自己動手做的，有些可是相當昂貴。同樣是打擊樂家，但像他們這樣收集了各式各樣樂器的恐怕也很少吧。由於吉原小姐都是自掏腰包，花費可驚人了。例如得到山多利音樂賞時的三百萬獎金後來通通拿去買樂器了。

既然難得有此機會，便請吉原小姐演奏一曲。

「好呀！想聽什麼？」

「不會太大聲、即興演奏的曲子不錯呢。」

真是一場奢侈的音樂會。聽眾只有我和助理。我坐在地板上，吉原小姐就在眼前演奏。她右手敲鐵琴，敲完立即手伸向鈴，左手則摩挲銅鑼；弦樂器的弓擦過鈸緣之後立刻把鈸蓋到非洲鼓上引發共鳴，漸次重疊融合的音色和聲響實在無法用筆墨形容。身處不可思議的聲音世界中，我不禁悠然陶醉了。

「如果是其他樂器，作曲家很清楚它們的音色；而大多數作曲家對這些樂器的聲音都沒什麼概念，那要怎麼作曲呢？難不成一個音一個音事先演示給他們聽嗎？」

「沒錯，所以得先示範，說這個和這個合起來會產生這樣的聲音之類的。」

「這樣的話，會不會想從照譜演奏中解放出來，來一場即興演出？」

「會會！一群人共同演奏雖然好玩，但還是想創作不同於以往的音樂。

「要是在很多聽眾聚集的音樂廳以外的地方演奏，不知道聽起來效果如何？會有這類的念頭。就連祈禱般的聲音也希望能與聽眾一起分享呢。」

反窺河童

相似之處與相異之處

吉原堇

在接受採訪之前，我和河童先生算是不曾深談的泛泛之交，沒想到採訪時兩個人很快就變朋友了。可能因為我們都屬於很容易亢奮的類型吧。簡而言之，我與河童先生在性格上應該頗為相似。

以《工作大不同》這系列來說，河童先生工作的性質要求嚴謹縝密，那麼在日常生活上應該不會是「少根筋」的人吧。但這終究只是出自我的想像而已——想不到他居然也會時不時地「出差錯」。不知道是否因為對自己「少根筋」這點格外在意，於是便在工作上特別講究、追求完美呢（我自己也有點這種傾向）。

但有一點我完全比不上河童先生——他實在精力充沛。河童先生真的是完全靜不下來，簡直像個孩子似的，對任何事物都充滿好奇，一有興趣馬上就撲過去躍躍欲試。此外，自我主張強烈、自我意識過剩的地方也和我家三歲兒子一模一樣。儘管如此，意外地他也有害羞的一面呢。

有時望著我那從早到晚一下子玩泥巴一下子玩水，反反覆覆卻老玩不膩的兒子，我想應該是想像力讓他如此樂此不疲吧。而河童先生可能也是相同狀況吧。

◉吉原堇，一九四九年生於東京，是首位以專攻打擊樂器取得東京藝術大學碩士學位的藝術家。一九七二年參加日內瓦國際音樂大賽打擊樂組項目獲得優勝，此後在國內外多次獲得殊榮，成為日本代表性打擊樂演奏家之一。一九八〇年獲得山多利音樂賞。

齋藤義的工地

我曾寫過〈拜託拜託，不要再隨便蓋些奇怪的劇院了！〉一文，向建築界提出建言。該文並非光以舞台設計師的立場發言，同時也代表了戲劇製作界人士的意見。

各地不斷建造新的劇院，可是老實說，很多都不好用。

劇院的好壞從觀眾席比較看不出來，但還是有一個判斷方法。舞台的前緣部分以專業術語來說稱為「鏡框」（編按：proscenium，又稱舞台前部），這部分如果採用較明亮的顏色，就不能算是好劇院。理由是會妨礙觀眾欣賞舞台上的戲劇進行。要是有這種情形，無論對表演者或觀眾來說，都不能稱為「好劇院」。

至於為什麼連這種最最基本的要求都不注意呢？那是因為內部的牆壁若是明亮些，看起來比較豪華氣派。這類例子實在不勝枚舉，可是這種在設計上有諸多缺失的劇院反而常被視為「豪華劇院」，在建築雜誌上大肆介紹。每次看到這種報導總忍不住想哀號叫苦。偏偏這種偏重外觀、大廳和觀眾席的美觀，輕忽了本身所應具備功能的劇院又特別多。

正因如此，我們這些劇場工作者對建築師始終抱持著不信任感。真是不幸啊。即便有這樣的情形，還是有確實掌握到「什麼是劇場？」並將之實踐的建築師。這樣的建築師對我們來說真像救星啊。他就是齋藤義先生。

齋藤先生常被誤認為是專做改裝整修的建築師，這樣認定他是不太公平的。但是，的確許多老朽大樓的空間只要一經他手，就能變成「嶄新的劇場」，繼而為整棟大樓帶來活力、重新注入生命。

從他手中甦醒的劇場，東京新宿的「蘋果劇院」（Theatre Apple）就是一例。

「位於大阪上六的近鐵會館有兩座電影院，現正進行改裝成劇院的工程。」

從齋藤先生處聽到這消息，馬上前往參觀。窺看工地現場或許能一探他的改裝技巧。上次他讓「蘋果劇院」搖身一變的手法也十分新鮮。該建築原本是座電影院，後來改成舞廳，但隨著時光流逝便被棄置荒廢了。知道它原貌的人看到改裝結果都一臉不可置信的神情：「啊？那地方居然變成這模樣！」所以有許多人對近鐵會館要改造成劇院一事抱著很大的期待。

在鷹架林立的工地戴上頭盔，齋藤先生帶領我們四處參觀。

「和新蓋一座劇院不同，這案子一開始預算就卡得很緊，有許多地方很費心思。不過我們的重心始終擺在『劇場到底是什麼？』把待解決的問題集中在一點上，所以都還能順利解決。『建造好看又好用的劇院！』是參與改造的全體工作人員的共同信念和終極目標。」

參觀大廳時，看到一根歷史悠久的柱子，據說是在昭和二十七年（一九五二年）創建時立下的。

「不會就保持這模樣吧？」

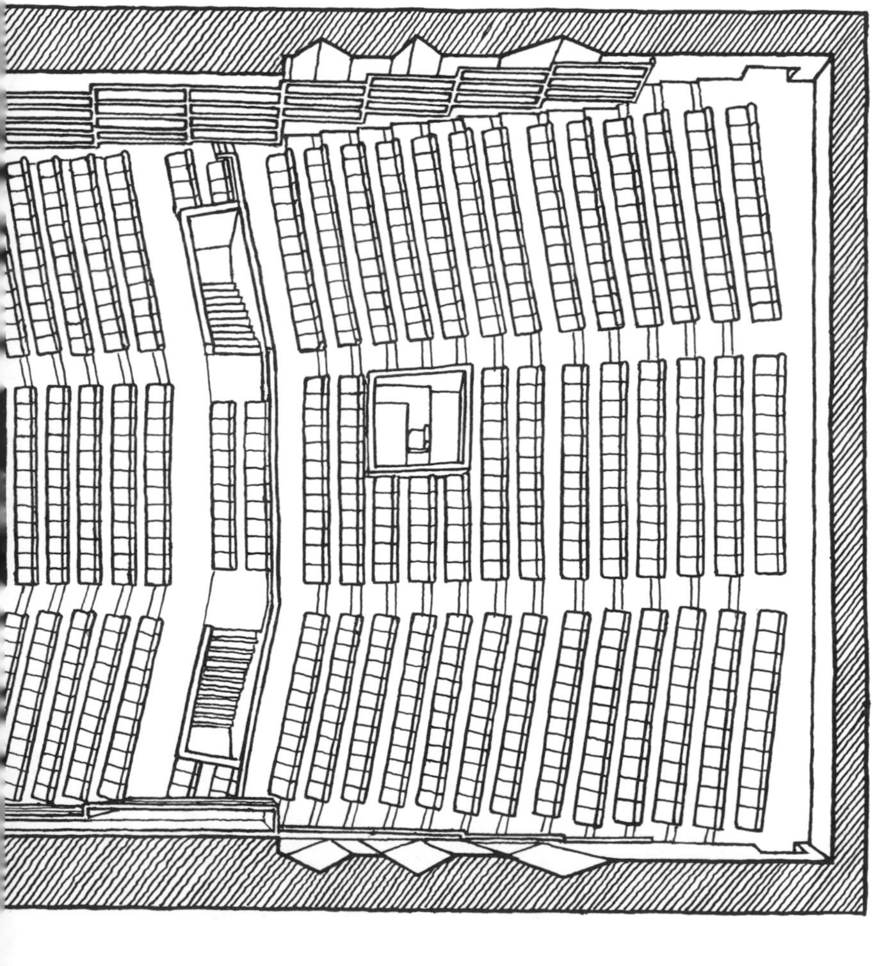

十月三日開幕。這是兩座劇院中較大的「近鐵劇院」，有九百三十個觀眾席。

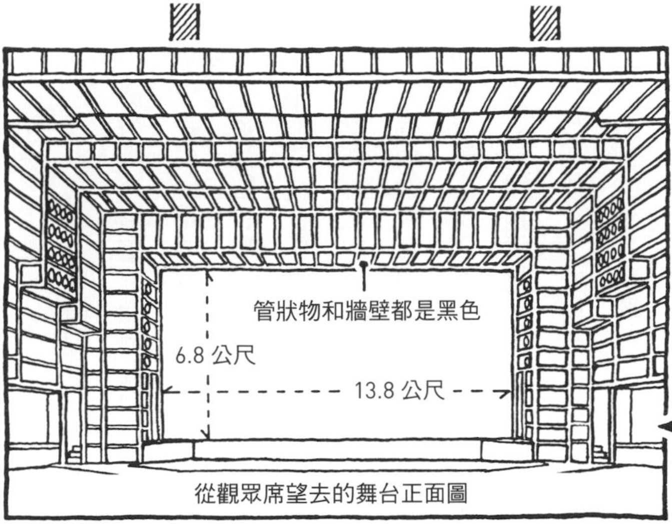
管狀物和牆壁都是黑色
6.8 公尺
13.8 公尺
從觀眾席望去的舞台正面圖

環繞牆壁和天花板的一格格管狀物，可用於呈現舞台效果，也是這間劇院設計上的特色。

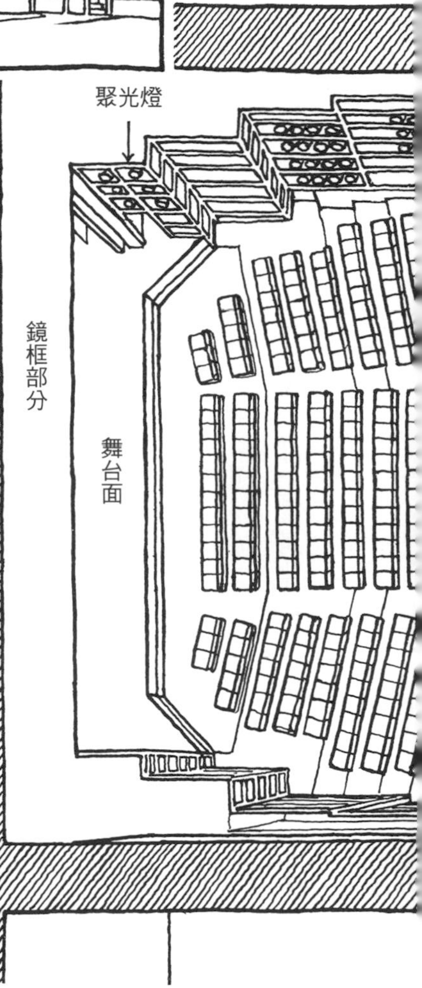
聚光燈
鏡框部分
舞台面

觀眾席的地板並非沿用電影院原有的，而是重新鋪上傾斜角度較大的地板——從利於觀賞的角度來考慮，是很好的設計。樓下的「小劇院」有四百二十個座位，地板的傾斜度較平緩，因為著眼於用途要比傳統劇院更廣泛。但是，我並非把這座劇院當成「理想劇院」之範例，畢竟前身是電影院的建築有其無法改變的宿命，比起全新起造的劇院還是有其限制，例如舞台的深度和天花板的高度就先天不良。但還是能從許多地方看出為了彌補這些缺陷而在有限空間裡盡最大努力、追求各種舞台製作的可能性。我有預感大阪即將誕生一座「新型劇場」了。

我忍不住問了。

「這次的主要精神是把能用的部分盡量加以補強再好好活用。也就是說，要把兩種情況清楚劃分出來：能補救和無法補救的。預算分配的優先順序經過全體討論後才下決定；大家覺得最重要的地方就毫不吝惜地大把大把錢砸下去。」

這想法貫徹到令人吃驚的地步。例如大廳只要稍加改裝就可以有模有樣，但他們卻完全不把錢花在粧點外觀上，而著重在讓舞台的功能可以發揮到極致。

這種想法能獲得出資者的支持，我想是很少有的。

我們看到其中一個例子。因為是劇場大小各一、位置上下重疊，為了解決兩者間的隔音及震動干擾問題，特地在其間進行新的結構工程。據說花在這部分的費用非常高，但完工後結構體是封起來的，從外觀上根本看不出來。我走在鋼筋結構之間，一邊想著這座劇場今後可以怎麼使用？而且這個設計也考慮到了可能的使用範圍和隨之而來所需的承受力，想著想著不禁高興起來。

從前還有一個現象讓我百思不解。通常劇院完工報章雜誌會加以介紹，但是往往看不到對啟用後實際使用狀況的評比，這在其他領域是件無法想像的事。就以車子和電器用品為例吧，要是購買後發現有問題或瑕疵，廠商可沒辦法視若無睹地繼續生產下去。

對於劇場建築不知能否也有這樣的期待呢？衷心期望此後能多多聽取使用者實際使用的意見和心得。

反窺河童

興建劇院的老師

齋藤義

對我來說，河童先生就像是我自己私設的「改良劇院同盟」的師父。

第一次見到河童先生，是在他擔任舞台設計的戲的開幕派對上。看到那厚實的身軀和銳利的眼光（不過眼底盡是溫柔的笑意）直直朝著這邊走來，一時間不知該不該打招呼，結果慌慌張張脫口便說：「雖然與您初次見面，不過以前就認識您的作品了。」河童先生在《窺看日本》一書中，以細密的筆觸仔細畫出十五年前創設的「黑帳棚移動劇院」如何利用兩輛卡車搭建帳棚的過程。在那之前，不論是那本書或「窺看」系列，我都沒聽過；而對河童先生來說，我則是戲劇界裡大家多少都知道的一個罕見建築師罷了。平常碰到劇院使用上的問題，要如何改善等等，他就來找我討論討論。

第一次碰面後不久，大約是距今五年前吧，我在建造新宿的蘋果劇院時，河童先生一同參與了整個過程。從那以後，劇院設計便成了我的畢生志業。相對於當時許多新劇院紛紛添購機器設備、僅側重表面外觀的潮流，河童先生一語道破：「劇院首先應該是個堅固樸實的箱子……」。對於劇院這複雜而難解的建築到底該如何看待，他這番見解可說是強而有力的支柱。

◉齋藤義，一九三八年生於京城市，早稻田大學建築系畢業後主持「R工作室」，主要作品有六本木·自由劇院、黑色帳棚68／71、蘋果劇院、近鐵劇院、近鐵藝術館、河口湖星星劇院（Kawaguchiko Stella Theater）、世田谷公共劇院等。

野坂昭如的書齋

我對野坂先生提出請求：

「能不能瞧瞧您的書齋？」

回答是：

「我房裡有貓，紙糊拉門和隔窗都被抓得破破爛爛的，如果連這都能確實畫出來，那就可以。」

話裡透露了他的靦腆，但也回應了我的期待，不愧是野坂先生的一貫作風，不禁讓人莞爾。

我們約好採訪時間，登門拜訪當天卻……。

門鈴再怎麼按都沒人回應。

「難不成被耍了？」

腦海裡閃過這麼個念頭。我對野坂先生有個很強烈的印象是「很會逃」。

已經是十幾年前的事情了，野坂先生曾演出電視劇，而我負責設計該戲布景。當時野坂先生扮演一位經常拖稿的小說家，截稿日到了卻擠不出半個字，結果被人「軟禁」在飯店裡逼稿。這角色根本就是他的寫照。我想他事前應該已經了解才答應演出的吧，真像是他會有的灑脫作風。

記得當時與野坂先生討論那場戲的布景時，他自己提出這樣的意見：「從旅館廁所的窗子逃出去也不錯吧？」接著又補上一句：「而且窗子最好要小到只夠勉強脫身，這樣比較

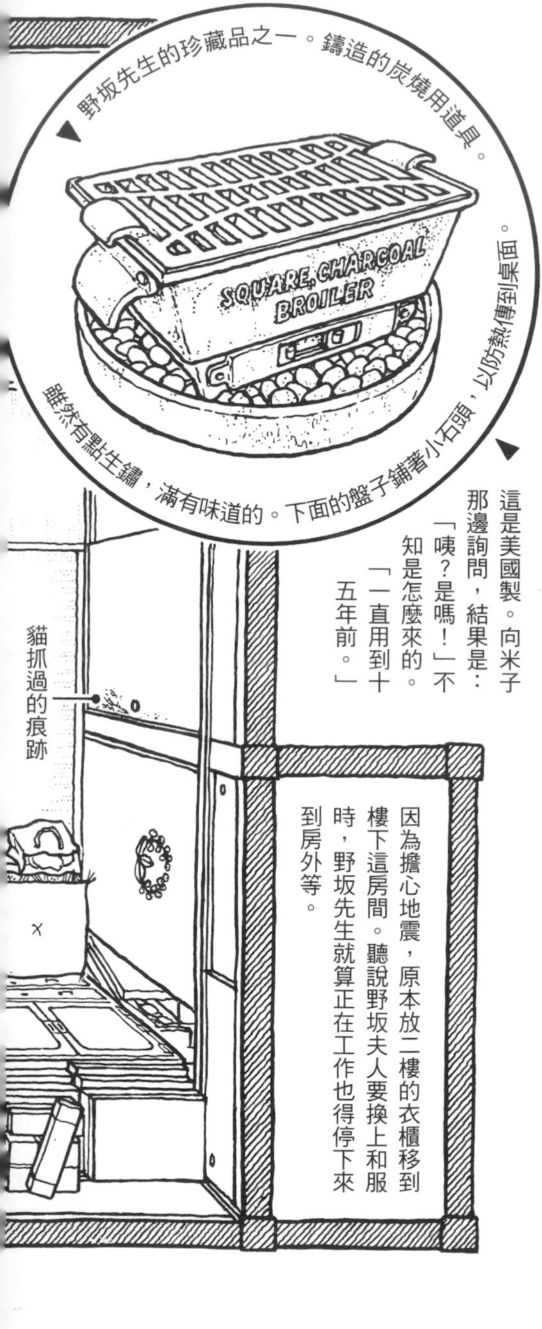

▶野坂先生的珍藏品之一。鑄造的炭燒用道具。
SQUARE CHARCOAL BROILER
雖然有點生鏽，滿有味道的。下面的盤子鋪著小石頭，以防熱傳到桌面。◀
這是美國製。向米子那邊詢問，結果是：「咦？是嗎！」不知是怎麼來的。「一直用到十五年前。」
貓抓過的痕跡
因為擔心地震，原本放二樓的衣櫃移到樓下這房間。聽說野坂夫人要換上和服時，野坂先生就算正在工作也得停下來到房外等。

這個壁櫥裡沒讓我們看，所以放了些什麼，不詳。
走廊上堆如山高的書原本要送到六日町去，「沒了的話畫起來可能會有點空蕩蕩的，所以特地留下來。」真是貼心的設想！
養了四隻貓，聽說是愛貓人耳熟能詳的喜馬拉雅種——我是沒聽過啦。

有趣。」一點兒也不排斥自己當個丑角，感覺有點自虐的傾向哩。

戲裡的編輯待在隔壁房間監視野坂先生所扮演的作家是否認真寫稿，連去上個廁所也要嚴加看管。野坂先生讓編輯在門口等，然後趁機從小窗子爬出去。可惜鑽出去的時候不小心滾下去發出巨響，臉色發青的編輯趕緊追了出去，後來發現野坂先生居然跑到酒吧喝酒，便溜進去把他逮個正著，最後氣得對他動手。作家被編輯揍得眼鏡直飛出去。

「如果覺得眼鏡破了比較有趣，那摔破也沒關係。」他還提供自己常戴的黑框眼鏡，讓工作人員很吃驚。因此，我對野坂先生的深刻印象，便是他雖然喜歡用開玩笑的口吻說話，骨子裡可是很認真的。

在野坂家門前等的同時，我邊向助理們描述他的種種事蹟。差不多過了十五分鐘，穿著木屐的野坂先生才姍姍前來應門。

咦？難不成改性成了「遵守約定的野坂先生」？

原來覺悟對方可能食言了，多少有點沮喪。其實，採訪本就是這樣，一次就能完成的才難得呢。

從庭院往書齋去。草坪一片平整，是野坂先生親自動的手。

「咦～」

「倒垃圾也是我份內工作，我自己的衣服也都自己洗哦。」
好像一副很獨立的樣子，聽起來有點不是滋味。
書齋沒我想像的亂。雖然養了四隻貓，拉門隔窗上的抓痕倒是很少。破損的地方則顯露貓兒想離開房間的企圖，但只限於出入的拉門和隔窗的一小部分，算是教養不錯的貓。
書桌上擺著一張寫了五行左右的稿紙。看來先前似乎正在吟哦苦思專心寫稿，我可能就在那當兒按了門鈴，不禁內疚起來。
我想，無論對方是誰，只要我去採訪的話都會打擾到人家工作，想必給人帶來了不少麻煩。
房裡有條毯子。
「熬夜寫稿時會在這房裡小睡一下嗎？」
「喔，那是午睡用的。有時躺著看書，然後拿這橄欖球當枕頭。」
「那時候毛毯大概是怎麼擺的？我想畫下來……。」
我指的是毛毯和橄欖球而已，沒想到野坂先生一派自在，就這麼蓋上毯子躺下了。
「這樣好嗎？連您一起？」
「請。」

房間角落擺著一只包著報紙像個箱子的東西，野坂先生見我很感興趣，又特地一層一層剝開來讓我瞧瞧。

「這是米子皆生溫泉『海潮園』旅館送的『和室碳烤用』道具。就是在房裡烤肉用的啦。從前各地旅館都各有獨家料理，後來因為太耗人力就漸漸消失了。所以這類用具就都束之高閣了。這種東西不知何時會消失，便想收藏起來。我在六日町的住處還有煮湯豆腐的鍋子、石頭燒烤的道具和醃醬菜的木桶等等哩。」

野坂先生怎麼看都不像有收藏的嗜好呢……。不過從他怕東西不保存就要消失的認真態度來看，的確是他的作風沒錯。讓他知道這想法的話，他本人鐵定會因為害羞而否認，所以我就閉嘴不提了。喜愛野坂先生的隨筆的讀者不少，我想大概是因為從中感受到他的誠實吧。

《Dacapo》雜誌曾有個特集是針對眾週刊的內容做人氣度調查，然後列出前二十名。排行榜第一名和第七名都是野坂先生的專欄：《週刊文春》的〈向左向右擒抱截球〉和《週刊朝日》的〈窮途末路的老鼠逃之夭夭〉。這兩個專欄的筆調都像在開玩笑似的，卻經常提出嚴肅的議題。問卷調查結果證明了讀者每個禮拜都殷殷期待他的文章。

前幾天，《週刊朝日》上的專欄集結而成的《我戰鬥　跌跌撞撞地打擊黑暗》獲得第一屆「講談社隨筆賞」。

對他緊咬田中角榮、與之正面交手的果敢行動有所共鳴的讀者，知道他獲獎一定會大大喝采吧。我也是其中一員，但這不只因為我與野坂先生同年出生、同樣自神戶戰後燒燬的廢墟中成長而有親近之感。從他的行動中好像感覺到某種代償作用。

田中氏病倒後，野坂先生也隨之聲明不參選了，然後便寫起小說。

從七月開始，除了原有的專欄之外，還一口氣開始寫三本小說。算我雞婆吧，這樣沒問題嗎？果然就發生約好晚上交稿，結果無法交差的窘況。野坂先生便要求：

「麻煩凌晨四點再來一次，到時按門鈴通知一下。」

後來編輯準時前往，沒想到正要按鈴之際，卻發現按鈕被拆掉了。

不知道到底實情如何，這可得親口問問野坂先生。

「其實我也沒打算要扯謊，當時真認為自己寫得出來呀。後來實在痛苦得不得了，只好那麼做了。現在門上還留著痕跡哩。不過從今以後再也不會幹那種事情了。我已經改邪歸正成為正派人。」

這話是真是假，恐怕只有本人最清楚……。

祈願野坂先生繼續奮戰下去！

反窺河童

我的書齋變遺跡

野坂昭如

在妹尾先生的筆下，無論監獄的禁閉室或狗屋、或我那煞風景的小房間，看起來都像被偉大的考古學家挖掘出來的往昔城市一般，正娓娓說著故事，而且呈現深刻，流露著令人懷想往日風情的氛圍。所以還記得，當知道他要描繪我的書齋時，我好似被選為《週刊朝日》封面模特兒的純真少女一般，心頭小鹿亂撞，還摻雜著一絲得意。

妹尾先生那獨特的筆觸到底是如何孕生的，對我來說真是毫不可解，簡直像詩人、作曲家腦細胞的運作一樣，完全是超乎想像地神祕。但我若置身製作現場，至少能悄悄躲在一旁稍微觸及其神妙之趣，多少可從對方的工作現場狀況知道，在他觀察入微的眼中，我這見不得人的後台之真實面目將如何再現、自一片空白中浮騰而出——這兒指的並非具體形貌——我心裡對此可是在意非常。

◉野坂昭如，一九三〇年生於神奈川縣，以《螢火蟲之墓》、《美國羊栖菜》於一九六八年獲直木賞，領獎時宣稱自己是「燒燬廢墟黑市一族」，成為話題人物。著作之餘出馬競選參議員，一九八三年當選。同年底在眾議院選舉中為表示對金權政治的抗議，辭掉參議員職位到田中角榮的選區新潟三區與之對決，結果以最高票落選。

妹尾先生停留在我房裡的時間不到兩小時。單純只是關乎物質地測量大小、記錄各相關位置，同時為安撫如未經世事的少女般緊張得坐立不安的我，不停同我聊天。結果完成的畫好像攔截了流經書齋的時光，和予人凍結之感的照片完全不同。現實果真是對藝術的仿製。無論樣貌如何改變、或哪天整個兒重建，但還是無法透過妹尾先生的畫作重現我的房間，因為它已成為一座遺跡了。

「吉本興業」的董事長室

「吉本興業」可說是關西的搞笑龍頭，力量十足。這股力量源自何處呢？我想只要見到「吉本興業」教父級人物——林正之助董事長，應該就能一探其活力源頭的祕密吧，於是決定前往拜會。

一般公司的經營實務都是由總經理負責，不過和普通公司的董事長相比，林先生的存在好像更重要。總之是位超級大忙人。我採訪申請提出了兩次，才終於獲得ＯＫ的答覆。

「董事長十分鐘前就在房裡等著了，請趕快進去！」

被帶領的人這麼一催，我也跟著慌張起來。

從職員們的臉色來看，似乎所傳不虛，他會發出獅吼般的斥責，讓人神經緊張。

一見到董事長我便這麼說了，結果，

「緊張的可是我哩。我要職員準備資料好先了解你的經歷和工作，也想先讀過你的書，可是年紀大了一時也讀不來。不知會被問些什麼啊？心頭可撲通直跳哩。」

心想真的假的啊。在我看來，林董事長可不是位簡單人物。雖然已經高齡八十六，外表還很年輕，穿著品味也相當出色。

「傳說您曾對每況愈下前來哭訴的藝人說：『要借上吊的繩子，有；想借錢的話，門兒都沒』，絕不安慰人，是真的嗎？」

我如此問道。

「你的問題真辛辣啊。我還是頭一次被人劈頭就問這問題哩。雖然我是個想到什麼就說的人，也還沒到那種地步……。那不知道是誰瞎編的，胡說八道啦。」

雖然斷然加以否認，不過這個回答很有真實感，董事長的樣子躍然呈現。

「其實我聽到那傳聞時想到的是，話裡的真正含意應該是『別期待別人的力量。想脫離苦海只能靠自己』……。」

「嘿，聽你這麼解釋，倒成了一段『佳話』。不過就算這樣，說什麼『上吊的繩子』還是太過火了。我可是很珍惜自家的藝人喔！」

記得桂文珍新出爐的落語中有這麼一段：

「董事長從橋上往道頓堀一望，上頭浮著一層油。心想搞不好這河裡有油田哩，就下了一道命令，要吉本全體員工隔天凌晨五點到橋上集合。有人在後台聽到便哈哈大笑：『這

辦公室是獅子董事長真正發號施令的指揮部。

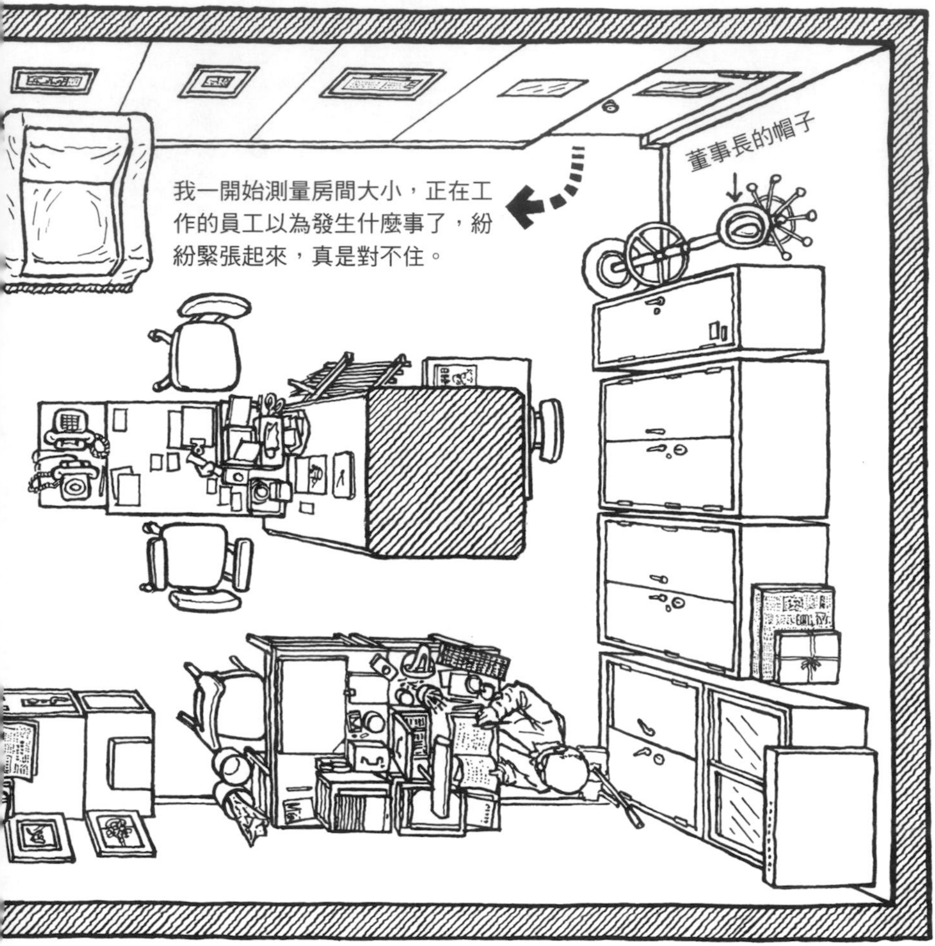

董事長的帽子
我一開始測量房間大小，正在工作的員工以為發生什麼事了，紛紛緊張起來，真是對不住。

年頭居然有這種蠢事？就算是董事長的命令，我也不去。』結果隔天早上，只見橋上全員到齊，每個人的手上都拿了鏟子，見了面互道：『怎麼連你也！』……。這油是打附近天麩羅店流出來的，大家心知肚明，只是不敢違抗董事長的命令而已。」

雖說這只是一段落語結尾的笑料，不過可以清楚感受到大家對會長是既懼怕卻又折服於他的人品。

從明石家秋刀魚先生那

其實這房間不是董事長室。樓下那間接見訪客用的房間才是正式的董事長室。不過這間

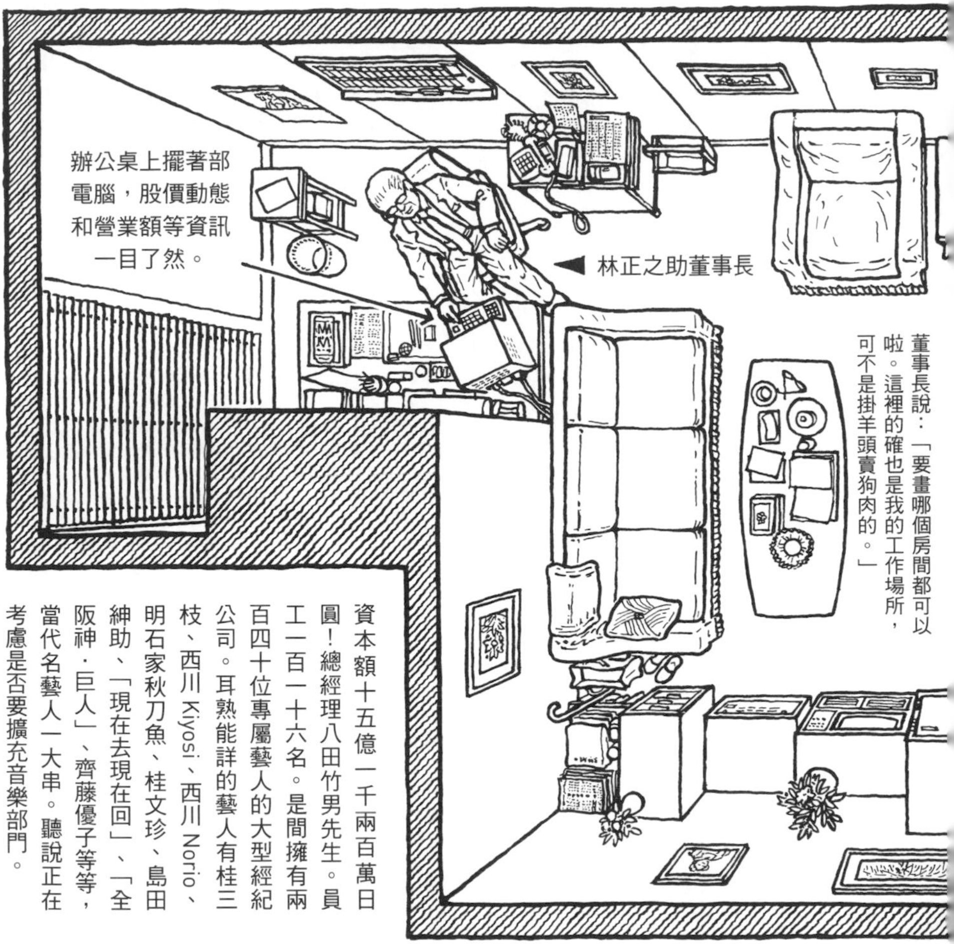
董事長說：「要畫哪個房間都可以啦。這裡的確也是我的工作場所，可不是掛羊頭賣狗肉的。」
林正之助董事長
辦公桌上擺著部電腦，股價動態和營業額等資訊一目了然。
資本額十五億一千兩百萬日圓！總經理八田竹男先生。員工一百一十六名。是間擁有兩百四十位專屬藝人的大型經紀公司。耳熟能詳的藝人有桂三枝、西川Kiyosi、西川Norio、明石家秋刀魚、桂文珍、島田紳助、「現在去現在回」、「全阪神・巨人」、齊藤優子等等，當代名藝人一大串。聽說正在考慮是否要擴充音樂部門。

兒聽來的說法則是：

「有次從吉本事務所出去工作，剛好在走廊碰到兩位常董，身上都揹著高爾夫球袋。結果你猜他們怎麼說？『好好幹啊。你們不努力工作我們可沒辦法去玩哩。』聽到這話差點沒當場跌倒。這公司可真狠呀！董事長更猛。把我們都當成『蟲』哩。要比待遇差，這家公司鐵是日本第一。如果連吉本都待得住，那麼到哪兒都忍得了啦。」

明石家先生笑著說道。不只他如此，這公司的藝人常在電視上公開說自己公司的壞話來搞笑。

不曉得董事長對這事情看法如何？這也是早就想好一定要問的問題。

「常被這麼說哩。什麼吝嗇啦、簡直像地獄的公司之類的。不過如果觀眾覺得好笑，那也不壞嘛。被人家說壞話就會倒的公司啊，就算沒人說，我看自己也會倒。講壞話是不能當門技藝啦，不過在表演時候說說，觀眾也知道那是俏皮話啦。」

我想這點就是和一般經紀公司的不同之處。如果真是間討人厭的公司，藝人和職員早就跑光了，「吉本」也絕不會有現在的勢力。

「聽說經紀人都是採用出身與演藝界無關的大學生？」

「沒錯。像是待過落語研究會的、差點成為藝人的都不行。藝人必須是賣得出去的商品，想要好好賣出去的話，可不能交給那些對藝人之途只抱著半調子憧憬、想法天真的傢伙。」

多明快的回答。聽說他每天都親自監看那些被看成商品的藝人是怎麼賣出去的。早上七點，大家都還沒到公司，他就已經一個人開始一天的工作，把有旗下藝人演出的節目通通看過，時間重疊的就錄下來看，精力之旺盛無人可比。

「年輕人的演唱會裡來了位老人家，感覺很突兀，獨自一人看得很專注。那人是誰啊？沒想到是吉本的董事長。」

像這類故事可多了。他不僅有自己的價值觀，也努力讓自己的判斷標準可以更寬廣。

明石家先生曾深有所感地說：

「雖然我們老被貶得一文不值，但他持續不斷親眼盯著我們工作，光想到這點就低頭心服了。大家都明白他其實很照顧人，所以才會留在『吉本興業』。然後邊說些什麼這間公司怪透了的話，同時也感受著它那難以形容的魅力哪。」

說到照顧人，我從別人那裡聽說，董事長對那些曾是「吉本」台柱、但現在已經沒那麼紅的藝人，常會叮嚀屬下：「多注意他的工作，別讓他收入減少了。」我想吉本力量的祕密或許正在於此吧。

反窺河童

河童與獅子的對決

林正之助

既然答允接受《週刊朝日》採訪，我想事先應該有所準備，就要求公司員工去調查一番。

「朝日新聞社」我當然很熟悉。記得是四十年前的事了，當時應「朝日新聞社」之邀組成一個名為「搞笑隊」的勞軍團，把ENTATSU、ACHYAKO、金語樓、石田一松、三龜松、WAKANA等人分成兩組派到中國大陸去。從那時起就頗有淵源，一直有所交往，也有許多回憶。

不過「妹尾河童先生」是何許人物就一無所知了。

員工們好像很熟悉的樣子，說：「董事長，這些是妹尾先生寫的書，您先看看……」，就把三本書砰地放桌上，我一口氣哪看得完啊，又沒什麼時間，不禁慌了起來。

最後心想，只要抓得住談話要點就好，便趕緊叫人把「河童先生」的簡歷給寫下來，接著就等著被採訪了。

◉林正之助，一八九九年生於大阪。與親姊姊吉本靜打下吉本興業的基礎，戰前以「Entatsu Achyako」（橫山煙突和花菱阿茶子）的搭檔首開漫才風潮。一九四八年起擔任吉本興業總經理，一九七三年起任董事長，身為「關西派搞笑」風潮的策動人，十分活躍。一九九一年四月去世。

根據員工的說法，對方好像是位會提出相當尖銳問題的採訪者，聽了真讓我滿緊張的。

簡歷裡寫著河童先生待過「大阪朝日會館」劇場，有三年時間跟隨藤原義江先生，心想話題從這兒切入應該沒問題。雖然我跟藤原義江先生來往並不密切，但從年輕時代我一直在某家店裡訂做西裝，藤原先生也是他們的主顧，這與我年輕時代的回憶剛好重疊，有種很懷念的感覺。

河童先生邊敘述藤原義江先生瀟灑作風的小故事，中間還交雜著對我發問，採訪過程相當輕鬆巧妙，因此我便能自在地侃侃而談。即使是尖銳的問題，他會盡量注意不要刺傷對方，但同時也追問得很徹底，讓人佩服。

待看到送來的《週刊朝日》，才知道把我描寫成「獅子董事長」，那當天的會談不就是「河童與獅子的對決」了嗎？想著覺得相當愉快。

村山治江的藝廊

入口牆上的銅板鐫刻著：「我們盲人也有欣賞羅丹的權利」。

「用手欣賞的美術館」──湯姆藝廊位於東京都澀谷區松濤2─11─1的寧靜住宅區裡。聽說開幕至今一年三個月，前來參觀的視障者已超過三千五百人。

興起開設這種藝廊的念頭並加以實現的村山治江女士說：

「『用手欣賞』是非常理所當然的事情，但我們幾乎連想都沒想過。要不是因為我從事貴金屬設計的工作，加上有個眼睛不方便的兒子，我可能到死都不會去關心這樣的事情。」

村山女士的先生村山亞土是位兒童劇作家。他的父親村山知義先生是位畫家，同時也是舞台設計師，可以說是我工作上的老前輩，從戰前「築地小劇場」時代起就有不少知名舞台設計作品。村山先生於昭和五十二年（一九七七年）去世，他的綽號是「湯姆先生」，這間藝廊便取名「湯姆」以茲紀念。

但這棟建築物不只是藝廊，同時是村山一家的住宅，更是珠寶設計家村山治江女士的工作室。讓我訝異的是，作為藝廊對外開放的空間比例相當大：一樓是家人的生活區，二三樓幾乎全作為藝廊供來訪者使用。不過，這兒並不去強調為盲胞所作的特殊設計。入口的步道直接就通往上二樓的水泥階梯，接著便來到設置了洗手槽、放著香皂的露台。參觀者先在這裡洗手。

一進門左邊便是介紹展示室全貌的位置圖，深富立體感，並附有點字版的會場說明。只要用手觸摸閱讀之後，即使是第一次來的參觀者也可以無需專人導引逕自開始欣賞作品。這裡與其他藝廊唯一不同之處，大概就是同時有點字版的作品解說。

「我希望大家能覺得這兒像家一樣親切，是個可以輕鬆造訪的公共場所，所以不想特別設置盲人專用設施。只要資訊的傳達確實清楚，他們就能充分理解了。有時候過度顧慮反而是種累贅。真正該做的是去了解他們的需求。」

這是治江女士的想法。

我們這些「明眼人」在與眼睛不方便的人接觸時，常不知道該如何與對方相處才好。我也曾經這樣：在與歌手長谷川清老弟相熟以前，有時會為他一一解說情況，心想這樣對他視覺上的不便多少可以幫點忙。可是好幾次事後才發現，就如治江女士所說的，這種心意反倒成了「多餘的顧慮」。現在有時就忘記他是盲人了……。

他常會說：「給我看給我看！」意思是讓他用手摸摸看。跟我們「明眼人」用眼睛看的意思完全一樣。我以為自己已經很能理解這種事了，但聽說澀谷出現「可用手欣賞雕刻的美術館」——湯姆藝廊時，還是著實嚇了一跳。

通常美術館無論走到哪兒都有「請勿觸摸作品」的標示，發現我也有欣賞雕刻理應「不可用手觸摸」的既定觀念，不禁狼狽萬分。視障者也有欣賞、鑑賞雕刻作品的方法。

「原本滿擔心會不會有人來，結果沒想到這麼受歡迎。有的是地方上的啟明學校組團帶學生來校外旅行，甚

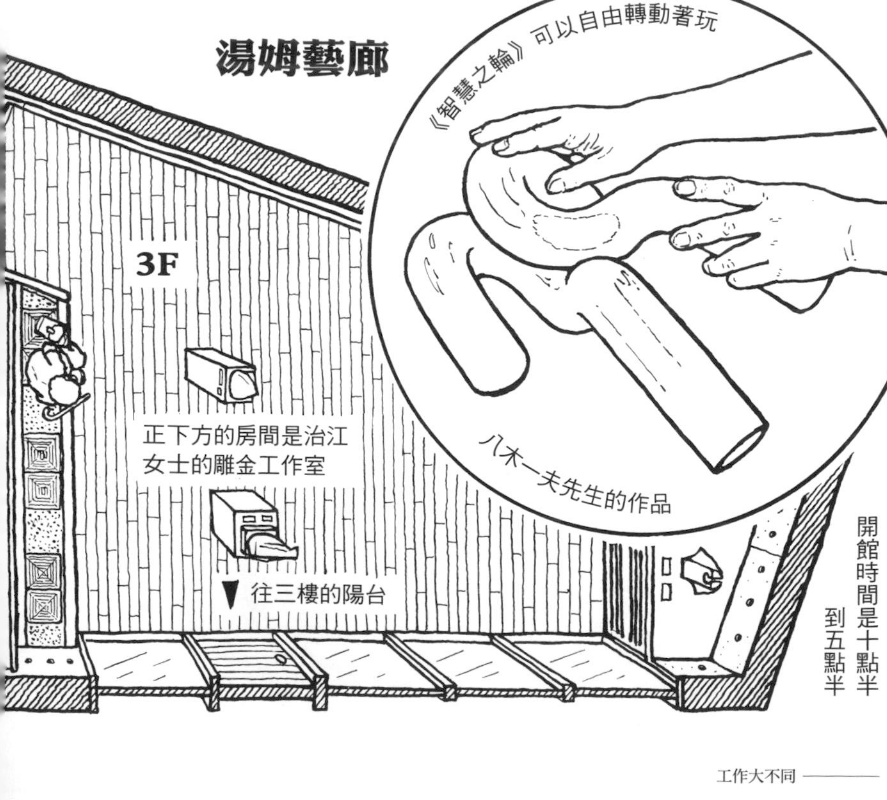
湯姆藝廊
《智慧之輪》可以自由轉動著玩
八木一夫先生的作品
3F
正下方的房間是治江女士的雕金工作室
▼往三樓的陽台
開館時間是十點半到五點半

至有獨自從澀谷車站拄著枴杖尋尋覓覓，問了又問，花了一個鐘頭才找到的人……。」

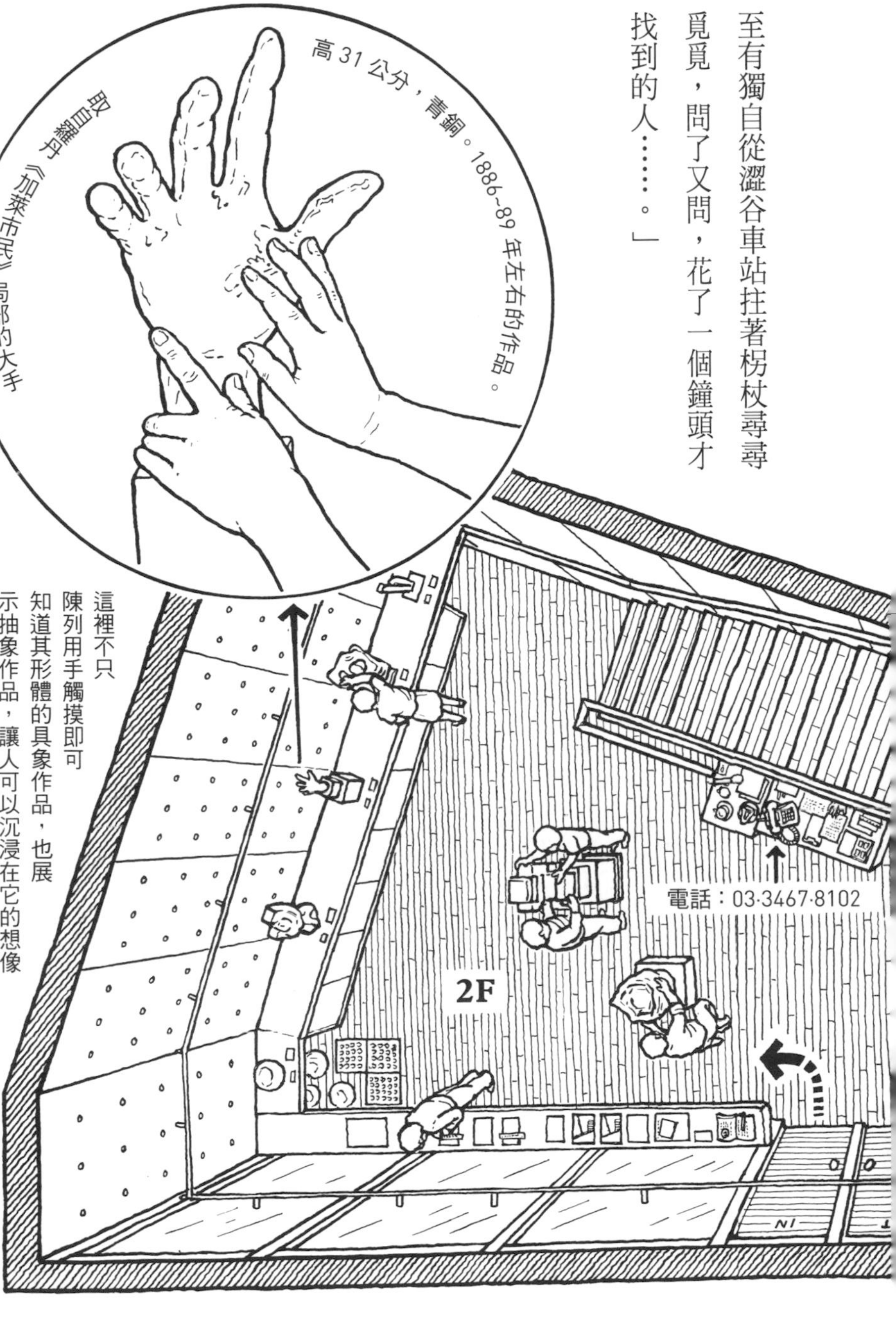

高31公分，青銅。1886~89年左右的作品。
取自羅丹《加萊市民》局部的大手
電話：03-3467-8102
2F

這裡不只陳列用手觸摸即可知道其形體的具象作品，也展示抽象作品，讓人可以沉浸在它的想像世界裡。

參觀者留下的感想中有這麼一段：

「雕刻不僅捕捉到生命在某個瞬間的活動，連骨髓深處都觸及了。我真的是摸到骨子裡去了。就算是太太，我也不曾摸到那種地步。即使是格外疼愛我的父母，也無法忍受這樣的觸摸。太太、父母和孩子們若看到我撫摸作品的樣子，恐怕會覺得慘不忍睹吧。不論什麼都可以讓人如此觸摸，我真的說不出任何感言。只想掉淚而已。」（下地幸夫・沖繩縣）

「我摸到的雕刻作品全都棒極了。那隻大大的羅丹之手讓我想起很久以前，去ＮＨＫ聽『維也納愛樂』的音樂會時，回程有位青年牽著我的手走到車站。指節很粗的手。他在千葉的山上種田，說來東京聽音樂是他的樂趣。」（舟木鈴子・川崎市）

今年十一月，藝廊將把羅丹等人的作品渡海運到沖繩去。

因為治江女士企畫舉辦了一檔名為「羅丹們的作品與我們的作品」的展覽。沖繩到現在連一間美術館都沒有，所以對沖繩人而言，這回是首度與羅丹碰面。會場將同時陳列啟明學校孩子的雕刻作品，這也是一大快事。治江女士給我看了那些孩子的作品的照片，做得真不錯。

同時希望藉此機會帶起在沖繩設立美術館的話題……。

這項企畫也包含了朝「文化行政」方向思考的意圖。

在「用美社」所出版的《觸摸雕刻作品時》一書中，藤原新也先生持續為「湯姆藝廊」參觀者所拍攝的照片非常棒，收錄的參觀感想更令人動容。從書裡也充分感受到治江女士再三強調的：藝廊的成果是來自許多人的理解與熱心支持。

河童反窺

報告

村山治江

在一個梅雨季的晴天裡，河童先生帶著他非常能幹的助理前來採訪。

雖然過程差不多有兩個半小時，感覺上卻像吹過一陣涼風般短暫。

他們在建築物各處徹底測量，連地板的細節都不放過，對著各部分舉起相機喀嚓喀嚓按下快門，但關於藝廊本身好像事前都已經調查過了，反倒沒有問太多。

「雖然我認為光閉上眼睛還是無法理解盲人的感覺和立場，但還是想……。」

河童先生邊說邊閉上眼睛，接著去撫摸了所有展品。其實藝廊規定只有盲胞才能用手撫摸雕刻，明眼人則在禁止之列，河童先生知道後非常驚慌地不停道歉：「對不起對不起！真的很抱歉！」河童先生對啟明學校孩子們的陶藝作品極感興趣，

◉村山治江，一九二八年生於大阪。身兼日本舞舞者、日本舞劇團製作人、金屬工藝設計者。因失去視力的兒子的一番話而興起為盲人創立「用手欣賞的美術館」的念頭，一九八四年設立湯姆藝廊。透過在沖繩等地舉辦的展覽，希望能將這樣的理念與活動推廣至全國。

「真服了他們呀。做得實在太棒了！」等讚美話語表現了他深受感動的程度。

托他的福，在沖繩舉辦的「羅丹們的作品與我們的作品」展覽非常成功。在那霸展出的六天裡入場人次達四千之多，盲胞與明眼人並肩欣賞了這些作品。後來又往北海道和九州各城市巡迴展出，最遠還去到英國。

許多盲胞在以觸覺接觸到雕刻後非常感動，直說「像沙漠中的沙子吸到水」。這件事一定要讓河童先生知道。

航太技術研究所的飛行模擬裝置

根據辭典上的解釋，「所謂『操縱』，是指能隨著自己的意思運作。特別指駕馭飛機。」坐在舉目皆儀表的駕駛艙內，有生以來第一次手握操縱桿，從起飛到降落，整個經歷了一遍。除了被迫一起搭乘的助理因為暈機頭痛而在一旁發牢騷外，整趟飛行其實滿愉快的。不是真的去開飛機啦，不過是利用重現航空機動特性的「飛行模擬裝置」來一趟模擬飛行罷了。

那裝置做得真是好。人家說「跟真的一模一樣」，就是在講這個。在跑道上滑行、機頭拉高起飛，接著發出讓人嚇一大跳的巨響。機輪收進機體的聲音。透過駕駛艙擋風玻璃所看到的種種也讓人覺得正在飛行，景色的移動變化非常逼真。

從岐阜縣各務之原基地起飛，向左迴旋後可以看見日本萊茵河（編按：從岐阜縣可兒市至愛知縣犬山城附近的木曾川中流的溪谷，長十三公里），慢慢接近犬山市，再近則連犬山城都看得見。這些全都是以電腦繪圖製成，景色隨著飛行路線變化。若將操縱桿往前推會逼近地面，往自己這邊拉則會只看到天空。由於效果跟電動玩具店的機台實在太像了，終於忍不住問了個很蠢的問題：

「再往下降，如果撞到山的話會怎麼樣？」

鄰座正駕駛席上的川原弘靖技官好像看透了我在想什麼，答道：

「不會出現骷髏記號啦。」

真是丟臉丟到家了。

這套飛行模擬裝置位於東京都調布市科學技術廳的航太技術研究所，但並非為了訓練飛行駕駛而設，所以不是人人都能玩的設備。我是以採訪名義才得以入內駕駛，事實上它是尚未問世、名為「飛鳥」的實驗機，若照原定計畫，今年秋天將升空飛行。

在飛機開始實際建造之前，先利用這套裝置來檢查各種飛行狀況。二次大戰前，飛機造好後通常由飛行員直接試飛，然後才發現操縱桿太重、迴轉性能沒有預期來得好等等，找出飛機的特性後反覆修正，才算大功告成。當然，很多試飛員會因而殞命。再者，有些地方不實際飛飛看就無法了解，這部分若要變更或開發便得花費龐大的經費與時間。

電子迴路與計算機系統發達之後，才進入了製造模擬裝置的時代。所有狀況都可以輸入電腦，進行事前的確認及檢討。

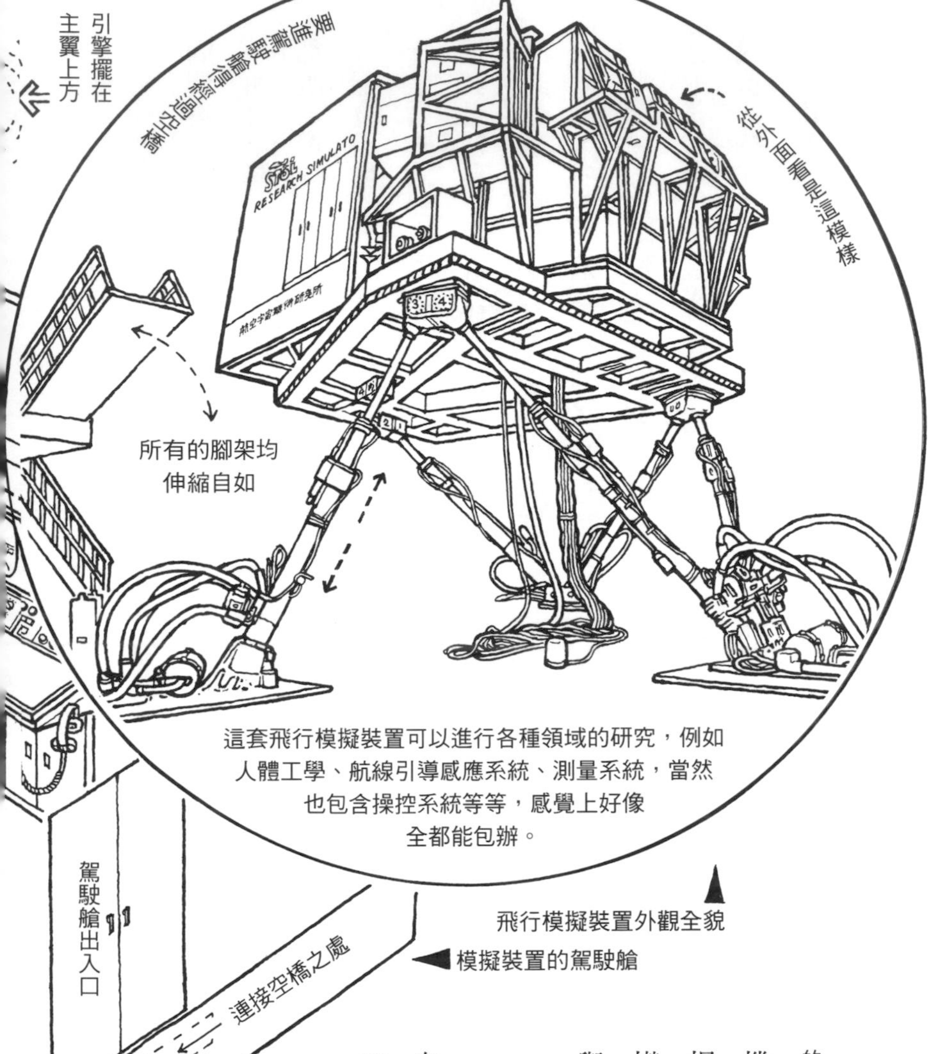
引擎擺在主翼上方
要進駕駛艙得經過空橋
從外面看是這模樣
RESEARCH SIMULATO
所有的腳架均伸縮自如
這套飛行模擬裝置可以進行各種領域的研究，例如人體工學、航線引導感應系統、測量系統，當然也包含操控系統等等，感覺上好像全都能包辦。
飛行模擬裝置外觀全貌
模擬裝置的駕駛艙
駕駛艙出入口
連接空橋之處

例如承受三十節（編按：每小時多少海浬的計速單位）側風時，機體的狀態、操縱桿的感覺、對操作襟翼的影響等完全與實際飛行的時候一樣。

藉著操縱桿可以自由傾斜或晃動機體。「原來模擬飛行是這樣啊！」之所以會覺得試飛有趣，是

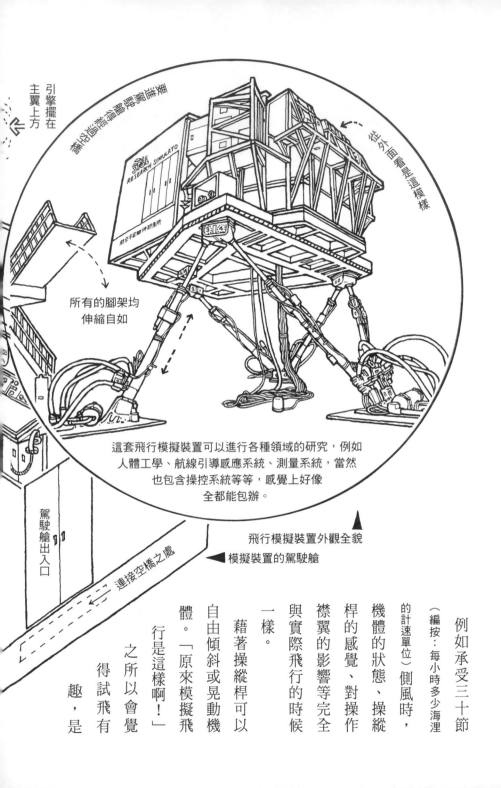

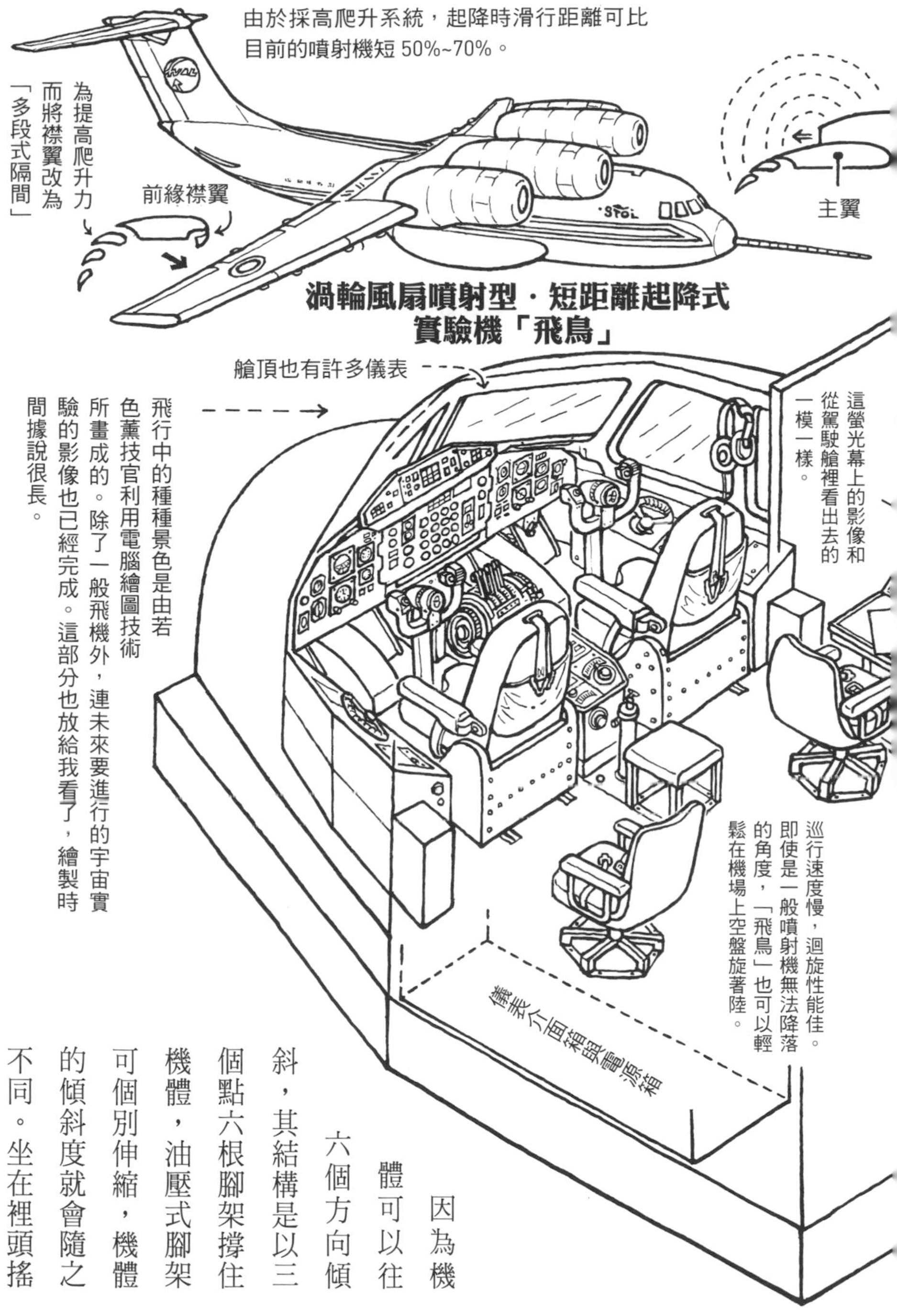
由於採高爬升系統，起降時滑行距離可比
目前的噴射機短 50%~70%。
為提高爬升力而將襟翼改為「多段式隔間」
前緣襟翼
主翼
渦輪風扇噴射型·短距離起降式
實驗機「飛鳥」
艙頂也有許多儀表
這螢光幕上的影像和從駕駛艙裡看出去的一模一樣。
飛行中的種種景色是由若色薰技官利用電腦繪圖技術所畫成的。除了一般飛機外，連未來要進行的宇宙實驗的影像也已經完成。這部分也放給我看了，繪製時間據說很長。
巡行速度慢，迴旋性能佳。即使是一般噴射機無法降落的角度，「飛鳥」也可以輕鬆在機場上空盤旋著陸。
儀表介面箱與電源箱
因為機體可以往六個方向傾斜，其結構是以三個點六根腳架撐住機體，油壓式腳架可個別伸縮，機體的傾斜度就會隨之不同。坐在裡頭搖晃的感覺和實際飛行一樣，還會覺得暈眩哩。

從外觀看很難想像裡面與實際的駕駛艙構造一模一樣，感覺只是個正方形箱子罷了。它的動作很像一隻巨大生物，看著看著居然聯想到科幻片。

從前不實際飛飛看便無法得知的事情，如今在地面上便可以重複實驗了，貢獻非常大。於是很想知道價格多少，便開口問了。

「啥！十億日圓！」

這數字嚇得我驚叫出聲，不過聽說這已經算便宜的了。如果是一般的航空公司，要做出同樣東西少說也得貴上兩三倍。這裡由於軟體不用外包請人設計，全部由研究所職員自行研發，零件也都採用國產品，所以才能這麼便宜。

「雖說花了十億，但如果把其他飛機的資料輸入這套模擬設備，又可以進行不同機種的實驗了，十年左右就能完全回收，所以我覺得一點也不貴……。現在除了『飛鳥』外，同時也在進行其他民航機與太空相關實驗。」

雖然價格上無法相提並論，但我想這與一架一百億日圓的F15戰鬥機大不相同。目前正在實驗開發的「飛鳥」與F15等戰鬥機完全相反，屬於省能源型的短距離飛機。

過去的飛機在高度成長的時代背景下不斷在增加載客量、提升速度上競爭，但現在社會開始重視環保與經濟性、噪音與廢氣公害、降低機場周邊環境汙染等議題。地方上的小型機場若想讓噴射機起降，便得延長跑道或新建機場，這樣對自然環境的破壞就又加重了。低噪音的實驗機「飛鳥」便背負著這個時代課題飛上天際。到目前為止的噴射機引擎都設在主翼下方，成為噪音源，而「飛鳥」的引擎則位於主翼上方，希望這樣的設計能不讓噪音往下擴散。

衷心期待透過這套模擬飛行裝置誕生的飛機能如願成形。

反窺河童

節・哩

川原弘靖

地坪多少、建坪多少——我們在找房子或買房子時至今仍以「坪」來計算。高爾夫球界對距離的標示已從碼轉為公尺，但航空界尚未完全從碼、磅制改為公制：重量以磅為單位、距離用哩、長度則以呎來表示。

各個世界都有其慣用單位，如果都強制改採公制會如何呢？過去就曾有儀表改用公尺表示使機師混淆而引發事故的例子。就我來說，如果將有關飛機的數字突然改以公尺表示，或被要求換算成公尺的話，沒辦法馬上有答案。其不習慣的程度簡直是光聽到以公尺表示就覺得怪怪的。

妹尾先生到我們工作場所採訪時，雙方對於單位的表示法有過一番你來我往，十分有趣。

我談到速度時用節、距離用哩，結果妹尾先生問道：「用這種單位表示的話，一般的讀者恐怕不容易了解，我能不能改用

◉川原弘靖，一九四二年生於東京。一九六三年進入科學技術廳航空技術研究所測量工程部（現航太技術研究所測量部）後，三十多年來致力於研究飛行模擬裝置的硬體和驅動部分，在大型模擬裝置的開發、製作及使用之實務上頗為活躍。

公尺？」

我十分堅持：「不行，這種表示法才像飛機用的，這樣才好不是？」

妹尾先生更進一步解釋：「像我的本行舞台設計的常用單位也不是公尺，而是採日本自古使用的『尺』、『間』（編按：一間等於六尺，約為一點八一八公尺，一九五八年起廢用），我們工作上用來很方便，但要和一般人溝通時就算麻煩還是會換算成公制。所以像『側風二十節』難道不能權宜地換算成公尺來表現嗎？」

不過我依然堅持：「還是要用二十節。不這樣表示很奇怪。」所以最後還是接受了我的意見。那時候的感覺是再次體認到，研究領域固然如此，在藝術世界亦然——若不能「堅持己見」是無法得到好成果的！

現在，研究所的報告都規定要用公制來表示。想想其實「用公尺來表示也不錯哩」。

水上勉的水車小屋

聽說水上勉先生在福井縣若狹的「若州一滴文庫」圖書館旁蓋了一座稻草屋頂的劇場，專為演出竹偶戲之用。聽到這消息很感興趣，但知道他連做偶頭的和紙都是親手抄製時可大吃一驚。沒想到他用心如此之深，連紙張都講究用竹子做原料……。

「竹紙」自古便是中國書法家相當珍惜的貴重品，運筆書寫時的觸感超群，但在日本不太為人所知。製作過程非常繁複。我曾到手工抄製和紙的鳥取縣佐治村採訪過，知道其中的種種甘苦。光因為這點，聽到水上先生親手「從竹子開始抄紙」時根本不敢相信。趕緊撥電話過去，結果很簡單：

「對啊對啊，就是從竹皮開始。所以做出來的正是名副其實的『竹偶』呢。首先要熬煮竹皮，把纖維煮到像麻糬一樣，再用水車小屋裡的臼來舂搗。會發出叩咚叩咚的聲音喔。」

「咦？什麼水車小屋？」

「你沒聽錯，水車小屋裡還有抄紙場和製作面具的工作室。我現在玩上癮了，就算再忙也要擠出時間到若狹去，而且去的日子還不少哩。」

突然好想去看看那座水車小屋。

「歡迎歡迎！我們也好久沒碰面了，滿想見見你的……。可以當天來回喔！」

我想，既然要特地跑一趟，就順道繞到附近的核能發電廠瞧瞧。我這麼一提，電話那頭的水上先生也很贊成，要我一定得去看看：

「若狹的兩座核能反應爐可以輸出一百一十五萬七千瓩的電力，供應京都、大阪、神戶地區。都會在夜間所發出的亮光都是從這裡送出去的。這附近的村子從以前就沒什麼地方產業，經濟成長率長期為零，對他們來說捨此之外別無它途了。有了錢、道路、橋梁和學校等建設之後，雖然生活水準從貧困提高到一般，但同時卻換來了極大的不安，也就是現實中不斷出現的核廢料掩埋問題。還有一點我覺得很可怕，就是人心的變化。日常生活中的喜樂都來自別人的給予，並視此為理所當然，我覺得這很悲哀。無論是悲或喜都應該來自自身才對吧。」

大島半島突出於若狹灣中，我造訪了半島北端的「大飯發電所」。首先在簡報室聽取以鈾為燃料發電的原理和針對安全性的說明，接著搭乘小型巴士參觀遼闊的廠區。從遠處眺望巨大的核能反應爐時，水上先生的話語像回音般響起。用嘴高唱反對「核能發電」是件

水車小屋外面有用來煮竹皮的大鍋。要把纖維煮到非常軟需要五天，期間還必須不斷添加柴火。然後用引管導出，再用水漂白。據說「漂白」也是整個過程中相當重要的一環。

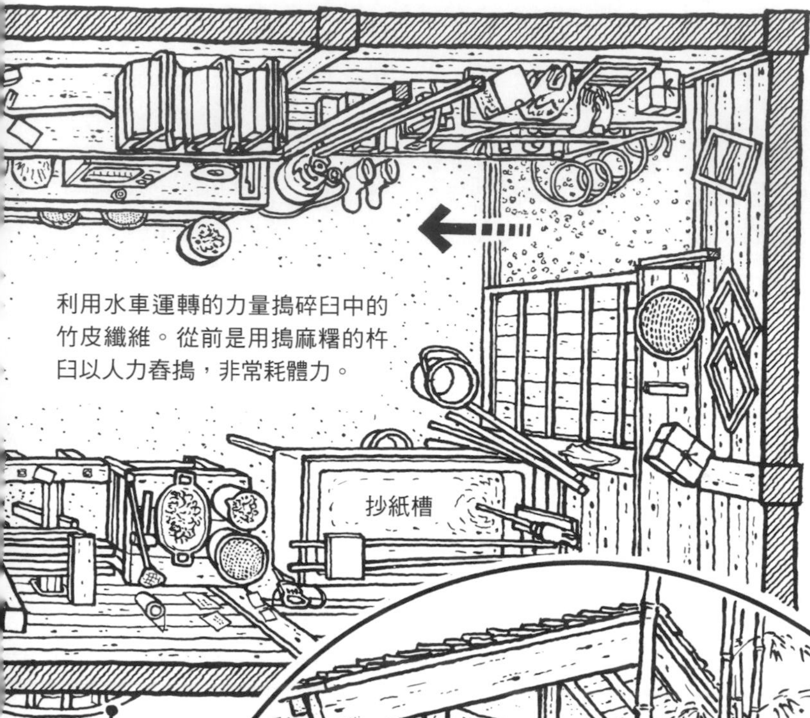

利用水車運轉的力量搗碎臼中的竹皮纖維。從前是用搗麻糬的杵臼以人力舂搗，非常耗體力。

「水車可以徹夜運轉，真是幫了大忙呢」，水上先生話裡充滿了感情。

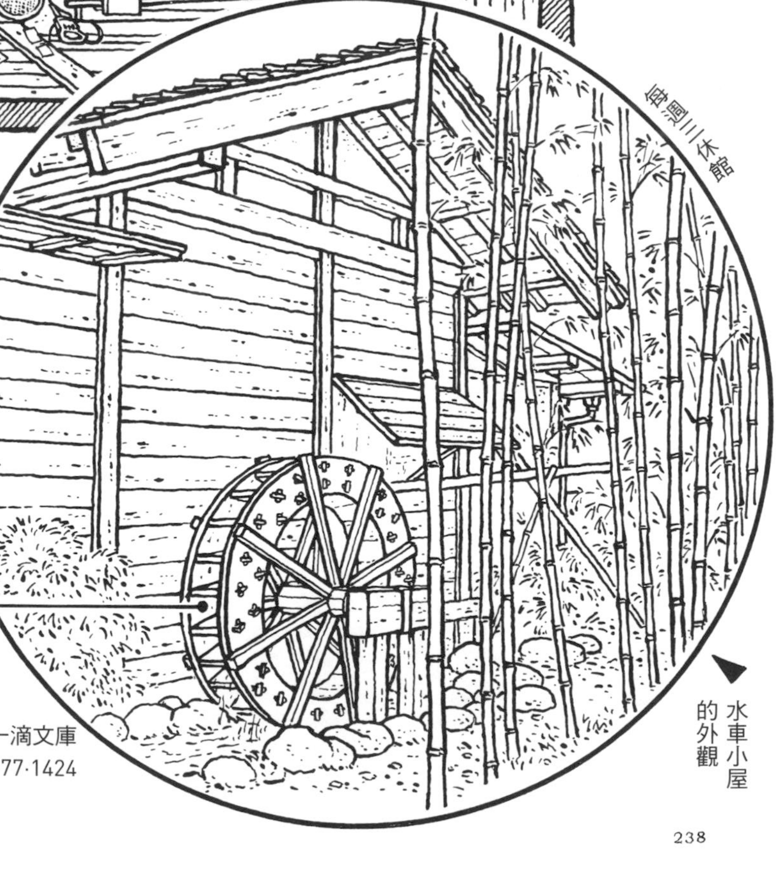

水車小屋的外觀

若州一滴文庫
電話：0770-77-1424

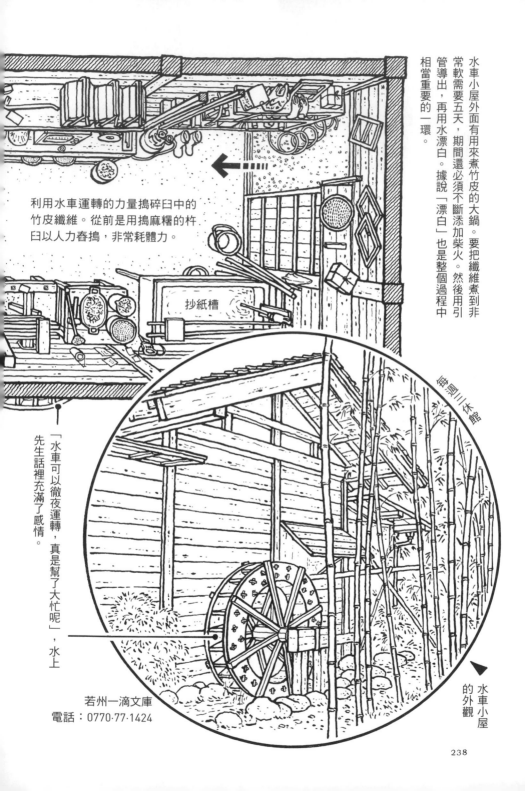

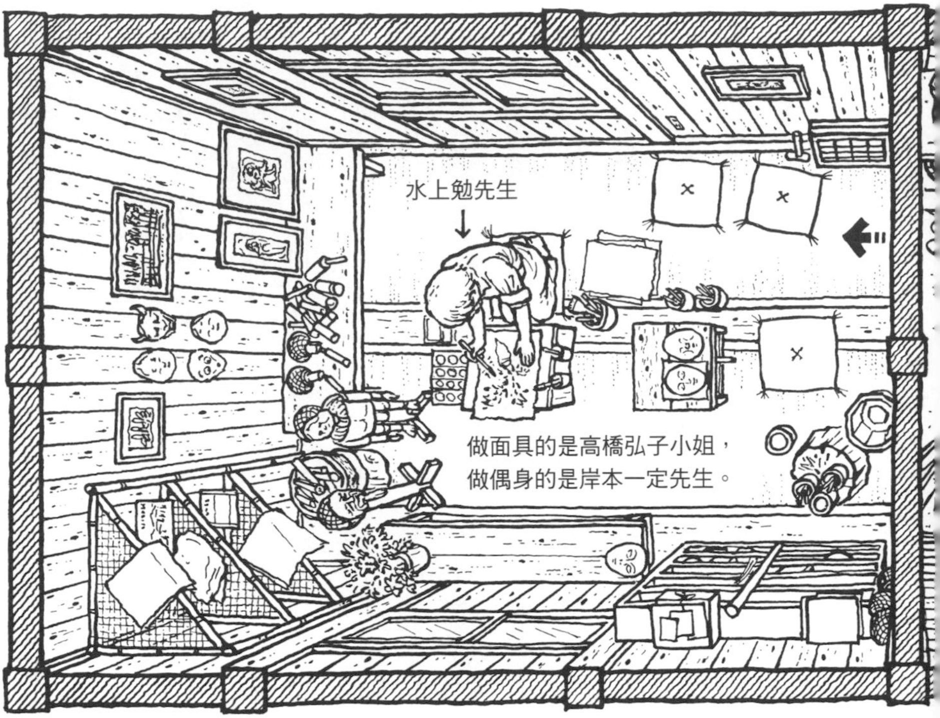
水上勉先生
做面具的是高橋弘子小姐，
做偶身的是岸本一定先生。

很簡單的事，不過在此之前，住都市裡的人是不是也該想想，自己日常所用的電是怎麼產生的、「從哪裡來的」？

抵達「若州一滴文庫」的時刻正如水上先生所預估的，剛好午後一點。立即享受麵線招待，冰冰涼涼的實在好吃。

圖書室、美術．文學資料室裡的收藏都超乎想像地充實。尤其水上先生在圖書室入口寫的那段話讓人印象深刻。

「『獻給獨一無二的少年』

我雖然在村子裡出生，但十歲就到京都去了，所以沒從村裡的小學畢業。家裡連盞電燈也沒有，所以沒辦法看書。經過各種輾轉波折，終於走上自己喜愛的文學之路，不但可以讀書，還拾回了自己的人生與夢想。有幸能成為作家，實是托書本之福。

這次因為藏書太多，考慮要到哪兒設置書庫，最後決定在自己誕生的村裡蓋間小小的圖書館，讓那些和我少年時期一樣愛書卻買不起的少年能脫離無書可讀的困境。圖書館裡的書大半是我自己買的。裡面有些是海內孤本，被獨占了實在太可惜。書是愈多人讀愈好。如何？你也從中拿起一本、來開創自己的人生吧。讓世上獨一無二的你自由吧。

昭和六十年三月八日」

水上先生讓我們參觀了專門上演竹偶戲的劇場和造紙的全部過程。

「簡單說就是不斷嘗試錯誤。但過程再怎麼辛苦還是很有趣。偶頭的部分是用搗成黏土狀的竹皮纖維混合漿糊作成面具，而抄紙時則是把紙漿倒進『抄紙槽』，像這樣……。」

邊說邊實際操作給我們看，手法相當熟練。

接著讓我們看完成的紙張。為因應各種用途，做出了很多種紙，並且各富特色。有的讓人想在上頭畫畫，有的好像很適合寫字；這些誘人提筆的極品居然是在這兒生產出來的，實在令人驚奇。劇中使用的人偶不論頭腳身體全是竹製品：頭部是在竹編籮筐上糊上竹紙黏土的面具，表情非常豐富。

水上先生從竹偶戲開始，到了第十年終於如願在這片土地上建造了心目中的劇場。

「能撐到現在，都虧那些一直忍受赤字、不計報酬大力支持的夥伴們，不過我想劇場落成時最高興的，莫過於那三百個面具和八十尊戲偶吧。」

水上先生說這話時的表情，與其說是作家，不如說是對著長大的孩子傳授工作經驗的慈父。

去年到關東巡迴演出，今年也將在秋季的十月二十六、二十七日兩天，在這裡演出「越前竹偶戲」，並計畫到京都、名古屋、金澤、尼崎、四國巡迴公演。各地已有許多戲迷正引頸期盼那天的到來。

河童 反窺

反窺的話

水上勉

河童先生經常到各地走動，是位勤勉的學習家。來到若狹我製作竹紙的水車小屋時，談的是鳥取縣同樣抄製竹紙的人，還有在沖繩試圖重現芭蕉紙的人的故事。因為都是他親身行走的實際接觸，那些知識他都學到了。我熬煮竹渣用石臼舂搗製紙不過十年光景，但世上已有人早我一步花了不少工夫享受造紙的樂趣了。多虧有河童先生這樣的探險家，我才能知道有這樣的同好存在，感謝感謝。

關於河童先生的工作，讓我驚訝的並非其足跡之廣，而是在旅途中所產生的獨特想法。身為舞台設計家，他除了非比尋常的眼光之外，還擁有直透事物核心的能力，這點讓人欣喜。他不是用眼睛瞧了就回家，而是在當場直接受其觸動，這點令人尊敬。這大概是心眼作用的結果吧。若非如此，則不論對方是人是物，應該都會視若無睹。

◉水上勉，一九一九年生於福井縣。九歲時進入京都相國寺，在京都度過了多愁善感的少年時期。繼《霧與影》、《飢餓海峽》等社會推理小說之後，持續推出《宇野浩二傳》、《寺泊》、《良寬》等純文學、傳記文學領域的名著。曾獲得一九八五年度的藝術院恩賜獎。

還有，河童先生又沒爬上天花板，卻可以光靠仔細的測量就畫出俯瞰的全景，工作室內的工具絲毫沒有遺漏，這門技藝實在驚人。這人像飛鼠一樣，有爬天花板的才能。每個角落都看透了。但就算是飛鼠，至少也得從胯下探探頭，他可是連爬都不用，雙腳踩在地上，就這麼畫好了。可說是把方格紙當稿紙用的天才。這種人當然沒必要從胯下探頭了。他那天是在參觀核能發電廠後才來訪水車小屋的，這樣的安排很實際，但還是希望他下次能多停留些時間，看看竹偶們的舞蹈，瞧瞧我的蠟燭劇場，並請教他對核能發電與蠟燭能源的想法。

中山千夏的議員辦公室

我完全記不得是什麼時候開始與中山千夏小姐熟起來的。她好像也沒印象。我們兩人年紀相差二十二歲，但不知道為什麼，總覺得是自小就認識了。

我們因為同是市民政治團體「革自連」的成員，直到兩年前每星期都還會見上一面。最近就疏於聯絡，很久沒碰面了。

她才從奈洛比參加「聯合國婦女十年」世界會議回來，我也想聽聽這次的見聞。結果當她問：

「要在哪裡碰面？」

我不假思索就回答：「議員會館的辦公室吧！」

卻被她取笑了：「你不是很討厭來這裡嗎？」

確實如此。首先得在櫃檯辦理登記手續，我實在很不會應付這類事情。這跟千夏小姐當然沒關係，但碰面時還是向她抱怨「麻煩死了」。申請書上的住址、姓名、會面目的等欄目得一一填好，問題鉅細靡遺。但如果沒有這樣的程序，難免會有許多陳情者擅自出入，對議員來說也是困擾。

在櫃檯領取蓋有許可章的會面單，給守在玄關樓梯的警衛看過後才准進入。

大廳裡有四部電梯，最右邊那一部貼著「議員專用」。心裡正想：「怎麼感覺像在搞差別待遇啊」，背後忽然有人喊：「河童先生——」。回頭一看，原來是千夏小姐。無論在哪裡碰到她感覺都一樣，即使當上議員也沒什麼變。她從以前就不是會擺架子的人，頓時鬆了口氣。

我問她：「如果訪客去搭議員專用電梯，會怎麼樣？」

「也不會怎樣啦。只不過看你遇上什麼人。有的人可能會一臉『這可是議員專用！』的表情。在外人看來也許像種差別待遇，可是會這麼安排也有它的道理。」

「？」

「因為會期中議員得在各個會場間趕場，所以才保留一部給『議員專用』。外來的訪客不了解這層原因，多會感覺不舒服。我倒覺得不如那部『議員專用』電梯別加標記，其他三部則寫上『訪客專用』，這麼一來感覺就不一樣了。還有，走廊上到處有寫著『前來會面者……』的規定標示，如果改成『訪客……』的話如何？只不過話是這麼說，要做這些

名牌下方的燈號可以讓人從室外確認室內冷氣（橘色）、電暖器（紅色）的使用狀況。

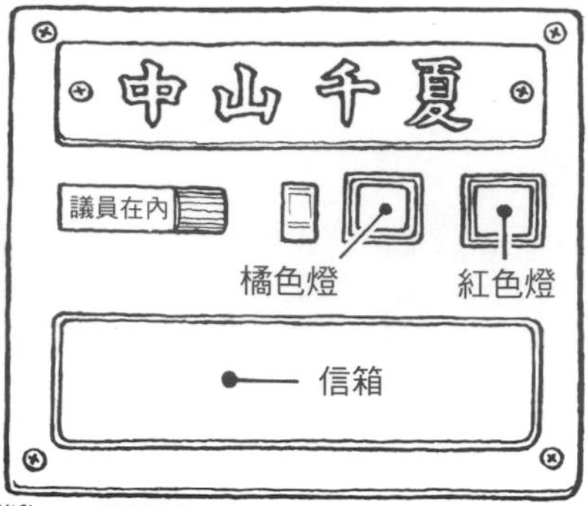
中山千夏
議員在內
橘色燈
紅色燈
信箱

走廊牆壁上的名牌

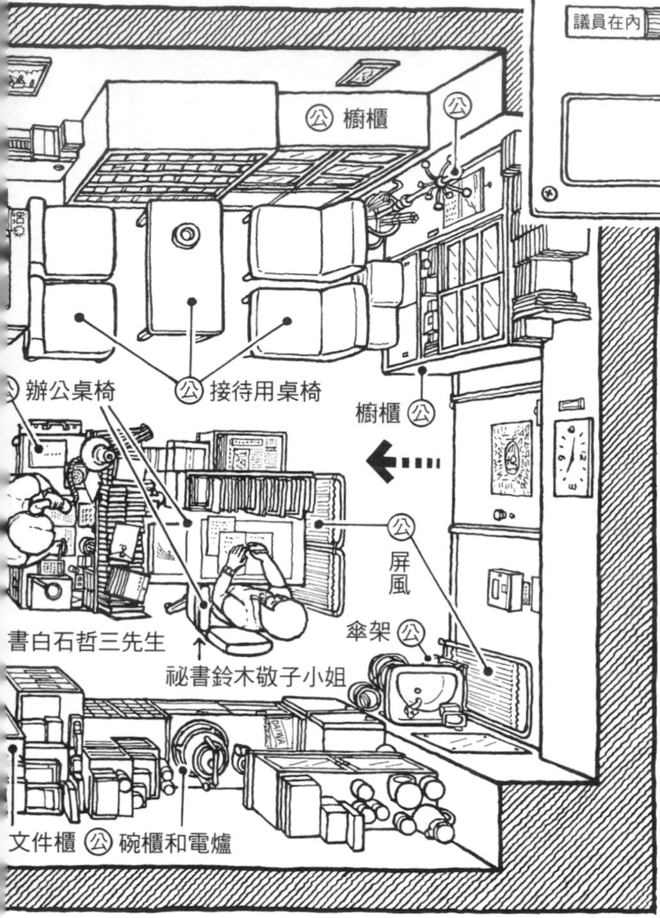
公 櫥櫃
公
公 辦公桌椅
公 接待用桌椅
櫥櫃 公
公
屏風
傘架 公
書白石哲三先生
祕書鈴木敬子小姐
文件櫃 公 碗櫃和電爐

改變又得花一筆錢，所以答案是『不行』呢。」

經過千夏小姐的一番說明就很清楚了，這裡畢竟不是一般大樓，而是以議員為主體的「議員會館」。

參議院議員會館的二樓到七樓共有兩百五十二間「議員辦公室」，間間相連。中山千夏議員的房間在三樓，這回來訪的目的不同於往日，所以從門口的名牌起就仔細端詳。

由於我問得太詳細，為確保答案的正確性，千夏小姐的第一祕書白石哲三先生索性從厚厚的《參議院議員會館營運規定》影印了相關內

千夏小姐是《地球通信》月刊的總編輯，執筆陣容有小室等、筑紫哲也、加東康一、林冬子、馬場浩一、矢崎友英、永六輔、矣吹申彥等人士。

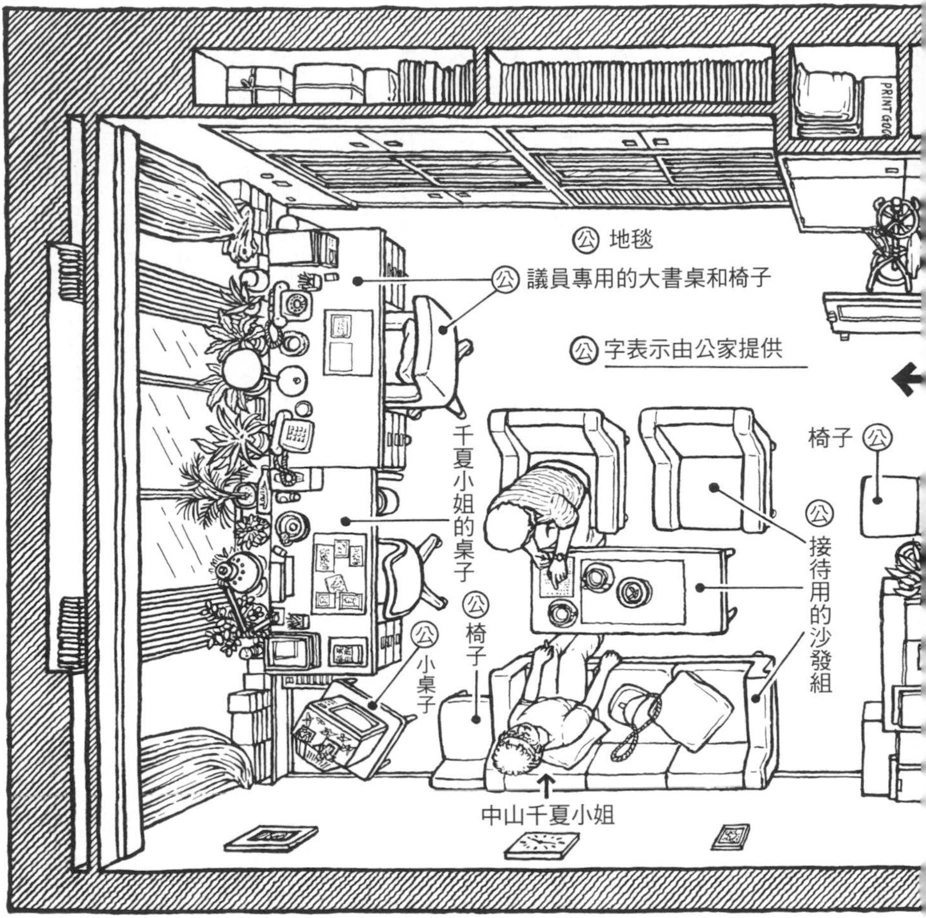

公 地毯
公 議員專用的大書桌和椅子
公字表示由公家提供
椅子 公
公 接待用的沙發組
千夏小姐的桌子
公 椅子
公 小桌子
中山千夏小姐

容和「議員辦公室用品一覽表」等給我。根據上面記載，每個房間的桌椅櫥櫃等公家配給品完全相同，這些設備絕不能搬出房間，也禁止替換成私人物品，只能依個人喜好調整擺設的位置。

我一聽馬上要求瞧瞧其他議員的辦公室，沒想到光從桌子擺的方向就可以看出每位議員的個性，有趣極了。有的議員希望能和訪客面對面，就把桌子朝向門，有的則讓人一進來就感受到議員的權威。

不過，千夏小姐的白色桌子是個人用品。

「因為議員用的辦公桌都是為男性設計的，對於身材嬌小的我來說太大了，坐椅子上雙腳總晃來晃去的，所以才搬來自己慣用的桌椅。可是又不能把公家配給的搬走，只好兩張桌子並排在一起。」

原來如此。現在女性議員雖然增加了，但桌子的大小透露出政界依然以男性為中心。

「在有關奈洛比『世界婦女會議』的報導中，有一篇的描述是：『從世界各地聚集來的眾多女性的井邊閒聊』。雖然知道這不是三言兩語就能說完的，但滿想聽聽千夏小姐的實際感受……。」

「是啊，有很多想說的呢。我正在寫，已經寫了八十張稿紙，還剩五十張左右。」

「會登在下一期的《地球通信》吧。」

「是啊，你一定要看喔。」

「一定，但現在還是請妳簡單說一下。」

「回顧十年前，也就是一九七五年，『聯合國婦女十年』經聯合國提倡而展開。首屆會議在墨西哥舉行，那次宛如是女性同志間的激烈衝突。對於西方各國所提出的『性解放、墮胎自主權等男女平等議題』，第三世界表示異議：『到底在說什麼！那種個人問題拿來這裡討論根本荒謬！應該要討論如何為只求溫飽的貧困女性爭取權利』，東方各國則提出：『西方國家的軍事擴張行動是威脅世界和平的元兇，必須討論如何加以阻止』，大家都堅持己見，僵持不下。好不容易才定下三個主題：『平等』、『發展』、『和平』。很抽象的題目吧。但每個議題都很重要，於是各國婦女決定在未來十年裡仔細觀察並共同努力看看。今年的奈洛比會議是『聯合國婦女十年』的最後一年，我也參加了，感想是『從激烈衝突到相互理解』的變化。相互討論彼此妥協，我想是最大的成果。各國女性之所以能超越彼此的對立與衝突，基本上是因為女性有共同的煩惱。特別是比起官方的『政府會議』，井邊閒聊式的『民間會議』似乎更能奏效。我覺得閒談式的溝通比較有效，比起講求形式的正式會議，更能聽到真正的心聲和智慧建言。男性那套光靠說理的會議進行方式不是唯一的方法呢。畢竟地球上的人類有一半是女性，所以無論男女，都必須找到不排他、能相互理解的方式。雙方之間若無法取得平衡，可是很危險呢。不但平等與和平難以維持，有時候光是一件小事也會形成阻礙的。」

千夏小姐態度一如以往，不做作地說出與會的感想。

反窺河童

喂！讓我窺看窺看！

中山千夏

◉中山千夏，一九四八年生於熊本縣。六歲進入兒童劇團，被視為天才少女演員。在電視節目中頗為活躍，一九七七年組成「革新自由連合」，一九八〇年在參議院選舉中當選全國不分區議員。著有《電車四十分鐘》、《雙人床》、《鏡子王國的愛麗絲》、《議員筆記》系列等書。

現在只要聽到看到「窺看」一詞，腦海裡就浮現河童先生的臉。自從《窺看歐洲》出版以來，連著好幾年都有「窺看」系列面世。那麼來想想，為什麼河童先生不用「看」的、而要「窺看」呢？

所謂「窺看」，多少有自己隱身而觀看的意味吧。這的確與河童先生會躲避聚光燈的性格相符，這點不論他自己或別人都同意。不過他可不是害羞的人。

我的朋友中也有「窺視狂」，是個愛從樹蔭窺看情侶的歐吉桑。看著這樣的他，最後會發現執著於窺視的自我反而會徹底地窺看到自己。結果因此去接觸了精神分析的學說。

窺看不就是這樣的機制嘛。也就是說，「窺看的人」實際上已經預備、預期也覺悟到自己會被人窺看。

所以自從寫了《窺看日本》的後記以來，這已經是第三次擔任「窺看河童」的任務了。可是最近老忙著窺看別人的河童先生幾乎都不在我面前出現了，即使我想看也苦無機會。喂！讓我窺看窺看吧！

不過呢，我也不是什麼好心的「窺看人」，而是個只看人不給看的「窺看人」。

倉本聰的小木屋

飛機一降落旭川機場，透過大廳的玻璃窗竟然瞧見倉本聰先生的身影。奇怪，我們並沒告訴他抵達時間啊？原來他迎接的對象不是我們，而是在電視劇《從北國來》裡飾演「螢」的中島朋子小姐，她要來這裡過暑假。

「我想河童先生大概也會搭這班飛機……。那麼，我們走吧！」

我們搭乘的計程車緊追在倉本先生的吉普車之後，直駛到富良野。

在北海道夏日的蔚藍晴空下，紫色丘陵綿延不斷。現在正是薰衣草的盛開期……。再怎麼不懂風花雪月的魯男子，見到這片景色也會跟平常人一樣心生讚嘆：「好美啊！」這裡的景致的確與「內地」大不相同。

抵達「富良野塾」後，首先讓我驚訝的是小木屋蓋得真氣派。更讓人料想不到的是，這些建築通通出自倉本先生和學生之手。實在是超乎我的想像。

木屋有五棟，第一第二期學生加起來共二十四位，還有三位工作人員，通通住在這裡。

倉本先生本人則是在回不了家的冬天或工作很累的時候才會在此過夜。聽說嚴冬時的氣溫可達零下三十度，要是沒有相當的覺悟和生活技能，恐怕無法在這裡生存。但如果只在夏季時來，反倒會以為大自然中的生活既豐裕又悠然。

「其實不是那麼美好吧。」

我問的時候心裡可是有預設的答案。

「冬天確實很冷，但不下雪的時候勞動更辛苦呢。學生從五月到十一月都不能休假，要從事耕種或酪農的工作。因為還得攢下冬天的生活費……。像負責早餐和便當的那一組，大清早四點半就得起床，然後全部的人六點半出去工作到傍晚五點多，回來還要做私塾的功課，吃晚飯後七點開始念書。」

聽到倉本先生這番說明，我終於說出心裡話了：

「要是我，大概早就逃之夭夭了。」

倉本先生笑著說：

「是啊，學生們都說『這裡施行的是民主奴隸制』。」

聽說去年四月的開學典禮是在暴風雪中舉行的。那時候校舍只有一間，是廢棄空屋改建的。從那樣的條件開始，大家胼手胝足慢慢親手搭建出宿舍和當教室的木屋。在那期間，

作為宿舍的小木屋

「宿舍」的隔壁是「食堂」。食堂的半地下室有兩間浴室。稍遠的老舊儲藏庫旁則蓋了宿舍的「儲藏室」。今年秋天預定要買三匹馬，所以正在蓋「馬廄」。「馬場」則已經完成，與四周景色完全融合為一。

暴風雪常將帳棚吹得啪噠作響搖搖欲墜，營火的灰燼四處飛揚。一直生活在都會裡的年輕人到了這種環境，不知道接下來會是如何，因此心中滿是緊張和不安。

「我也一樣會不安啊。但是在這種地方沒有人能幫你，一切只有靠自己的腦袋和雙手。希望他們能從中捕捉到最深層的感動……。」

接著，倉本先生談到他在這裡成立「富良野塾」的動機。

「富良野塾」的宿舍外觀

（1985 年 1 月完工）

原本是從加拿大進口的北洋木

從開始鋪設石頭地基到完工，只花了三個月。而且只靠三個人六隻手。

因為我想看看「富良野塾」的整個兒全貌，於是爬到對面的山丘上，往下俯瞰。其中有以農家廢棄的屋舍改造而成的「管理組」，還有只靠兩個人的力量、花了五個月建好的「教室」。

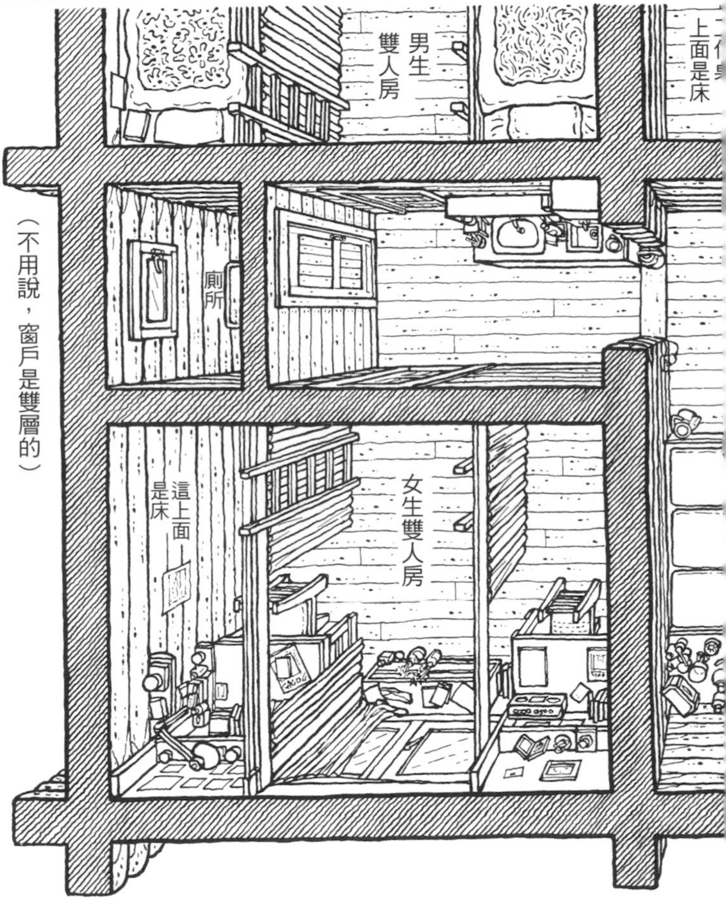
（不用說，窗戶是雙層的）
男生雙人房
上面是床
廁所
這上面是床
女生雙人房

「我能教給他們的實在微不足道。我希望他們能透過接觸富良野的大自然和人們，學到對演員和劇作家來說最不可或缺的『感動』。此外，也希望他們能打從心裡認定這間私塾是靠自己雙手創立的。」

倉本先生在今年的第二期開學典禮上便談到以上想法。

正如他所說，這裡徹底採行自主管理和共同生活的方式，為期兩年，不需要任何學費，但是全體學員白天必須外出從事農作，收入則由學生統籌管理。

「一天的餐費大概是兩百八十圓。」

聽到這數字著實嚇了一跳，不禁聯想到斯多噶學派的禁慾生活。

「出去做農事時，學生會把不能賣的蔬果殘葉帶回來，經過一番處理就美味極了。那些菜乍看之下爛爛的，其實只是賣相不佳，而且剛採收的正新鮮好吃呢。就以南瓜來說吧，來這裡前壓根兒不知道南瓜竟然這麼有滋味。」

他們的飲食生活比我想像的來得豐富。和都市生活裡所花的兩百八十圓截然不同。

「是精神上的奢侈。」

這樣的話從倉本先生口中已說出兩三次了，實際來到這裡才真正體會到它的意思。

遼闊的大地上零星散布著幾棟木屋，背景是深山裡常見的落葉松和針葉松森林，給人很強烈的存在感，實在奢侈。

食堂裡的木桌木椅很有味道，與電影《卡門》中出現的桌椅一模一樣。

「是啊！因為想做那樣的桌椅，所以就……。」

「什麼！連椅子也是這邊自己做的嗎？」

「是啊。」

這句輕描淡寫的回答，聽在什麼都用錢買、除此之外不做他想的我耳裡，實在很震撼。

「電視節目說起來好像是以全國觀眾為對象，其實所有構思都是從都會的角度出發，根本沒把住農村的人考慮進去。我也是在這裡生活後才深刻感受到這點。身在什麼都能用錢買到的都市中，能懂這些住在沒瓦斯沒自來水的土地上的人是怎麼想的嗎？」

我想起從前倉本先生接受採訪時的回答。他也提過這樣的事情：

「電視節目實在太多了。竟然有想『爭取百分之三十收視率！』的節目，真是有毛病，不知道他們在想什麼。百分之三十，意思是三千萬名觀眾哦。書賣出五十萬本就已經算是大暢銷了，提出這種要求根本就不合理嘛。」

「雖然我本人不認為電視劇是什麼藝術，但它如果不是製作者瘋狂投入下的產物，恐怕也無法感動觀眾吧。」

明年四月起，名為《咖哩飯》的電視劇即將上檔，目前正在拍攝中。據說開拔到加拿大出了三個月的外景，劇中也有建造木屋的場面。

久違了，倉本先生的作品。

反窺河童

天花板上的河童先生

倉本聰

望著一位已意識到自己正被人觀看的人，沒什麼快感可言。觀看一位不知道自己正為人注視的人的行為，就有趣多了。但人類是很愚蠢的，總以為能在別人面前掩飾自己，所以若要看到一個人的真面目，就得找到空隙才成。

空隙。換句話說就是他疏忽的時候。

放在空間上也是同樣道理。

人對門窗總會多加注意，但對頭頂上往往疏忽大意。特別是

◉倉本聰，一九三五年生於東京。在「日本廣播」工作後成為劇作家。因《給母親的信》、《六海鷗》、《從北國來》等聞名。一九九七年移居北海道的富良野，一九八四年起為了培訓演員、劇作家，成立「富良野塾」。

室內。天花板常是被忽略的死角。

河童先生的視線總是從死角出發，扼要地點出人們的生活。

我從很久以前就有個無法實現的夢想，就是希望死後從自家的天花板仔細觀看前來我家守靈的人的行動，然後再升天。最近突然又想起這件事，爬上天花板一看，沒想到河童先生竟然已經在上頭了，一個人默默把眼下的狀況透過一個小洞邊看邊寫生畫下，不管怎麼叫他都相應不理。仔細一看，連「中村敏夫……三千圓」「杉田正道……壹萬圓」等奠儀的金額都記下了。原來如此啊！河童先生也深切感受到世間的無常，所以連這些都畫下來。您眼力真好呀，我抱著這種異樣的感動成佛升天去了。

這就是我腦海裡所浮現的光景。

但不知道為什麼，天花板上的河童先生身旁擺著一碗吃一半的泡麵。（編按：關於河童先生同時試吃二十多種泡麵的軼事，在《河童旅行素描本》中有詳細記述。）

岩崎一彰的天文台

每隔七十六年就會接近地球的哈雷彗星，上一次來是一九一〇年（明治四十三年）。當時所引起的大騷動是現在無法想像的。讀當時的報紙可以發現，報導內容客觀冷靜，但民間的傳言可就不同了，什麼「彗星即將撞上地球！」、「地球上的人類幾乎都會滅亡」、「大家會缺氧而死」等等，駭人聽聞的說法到處流傳。

至於為什麼會有那類謠言傳布到世界各地，是因為法國天文學家富蘭馬林發表了極具震撼性的學說：「由於哈雷彗星的長尾巴含有劇毒的氣體『氰』，接近時會掃過地球，人類可能會因此滅亡。」

「真過分！這種沒證據的事情不應該隨隨便便就發表出來！」

雖然也有學者否定那樣的說法，但世人已經受到這個預言強烈衝擊，一時也平息不了不安與恐慌的心理。另一方面，許多商品利用這股騷動來宣傳促銷，就跟這次的情形一樣，都有人趁著「哈雷彗星」的話題進行商業活動。

雖然也有人對這種現象覺得不快，但我想人也不是事事都得那麼嚴格的，「也沒什麼不好嘛」。而且因此契機，對天文產生興趣、思考宇宙問題的人增加了，這也未嘗不是好事。

關於這些，有個人的意見我一定要聽聽看。

那就是宇宙畫家，同時也以天文學家的身分聞名的岩崎一彰先生。

我趕緊撥了電話請教，結果：

「實在不想跟著商業的節奏起舞，捲入愚蠢的騷動中，但我想若藉此機會，能想想宇宙中的地球，也是不錯啊。」

我們的想法完全一致，真是高興，於是便飛奔到大阪市城東區岩崎先生府上。

突然提及「岩崎一彰」先生，也許有人沒聽過，不過他的「宇宙畫」可是讓美國太空總署（NASA）的專家們看了都大為吃驚。因此，應該覺得在哪裡見過……。就算沒看過那幅畫，那也一定見過岩崎先生另一項本行——包裝設計的成品，這數量可就非常龐大了，多到無法一一列舉。例如大家熟悉的「好侍食品」（House）的各種咖哩和玉米脆片、速食麵「王風麵」等等。這次就以「哈雷彗星」為由，窺看這位宇宙畫家的工作室。

知道他在自家屋頂上安裝了自製的四十五公分大望遠鏡，尤其讓人吃驚。該座天體望遠鏡不論是設計或鏡片的研磨，全都是岩崎先生一手包辦。

岩崎先生的宇宙畫可不是什麼科幻作品；若不是實際觀察研究天體的人根本畫不出那樣的畫。他的作品十分精彩，得到極高評價。

他讓我看了由這座望遠鏡拍攝到的星星和月亮的影片，感覺上好像與宇宙間的距離突然縮短了。而透過岩崎先生筆觸精密的「宇宙畫」，讓我對浩瀚宇宙中的小星球之一「地球」又有了另一番感受。

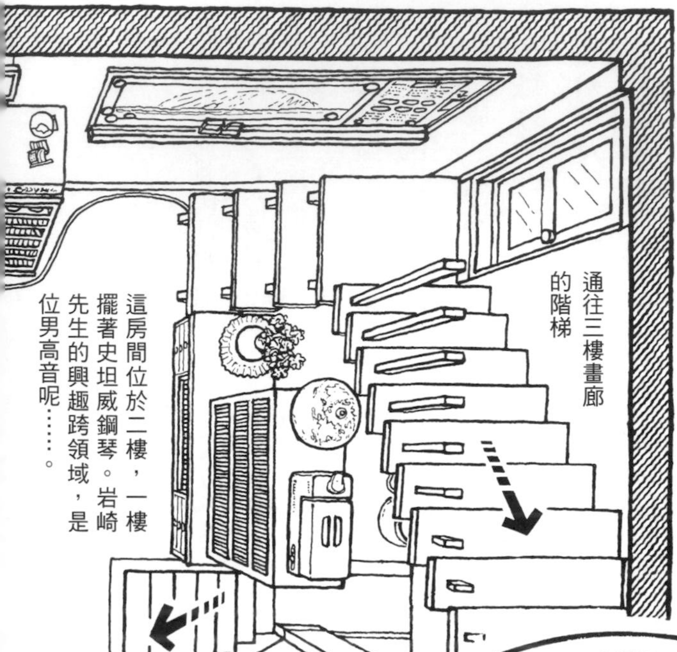
通往三樓畫廊的階梯
這房間位於二樓，一樓擺著史坦威鋼琴。岩崎先生的興趣跨領域，是位男高音呢……。

五公分特殊望遠鏡。第二大的。

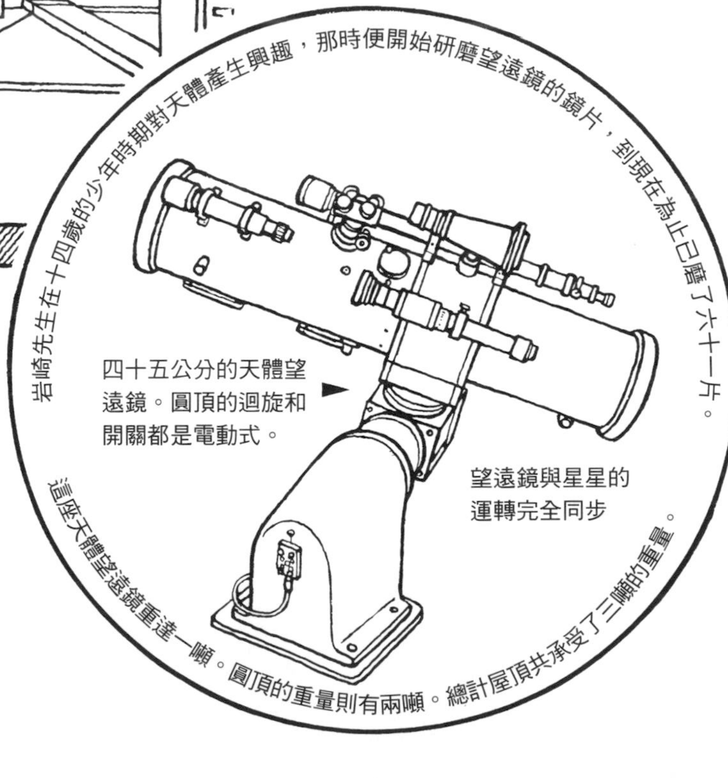
岩崎先生在十四歲的少年時期對天體產生興趣，那時便開始研磨望遠鏡的鏡片，到現在為止已磨了六十一片。
四十五公分的天體望遠鏡。圓頂的迴旋和開關都是電動式。
望遠鏡與星星的運轉完全同步
這座天體望遠鏡重達一噸。圓頂的重量則有兩噸。總計屋頂共承受了三噸的重量。

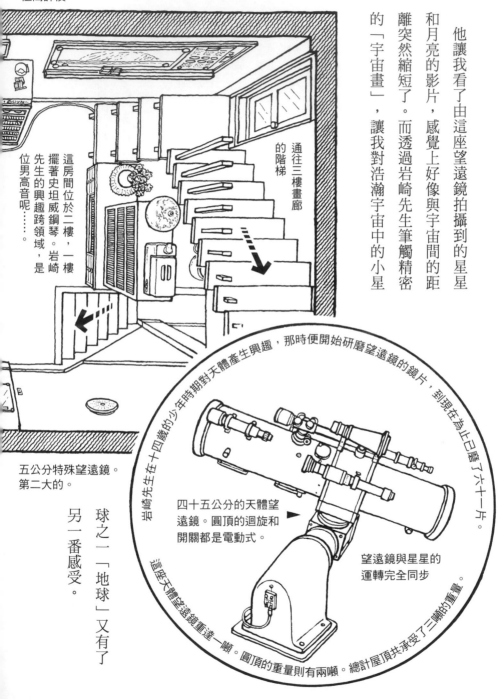

左圖為岩崎先生所繪製的《自忒梯斯衛星的赤道附近所看到的土星》（編按：忒梯斯的中文名為『土衛三』）

如同傳言，果然可以看到街道的正中央矗立著一個半球形圓頂的天文台。白天的工作是包裝設計，晚上則是一邊聽音樂一邊觀察天體。

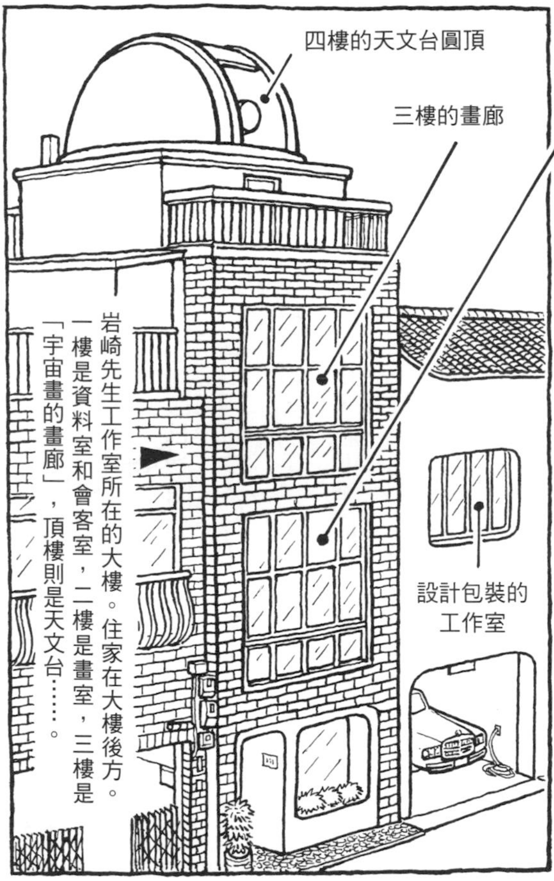

四樓的天文台圓頂
三樓的畫廊
設計包裝的工作室
岩崎先生工作室所在的大樓。住家在大樓後方。一樓是資料室和會客室，二樓是畫室，三樓是「宇宙畫的畫廊」，頂樓則是天文台……。

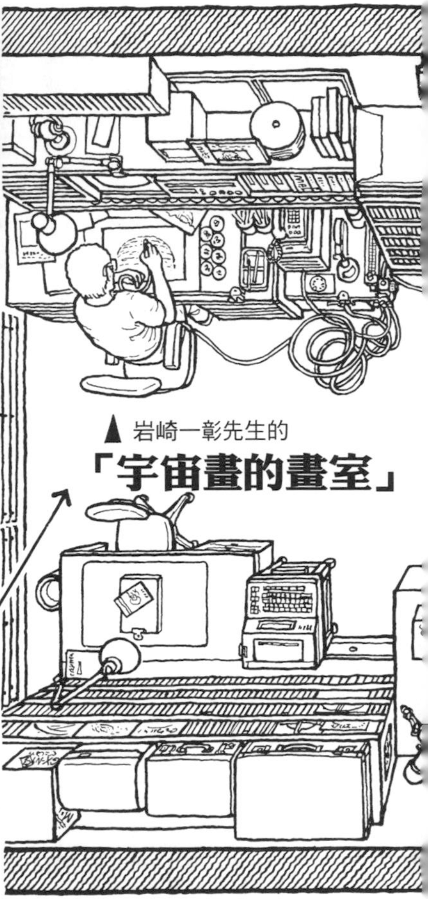

▲岩崎一彰先生的
「宇宙畫的畫室」

今年秋天要更換成比現在更大的六十
這在日本是個人擁有的天體望遠鏡中

「就是說啊。例如國境線之類的，就算地圖上有畫，也是人類自己弄出來的，地球上根本沒那種東西呀。那些為了國家利益而進行的爭戰，說是為了保衛國家，其實是人類自己在醞釀毀滅地球的可能性。對宇宙認識愈多，愈覺得『地球』對我們而言，實在是顆寶貴且無以取代的星球。」岩崎先生的這番話是立基於宇宙來感受地球的存在，因此更是深具說服力。

現代人類會親手將地球導向滅亡的不安總是揮之不去，也不知何時會有什麼東西從天上掉下來。這麼一來，想到一九一〇年時人們因迷信「地球末日」而驚恐不已也就笑不出來了。其實現代才更恐怖。「科學的進步的確像把雙刃劍。可是，我們生活上受惠於科學的進步還真不少。這個電算機就是一例。集合這些科學研究的成果來觀測下次哈雷彗星的到來，進一步了解包圍著地球的宇宙之謎。多了解宇宙的現象，愈讓人體認到地球真的是一個『重要的星球』。觀測天體就是為了要保護我們的星球——『地球』；希望大家能用這種想法來關心宇宙呢。」

我發覺熱情說明的岩崎先生最喜歡的三個字就是「宇・地・人」。

反窺河童

「垂直型人類」的同志

岩崎一彰

喜歡由上往下觀看各種事物的妹尾先生，以及好從下直直往上瞧的我都屬於「垂直型人類」，而且都很講究正確度。

妹尾先生在採訪時的活潑和俐落讓我留下了深刻印象。我知道他是很清楚地抱著信念前來採訪的，所以也跟著非常帶勁。雖說是「窺看工作場所」，卻不只探訪工作室，而是透過對我工作室的報導來展現妹尾先生的信念。

採訪時除了用捲尺丈量大小，同時還拍了許多照片，畢竟不這樣還真是畫不出那麼細緻的圖。

我的情況也是，例如要畫哈雷彗星可不能光用「想像圖」當資料。畫的時候無論如何還是需要實物，至少得有照片，否則自己實在扛不起這個重責大任。

妹尾先生應該和我一樣常在夜裡盯著許多照片，執著於正確度而畫著圖。有時即使因此疲憊不堪，卻仍然樂在其中……。

◉岩崎一彰，一九三五年出生於舊滿洲（中國東北）。除了在包裝設計界十分活躍之外，以天體畫家身分受到美國太空總署和國際間極高評價。個人所擁有的反射望遠鏡規模在日本可說屈指可數，就設在橫濱（一九八五年是在大阪）市內的大樓頂樓，在日本國內是數一數二的天體觀察家。

水木桂子的珊瑚礁

為了採訪「水木桂子小姐」，我去了一趟沖繩。同她在名為「本部」的北部海域游泳，欣賞海底的珊瑚礁。

桂子小姐其實是美國人，是位在沖繩研究珊瑚礁生態的海洋生物學家。父親是捷克人，母親是保加利亞人，本名叫卡特日娜．穆吉克（Katherine Muzik），以英文發音的話是「凱薩琳．謬吉克」……。她給自己取了個「水木桂子」的日本名字，不僅一口流利的日語，連沖繩方言也沒問題，徹底融入了當地的生活。

她今年三十七歲，四年前突然決定來沖繩。

「當時我語言完全不通。沒朋友。非常寂寞。浪濤聲彷彿母親的聲音一樣，給我安慰。後來一點一點學會了日文，也交到許多朋友。大家都是很棒的人。我現在非常happy。」

她說有許多很棒的朋友，有件事可以證明。

六月二日到十三日間於大溪地舉行「國際珊瑚學會」。當時為了送她去參加，有群人成立了一個「三五會」，打算舉辦活動好募集基金。發起的三十五位委員都與珊瑚有些因緣，有復興沖繩「芭蕉紙」的勝公彥先生、爵士鋼琴家与世山澄子小姐、泡盛（編按：沖繩特產的燒酒）公司的社長們、豆腐店老闆、漁夫、農民等各行各業人士。剛開始是三十五人，後來慢慢增加，最後有一百七十人。大家都是因為欽慕「桂子」——也就是凱薩琳小姐的人品而聚集在一起，每人一律出資一萬日圓，總共是一百七十萬。再加上募款活動當天在會場募集了約三十萬日圓，據說裡面還夾雜著小朋友們捐出的一圓鋁幣和五圓銅板，最後籌得兩百萬日圓交到她手上。

當時在場的人向我轉述她的致謝詞。

「謝謝大家。真的很高興。不過這筆錢不是為了我個人，也不是為了沖繩人和珊瑚。我覺得這是為了人們的未來而募集的重要款項，我是為了這目的去使用的。真的謝謝大家！」

有了那筆捐款，她才得以參加在大溪地舉辦的學會。

我在首里與發起人之一勝先生碰面，因為想問問看在那次活動後三五會和桂子小姐的事情。結果竟然是：

「那個會啊，之後就解散啦。」

「咦？為什麼？」實在讓人吃驚，他卻若無其事地說道：

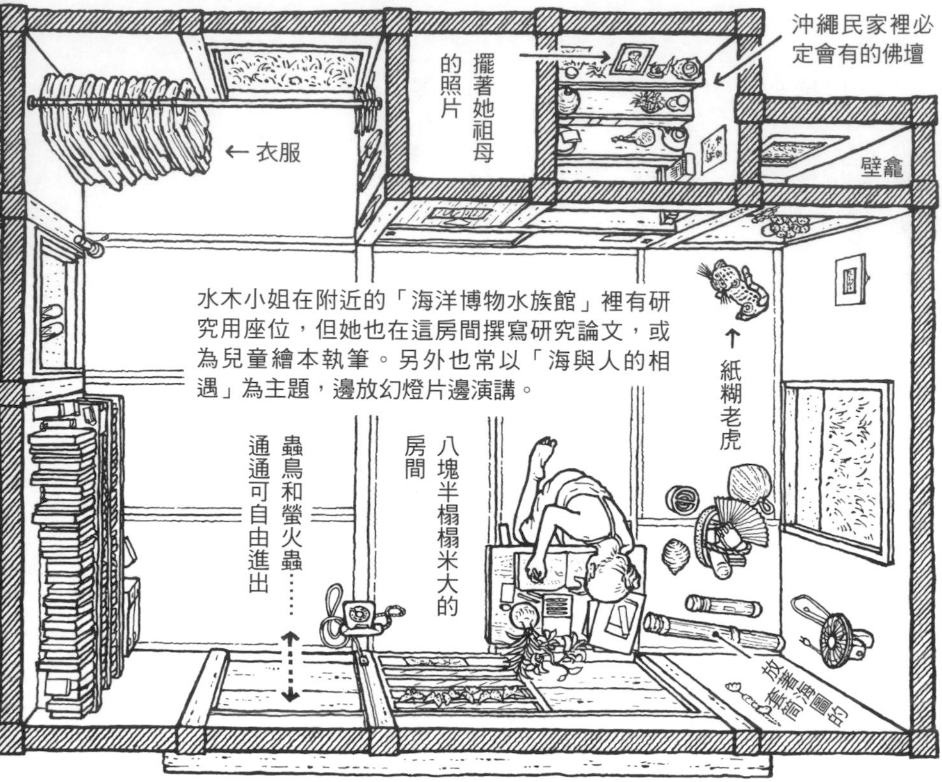
沖繩民家裡必
定會有的佛壇
擺著她祖母的照片
← 衣服
壁龕
水木小姐在附近的「海洋博物水族館」裡有研究用座位，但她也在這房間撰寫研究論文，或為兒童繪本執筆。另外也常以「海與人的相遇」為主題，邊放幻燈片邊演講。
↑ 紙糊老虎
八塊半榻榻米大的房間
蟲鳥和螢火蟲……通通可自由進出
放著海圖的套筒

「那時組會的目的就是為了送她出去嘛，而且之後也沒人堅持要維持那個會呀。」

「再說，她回來後也沒人要求她向大家做報告呢。畢竟那是我們擅自成立的，大家不想讓她有背負責任的壓力……。」

真是一群善良又不凡的人啊。這番話可不是隨口說說而已，我真的很感動。

凱薩琳小姐說：

「我有很多非常棒的朋友！」

相對地，她的朋友也都說：「那是因為她人品好啊。」

從她身上，可以清楚看到當地人

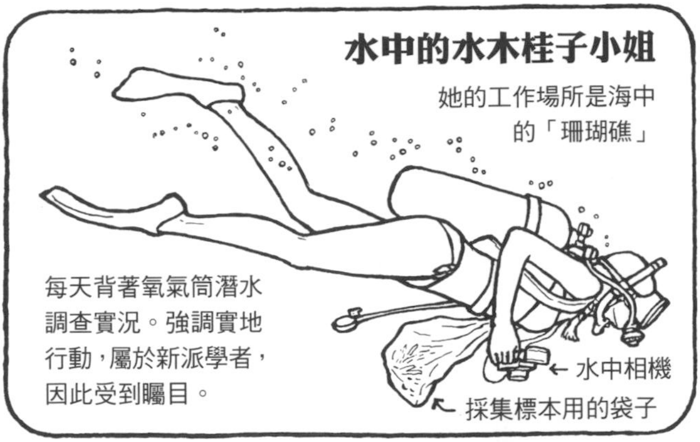
水中的水木桂子小姐
她的工作場所是海中的「珊瑚礁」
每天背著氧氣筒潛水調查實況。強調實地行動，屬於新派學者，因此受到矚目。
水中相機
採集標本用的袋子

我來訪的那天也是精力充沛地去工作，潛到三十公尺深的地方去採集標本。

廚房

房子的外觀
她說：「非常喜歡這房子。」
◀ 廁所浴室在左邊……
鏡子
避邪物
廚房
剛開始的時候，潛入海裡卻沒帶任何獵物回來，隔壁的老婆婆覺得非常不可思議：「那幹嘛要去潛海？」現在好像已經頗能理解了。

的氣質面貌。

桂子小姐住在一間還留有沖繩古老民家風味的小房子裡。

「我的漁夫朋友說啊，從前捕得到很多魚，珊瑚礁也長得健康，是很好的魚礁。但現在珊瑚礁死了，魚兒的住處也漸漸沒了，就算出海也常空著船回來呢。實在可憐啊。讓人難過的不只是他們的生計，一想到他們的子子孫孫就更難過了。」

桂子小姐說：

「來沖繩玩的人都覺得這裡的海很漂亮。從外表來看，會覺得不論天空或海的顏色都與日本本土大不相同，真是美極了。可是潛到海裡就會發現事實並非如此。河童先生明天要不要也到水裡看看？」

隔天早上我們便搭船出海潛水觀看海底狀況。原本長著珊瑚礁的地方都已經一片白化，讓人看了很不舒服的白色一直往前蔓延。

其中有幾叢活珊瑚零星散布著，桂子小姐一發現就在水中指著該處打信號：「這裡有，看這邊！」的確和剝落露出石灰質的珊瑚殘骸不同，有綠的有粉紅的，顏色繽紛美麗。沒想到死珊瑚和活珊瑚的差異如此之大。

以我淺薄的了解，珊瑚像是海中的樹木，但與植物不同的是，它靠攝食微小的浮游生物維生。不過我卻不知道它是如此敏感脆弱，會因為環境變化而滅絕。由於珊瑚不能動，當然就沒辦法逃離汙染的海域移動到別處，因此在人類注意到海洋的荒蕪之前，珊瑚早已敲起無言的警鐘了。

現在石垣島正進行以利大型噴射機起降的跑道擴張計畫，即將延伸到海邊的「白保」。

白保是沖繩群島中珊瑚礁狀況保持得相當好的海灘，但為了擴建計畫必須用水泥埋起來。這不僅威脅到漁民的生計，更會把受觀光客喜愛的美麗沖繩海岸破壞殆盡。原本期待透過擴建工程招攬更多的觀光客，結果卻導致「觀光之珠」的海域遭受破壞，真是諷刺極了。而且海洋一旦死去，是再也無法起死回生的。

「有人認為珊瑚是因為鬼海星大量繁殖而死亡的；但最糟糕的是人為破壞。除了工程的進行以外，農藥和紅土外流、石油和重金屬的汙染等等都是禍因。我絕不是在倡導必須完全保護自然。在大溪地的『國際珊瑚學會』中也有報告指出，世界各地都面臨了相同問題，但夏威夷和澳洲等地正在思考，如何以不破壞海洋生態為前提，多花時間、多用心思去進行開發。我是外國人，因此最終還是要由沖繩的民眾來決定珊瑚礁的命運。但是我想說的不只是珊瑚的事而已，最重要的是占了地球面積百分之七十的海洋。大海是萬物之母。這與國界無關，大家都是因為海洋而連結在一起的。」

懷著崇拜水木桂子小姐的心情，我結束了這趟採訪。

反窺河童

從細節到宇宙都逃不過河童先生的眼睛

水木桂子

雖然是第一次與河童先生碰面，卻感覺像認識很久的朋友，兩個人聊得很起勁，直到深夜。我是個外國人又是女的，加上日文不是很好，河童先生卻能克服這些障礙，很能了解我說的話。

他不但懂我說的話，而且不只表現他的關心，對於所有一切都感興趣，連晚餐餐桌上的當地食物都好奇得很，邊吃邊問，不一會兒就全部吃得精光，讓人在旁邊看了都覺得愉快。他尤其覺得循古法製造的「備瀨豆腐」稀奇，因為現今罕有用海水來做豆腐的了。而沖繩特產的芋頭和木瓜也頗得他的歡心。

隔天早上，河童先生便把我家查個一清二楚，更驚人的是連屋外也沒放過，都畫入素描簿裡。

採訪可不只這樣，還拜託漁夫出船，跟我一起去潛水。河童

◉水木桂子，一九四九年生於美國。在波多黎各度過親近海洋的幼年和少女時代，之後遨遊各地繼續珊瑚的研究，在美國杜克大學取得碩士學位、邁阿密大學取得博士學位。一九八一年起住在沖繩的備瀨，研究「Happou」八角珊瑚的分類和生態。

先生雖不像他的名字那樣擅長游泳，也穿戴上呼吸管和蛙鞋潛入海底，很熱切地想親眼瞧瞧、親手觸摸那些我以口頭和照片所說明的珊瑚。

我還讓他看了沖繩近海到處可見的珊瑚礁殘骸。每當我見到人類對這無可取代的美麗海洋生態所造成的破壞，總是非常悲傷失望，而河童先生似乎也和我有同樣感受。

河童先生對於人生旅途上所遇見的一切細節都趣味盎然，除了感受其魅力之外，更加以欣賞，甚至愛不釋手。透過對細節的執著，進而擴大漸漸延伸到地球全體，甚至再擴展到包含一切的宇宙吧。

我想，同樣的想法也能放在珊瑚上。珊瑚真的十分微小，可是當許多珊瑚靠攏成為珊瑚礁的時候，就成了魚類的住處，還提供牠們食物，且有保護島嶼環境的作用。

然後在島上孕育了樹木、河流、花朵、蝴蝶、螢火蟲、鳥，還有人類、蒜頭、泡菜和音樂。

河童先生對一個個細小的東西都感興趣，結果對細小東西所堆疊出來的「協調的全體」更是喜歡得不得了吧。

河童先生實際採訪的時間連一天都不到，卻在這濃縮的時間內看到了一切。

他不只細密地畫下了我的工作室，甚至窺視了我內心深處所感應到的一切，不僅激勵了我，更讓我留下深刻的印象。

佐伯義勝的攝影棚

最近常看到「一億圓總美食時代」、「飽食時代」的標題，不只是婦女雜誌，無論哪種週刊都一定會刊登美食照片。

但那樣的料理可不是每天都吃得到，另一方面，精緻豪華的飲食至今仍與小老百姓距離遙遠。不過那種照片已經不像從前那麼容易引起飢餓感，或讓人有欲求不滿的感覺。因此不論在精神面或經濟面上，都可以說是進入「飽食時代」了吧？

我雖然不是什麼美食家，可是因為貪吃，就算剛吃飽還是喜歡瞧瞧美食照片。我把這稱為「眼食」，好像有點故意把貪吃講得模稜兩可，有矇混的企圖……。總之，只要看到好像很好吃的料理照片，不管是否真吃得到，整個人就會很happy。

所以我在看美食照片時常會喃喃自語「好像好好吃喔」、「真想趁熱吃一口哪」等等。有時過於投入「眼食」活動，翻雜誌時會在「看起來很好吃」的那一頁夾書籤，結果發現做記號的照片壓倒性地出於某攝影家之手。會這樣也是理所當然，因為他就是鼎鼎大名

隔壁有一間和這房間一樣大小的準備室。一整面牆都是冰箱。

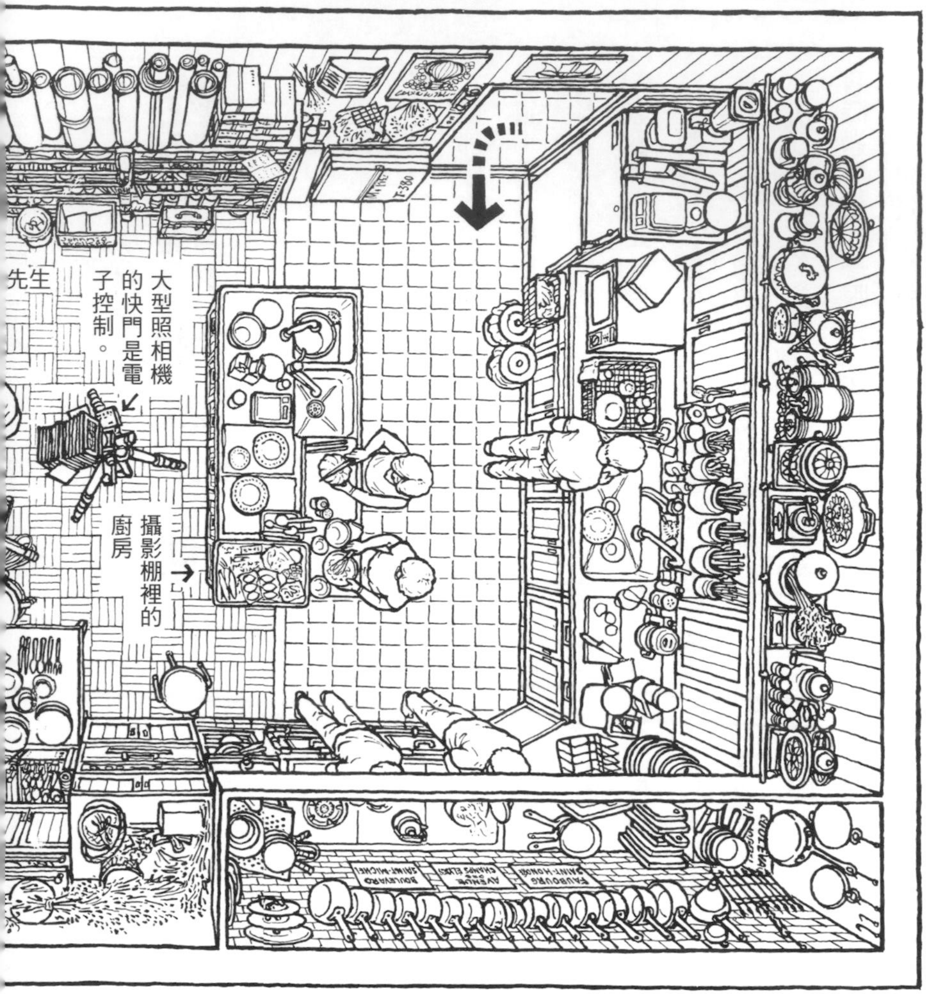
大型照相機的快門是電子控制。
攝影棚裡的廚房

的料理攝影家佐伯義勝先生。

那些照片不論是熱騰騰的蒸汽、冰涼襲人的冷氣、剛出爐而燙舌的熱度等，溫度的表現就不用多說了，從材料的鮮度、擺飾，到凸顯料理的食器、充當配角的小道具等等，每個細節通通配合得天衣無縫。

以前我就從幾位編輯那裡聽說，這些照片的拍攝祕訣在攝影棚，因此前往參觀拜訪。

攝影棚的架子上擺著許多各國的磅秤，每個均可看出來自不同的地區和時代。他說：「是啊！覺得有趣，就一個個都想要了……。也有花了好幾年功夫才到手的。」我也是超愛收集東西的人，但還是比不上佐伯先生。「那你現在迷什麼？」「現在喜歡讓視聽音響所發出的高密度影音環繞。喔，還有收集帽子。」這兩項都跟攝影沒有直接關聯……。佐伯先生笑著說：「我常對弟子們說：『攝影不能光學技術。』沒有好奇心和好玩心的攝影家沒有個性，拍出來的東西會很無趣。」目前從佐伯先生那裡習得拍攝佳餚竅門、獨立門戶的攝影師已經有二十二位。

佐伯
REFINE!

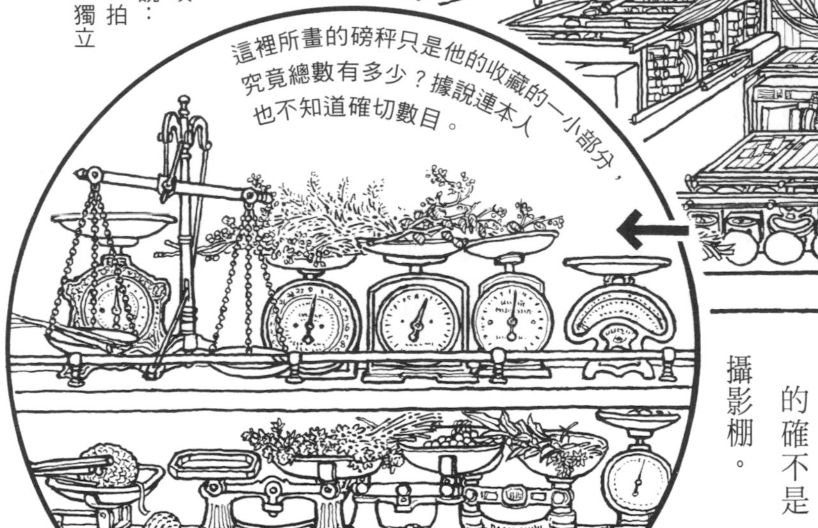
這裡所畫的磅秤只是他的收藏的一小部分，
究竟總數有多少？據說連本人
也不知道確切數目。
的確不是一座尋常的攝影棚。

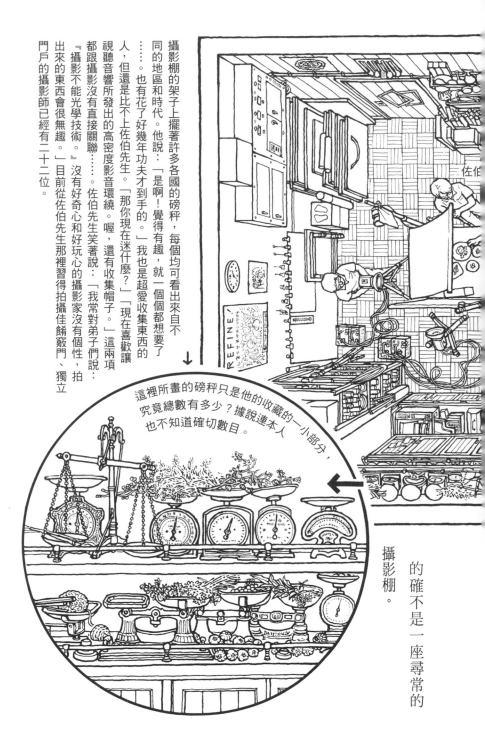

感覺像在攝影棚裡設置了餐廳用的專業廚房。冰箱是不鏽鋼的業務用大冰箱，牆壁上整齊地掛著大小鍋子，連微波爐和水槽都意外地講究。

佐伯先生曾說：

「為了想讓相機吃到料理最美味的部分，所以才設計了這樣的攝影棚。」

不只如此，除了攝影棚外，車庫裡那部吉普車也是為了「拍出好吃照片」而添購的。

「如果要拍攝葡萄結實纍纍的樣子，與其把摘下來的水果搬來這裡，不如直接到葡萄產地去棚子下拍，效果會更好。」

載滿沉重的攝影器材爬山路，這時四輪傳動的吉普車是最適合不過的了。

「料理是有生命的，由不得我們蘑菇、浪費時間。教我了解這層道理的是懷石料理店『辻留』。若沒有一氣呵成地裝盤、在幾秒內拍下熱騰騰的感覺，那可不成。所以拍鹽烤香魚的時候，會喊著：『要去了要去了』，然後端著香魚跑過來：『快快快，快拍』。照片要是不能讓看的人覺得『看起來好好吃』，那就完全不行了……。這就像在下注一樣。」

我曾讀過一篇報導，介紹攝影棚的地下室裡收藏著眾多餐具：「簡直像餐具批發商，種類相當齊全。」要求下去參觀，果然目瞪口呆。不單數量和種類繁多，品質更是上選。而且不只餐具，連裝飾餐桌的小道具都齊備，而且個個背後似乎都有段故事。例如西班牙木雕水壺、葡萄牙勾枝花草紋燭台等，傲然立在櫥裡，宛如往日紅極一時風華絕代的藝人。

他說：「這些到目前為止都還沒用過。」

外國電影有時會請硬底子老演員以串場的方式露一下臉，說起來還真是浪費；這些道具大概就像那樣，是用來襯托身為主角的料理吧。它們要在佐伯先生的照片裡登場，可能得等上好幾年才輪到一次。

「是呀。有時候可能只出現在右邊一個角落……。像這座燭台我就非常喜歡，但說不定照片裡只會出現它的影子。」

聽了這些話，我好像窺探到佐伯先生拍攝料理照片的祕訣。在所謂的技術層面之外，要拍好一張照片背後得要有更深層的累積。

佐伯先生的收藏不只餐具、鍋子、廚房用品、桌上飾物等，另外還有兩處地方堆滿不同國家、地方與年代的餐具、桌椅等家具，連農具都有，以及各式各樣的古董。這些已經和料理領域沒有直接關聯了。這種徹底執著於自己嗜好的精神正是他拍攝這些照片的根本。

「說到執著，我倒不會堅持『哪道菜一定要到哪裡吃』。因為年輕時正是物資缺乏的飢餓時代……，所以現在吃什麼都好。就算拍攝料理照片時，也是把最好吃的狀態留給相機，即使拍完菜變冷了、甚至融化了，我也吃得津津有味……。我可不像一般人所想的呢。」

「留給相機吃」的話出現過好幾遍，我這才恍然大悟。原來照片就是要呈現食物最美味的狀態供人「眼食」的。

反窺河童

同病相羨

佐伯義勝

當有人讚賞自己的工作時，任誰都會覺得心情愉快，特別是對方觸及不為人知的辛苦之處，除了有點不好意思之外，還會很感欣慰：「啊～果然世上還是有能了解的人啊。」河童先生所寫的報導，對我來說實在是最高的讚賞。

然而，當讀到最後一篇「河童先生的房間」，吃驚已不足以形容我的心情。想不到活到這把歲數了，還能遇到二十五年前的同好。當時我一心想得到法國大革命時市民用的槍、波坦金戰艦（Bronenosets Potyomkin）的水兵鐵砲、墨西哥革命家札巴塔（Emiliano Zapata）的手槍。可惜日本槍砲管制之嚴堪稱世界第一，當然無從取得。光收集瑞士國民兵用過的施密特魯平古槍、英國陸軍的古老軍槍，標示著溫徹斯特機關槍公司的商標、令人懷念的八角槍身古槍，就費了我九牛二虎之力。（基於槍砲管制規定，為了盡量避開他人耳目，這些通常都收櫃子裡，直到數年前才捐贈給種子島的槍砲博物館。）接下來我希望擺到房裡的有英國、澳洲、普魯士陸軍的古董鋼盔、拿破崙禁衛騎兵頭盔和軍旗等。這方面我和河童先生一樣，只要是那時代的東西，就算是殘片也好，都想拿在手裡好好欣賞把玩。

雖說上了年紀才碰到像河童先生這樣「同病相羨」的人，依然是件幸福的事。假若將來我比他先走一步，我想徒弟們大概會馬上找河童先生來，讓他到倉庫去挑選喜歡的物品帶走。

現在，每當我找東西時總會想，河童先生到了那時候會先拿走這個呢？還是那個？光想著這些就很樂。

◉佐伯義勝，一九二七年生於東京。就讀明治大學時已成為《婦人民主新聞》攝影記者。一九五二年大學畢業進入Sun通訊社，自此步上職業攝影師之路。曾師事攝影大家木村伊兵衛，一九五五年獨立門戶。之後成為美食攝影的第一把交椅，在「食」文化及「食」風潮中舉足輕重。

岩城宏之的「札幌交響樂團」

如果稱呼他「指揮家岩城宏之先生」，我們兩個都會很彆扭。因為從他二十一歲、我二十三歲那年相識起，兩人的交情早已超過三十個年頭了。

他不僅以樂團指揮的身分聞名於世，也常執筆為文。

他對我寫的東西向來注意，而且非常認真回應，所以有段時期每當我要下筆，他的臉孔就會浮現眼前，還真有點困擾哩。

「下禮拜四晚上要不要一起吃個飯？」

有時他會深夜來電，我一定會反問他人在哪裡。有時在巴黎，有時在地球的另一側——澳洲的墨爾本。就算是國際電話，他也常隨隨便便就講上半個鐘頭。替他擔心電話費，他聽了就會生氣：

「就是想打電話才打的啊，窮擔心什麼？別說那些有的沒的！為了付電話費才工作也不壞啊，別擔心，放輕鬆點！」

雖說他的行程都是兩年前就訂下來了，但由於是世界到處跑，住的地方常變動，有時忽然聽說人回日本了，還沒來得及打聲招呼就又飛走了。

他一年平均旅行十七萬公里，換算起來每天五百公里。尤其今年在各國間往來更是頻繁，聽說每天一千公里。一千公里相當於東京到鹿兒島的距離，實在是非常嚴酷的生活，連本人都說：「想起來都覺得恐怖。」

由於他在世界各地樂團擔任指揮，有十個月得在海外度過，停留在日本的時間零零散散加起來大約兩個月，而這兩個月還是得在日本某處才找得到人。其實很早以前就想請他在《工作大不同》中登場，可是彼此行程實在很難配得上，因此一再延遲。

對於要如何描繪他在交響樂團排練的情景，我曾經有個構想。

希望能捕捉住某一曲目的某樂章的某小節以幾拍演奏出來的「樂音的瞬間」，然後轉換成畫。

「如果專家盯著那張圖看，是不是就能知道在演奏某首曲子的某段……。」

想到這點子時常不覺暗笑起來。沒想到有回接到他從德國打來的電話，告知這個構想，卻馬上被潑了一大盆冷水。

「笨蛋！你想世界各地的樂團團員都會像機器一樣分毫不差地演奏嗎？有時就算喇叭不

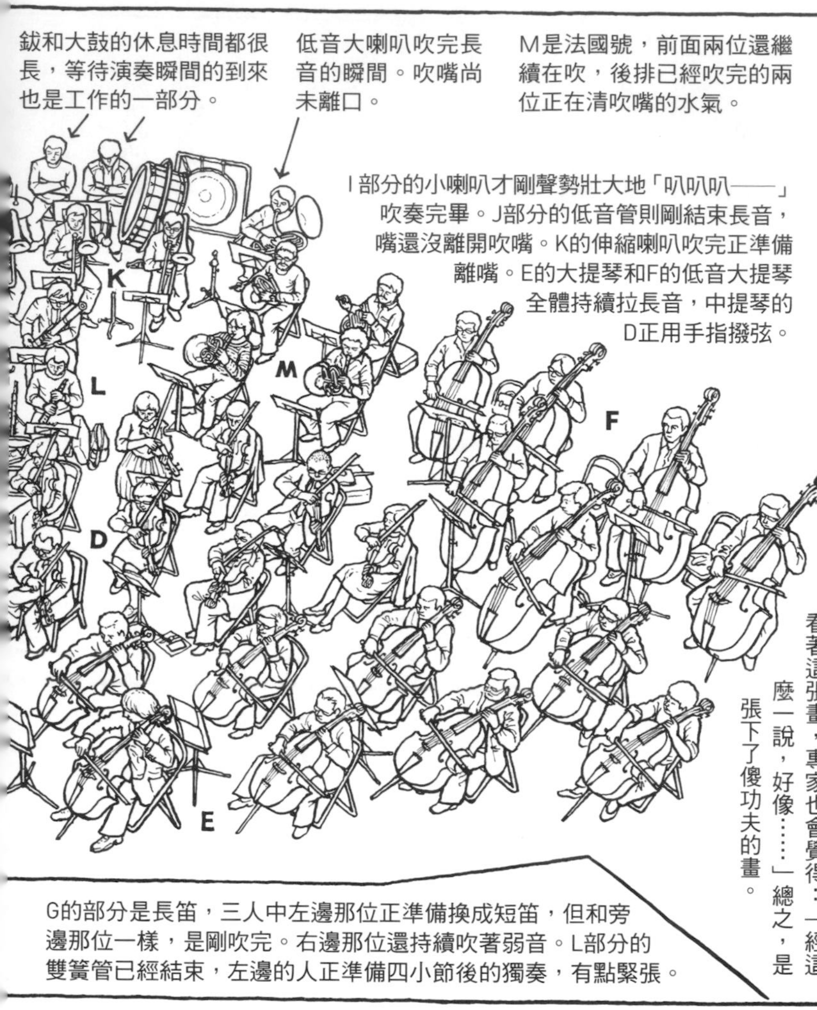

鈸和大鼓的休息時間都很長，等待演奏瞬間的到來也是工作的一部分。
低音大喇叭吹完長音的瞬間。吹嘴尚未離口。
M是法國號，前面兩位還繼續在吹，後排已經吹完的兩位正在清吹嘴的水氣。
I部分的小喇叭才剛聲勢壯大地「叭叭叭──」吹奏完畢。J部分的低音管則剛結束長音，嘴還沒離開吹嘴。K的伸縮喇叭吹完正準備離嘴。E的大提琴和F的低音大提琴全體持續拉長音，中提琴的D正用手指撥弦。
K
M
L
F
D
E
G的部分是長笛，三人中左邊那位正準備換成短笛，但和旁邊那位一樣，是剛吹完。右邊那位還持續吹著弱音。L部分的雙簧管已經結束，左邊的人正準備四小節後的獨奏，有點緊張。

林姆斯基・高沙可夫的交響組曲《天方夜譚》第一樂章
全音＝269~0121的樂譜▼第五十八頁第二小節開頭的瞬間！最強音的一秒後接著鋼琴的部分。

看著這張畫，專家也會覺得：「經這麼一說，好像……」總之，是張下了傻功夫的畫。

離口，也不一定是在吹奏啊，光憑一張圖畫是行不通的！」

聽到這話真洩氣，不過還是沒澆熄我想「用畫表現瞬間樂音」的念頭。因為說不定真能在畫中呈現樂團的個性。

「噯，真是拿你沒辦法，那就來做吧。既然要畫，就以『札幌交響樂團』為對象好了。等我今年秋天回去後，咱們北海道見吧！」

好不容易讓他答應，

敲三角鐵的人由於要
等待的時間很長，正
看著書打發時間。
手鼓手和小
鼓手也一直
在等著。
定音鼓在強
音後連續輕
輕敲打。
H是單簧管，
右邊的人已吹
畢在休息。
左邊的人持
續吹著弱
音。
豎琴正在休息
札幌交響樂團成立
於一九三六年
G
H
I
C
B
A
指揮要求演奏弱音，正做出輕柔壓抑的動作。
指揮不算
共有76名

A部分的第一小提琴群剛好拉完，琴弓正離弦。第二小提琴前方的B部分的六人持續拉長音。由於最強音後緊接著弱音，正嚴陣以待。後面C部分的第二小提琴則剛好結束。

鬆了一大口氣，到了約定那天便飛往北海道。

他為什麼會指定「札幌交響樂團」，我十分清楚。他從很早以前就主張，不可以像明治維新以前那樣中央集權，應該採取地方分權。他說：「我提倡『廢縣置藩論』！」大概是為了實踐這論點吧，所以他在十年前特地接下札幌交響樂團音樂總監的位置。雖說他不但是NHK交響樂團的終身指揮，也是墨爾本交響樂團（Melbourne Symphony Orchestra）的常任指揮，卻對札幌交響樂團特別用心力。

他曾說過：「要讓這樂團成為『日本的克利夫蘭』」。「克利夫蘭樂團」（Cleveland Orchestra）直到二十年前都還是美國俄亥俄州的沒沒無聞樂團，而一位名為賽爾（George Szell）的指揮帶領他們晉身為世界屈指可數的頂尖樂團。

岩城宏之指揮下的札幌交響樂團，正如他所宣稱的，已經成長為日本前三名的樂團了。前年在大阪、去年在東京等地舉行的音樂會讓北海道以外的聽眾也能親耳聽到他們的實力。由於他們的表現實在如傳說中的精彩，許多人非常驚訝：「地方樂團竟也能達到如此水準」。

倡議「廢縣置藩文化」的指揮家——岩城宏之的浪漫情懷並不在於從中央看「地方」，而是要將之具體化、激發全體的熱情。

聽說早上十點半開始練習，所以一抵達機場我就直奔「真駒內青少年會館」。指揮也是昨天才從墨爾本趕回來。

練習已經開始了。曲目是林姆斯基・高沙可夫（Nikolas Rimsky-Korsakov）的交響組曲《天方夜譚》（*Scheherazade*, Op.35 - Symphonic Suite after The 1001 Nights）。將樂團全貌

攝入一張照片的話，可以記錄某個瞬間全體團員的動作，但人物太小，當作畫圖的參考會不夠清楚，沒什麼幫助。最後只好用裝了望遠鏡頭的相機將每位演奏者的各個姿態拍攝下來。

練習結束後，我與指揮討論要把演奏到哪一個音符的瞬間描繪成畫，他翻著樂譜，指著第一樂章的某頁說道：

「與其選全部樂器都在演奏的地方，這個極強音一結束、轉成鋼琴的瞬間應該會不錯。」於是請教他：「各部演奏者在那瞬間的姿勢請依序告訴我。」可是，「就算同一部的人姿勢也各有不同啊。」聽他這麼說，我可慌了。「例如？」「一號長笛手持續吹奏著弱音，而二號剛吹完，三號正要換成短笛，而且會跟二號一樣是剛吹完稍稍離口的姿勢。」哇！真的很麻煩，可是現在後悔也來不及了。只好一個個詢問團員，然後組合畫在一起。就成了前面那張圖。經過這一回，就非常清楚地了解到樂團指揮必須全盤掌握狀況，才能將樂團各個成員間的張力在瞬間聚集編織在一起。

反窺河童

穿幫的話會很恐怖

岩城宏之

說老實話，河童這連載一結束，真讓人鬆了一大口氣。他的親朋好友，不管是已被窺看的或還沒被窺看的，大家都同樣想法。在連載期間，這些朋友每次見面都唉聲嘆氣，因為遇到他的時候一定得針對連載中的文章發表些意見才行。

「上次的連載你覺得怎麼樣？」

當他望過來的時候，那已經不是窺看的眼神，簡直就帶著穿透人心的壓迫感。

「嗯，相當不錯唷！」之類的回答可過不了關，換句話說，敷衍了事的誇讚馬上就會穿幫。他可是會生氣的。很恐怖。

因此，為了好好描述心得，必須仔細閱讀。而且若要對抗他這種心思細密的「文明論式窺看」，首先得調整自己的身體狀況。最新一期的《週刊朝日》寄到了，就輕鬆地先瀏覽〈窺看〉專欄，這可不成。一定得找尋最佳狀態。譬如說，體內有

◉岩城宏之，一九三二年生於東京。東京藝術大學器樂科（專攻打擊樂）肄業。一九五六年在NHK交響樂團特別演出時擔任指揮，初試啼聲。現仍活躍於世界舞台，歷任墨爾本交響樂團常任指揮、NHK交響樂團終身正式指揮、札幌交響樂團音樂總監、正式指揮等。其《指揮棒的旅行足跡》系列著作亦頗負盛名。

酒精的時候就不行。

最後總算夠格打電話給他。如果只是一味褒獎，他會生氣。但若是費盡心機挑毛病的話，他更火大。與這樣的河童先生長期交往，雖說真有點累人，卻長長久久地持續著。

堀江謙一的太陽能船艇

「不曾發生因機械故障而不安的情況嗎？真碰到的話，怎麼辦？」

與堀江謙一先生會面時，明知這問題很蠢，還是忍不住提出來。

「當然會不安啊。畢竟是首次嘗試駕駛沒有帆的船，所以事先有準備，萬一機械故障的話可以換成風帆前進。船艙裡擺了救生用的桅杆和風帆……。不過要是揚了帆，即使是平安歸來，還是算失敗呢。畢竟這次航行的主旨是利用太陽能船艇走完全程。」

堀江先生於五月二十一日離開夏威夷，花了七十五天，八月五日抵達父島，成功地完成六千三百公里的航海。

「不過我感受特別深的是，這次航行不光是我個人的成功。對相關的每位成員來說，都是非常高興的事情。這艘船和一般小艇不一樣，所以聚集了許多領域的人，大家同心協力才造出這艘新型船艇。而媒體報導特別關注太陽能電池，因此如何更有效率地將陽光的發電力轉換成動力，負責引擎和製造螺旋槳軸的人員更是……。每個人都對『零故障安全歸來！』的喜悅感同身受。」

「聽您這麼說，是有可能故障的囉？」

「嗯，一旦出了海，應該沒什麼東西是不會壞的吧。大部分東西都會壞，也可能發生意外。」

說到這裡，在堀江先生至今的航海經驗中就遇過好幾次船桅斷裂、覺得「不行了」的險境。例如三年前的「縱向環繞地球之航」，就曾在北極海被浮冰困住、兩度翻船，還因為翻覆達數分鐘之久，使得發電機等機械都故障了，寢具和衣服等更是全部溼透。

好像很多人問過他，

「為什麼要冒那麼大的險出航呢？」

「關於這點您覺得？」

他立即回答：

「我想沒什麼事情比自己計畫、準備，然後付諸行動還有趣的吧！」

昭和三十七年（一九六二年）堀江先生獨自橫越太平洋時才二十三歲。昭和四十九年（一九七四年）則是「獨自一人不靠岸環遊世界一周」，昭和五十三年（一九七八年）是「世界首度縱向環繞地球航海」。每次返國都受到眾人讚美，同時多半會問：「為什麼？」他的

在最初的「獨自一人橫越太平洋」航海中，因為沒法裝設無線電，聽說「只能自言自語」地度過……。「這次則是用無線電說太多，說到好累，能沉默的時候才能鬆口氣。所以就沒有自言自語的情況了。」他一邊稱讚太陽能電池的效用一邊笑道。這次新能源的使用法受國內外注目，是項別具意義的實驗。

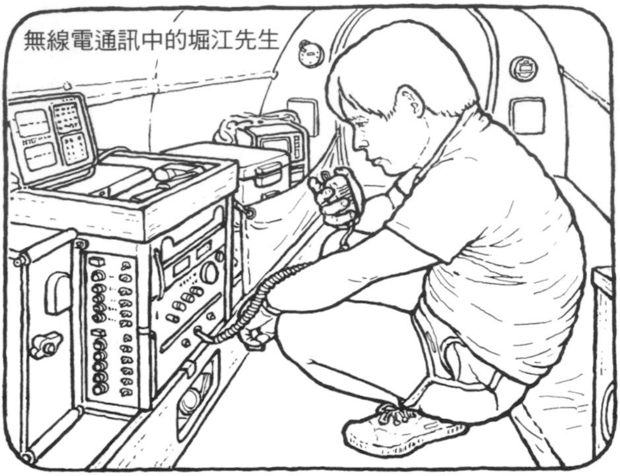
無線電通訊中的堀江先生

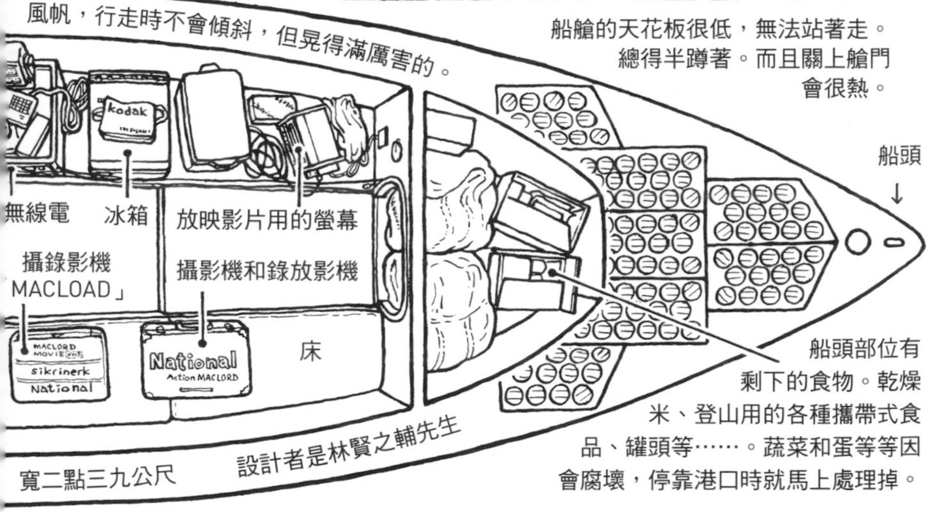
風帆，行走時不會傾斜，但晃得滿厲害的。
船艙的天花板很低，無法站著走。總得半蹲著。而且關上艙門會很熱。
船頭
無線電
冰箱
放映影片用的螢幕
攝錄影機「MACLOAD」
攝影機和錄放影機
kodak
National
Action MACLORD
床
船頭部位有剩下的食物。乾燥米、登山用的各種攜帶式食品、罐頭等……。蔬菜和蛋等等因會腐壞，停靠港口時就馬上處理掉。
設計者是林賢之輔先生
寬二點三九公尺

回答總是很簡短：

「因為想做。」

事實上，我在二十三年前就見過堀江先生一面。那是在他搭乘「人魚號」小帆船從日本出發、橫越太平洋抵達美國，光榮返國的時候。我當時是富士電視台的美術設計，在所負責的節目中與他和小帆船碰面。搬進攝影棚的帆船不禁讓人懷疑「這樣子橫越得了太平洋？」真是小得驚人，總長不過

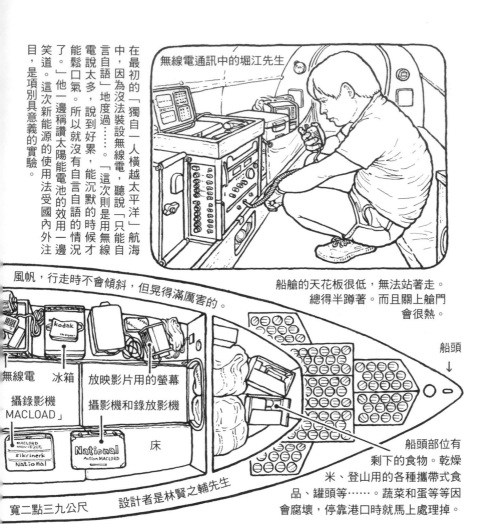

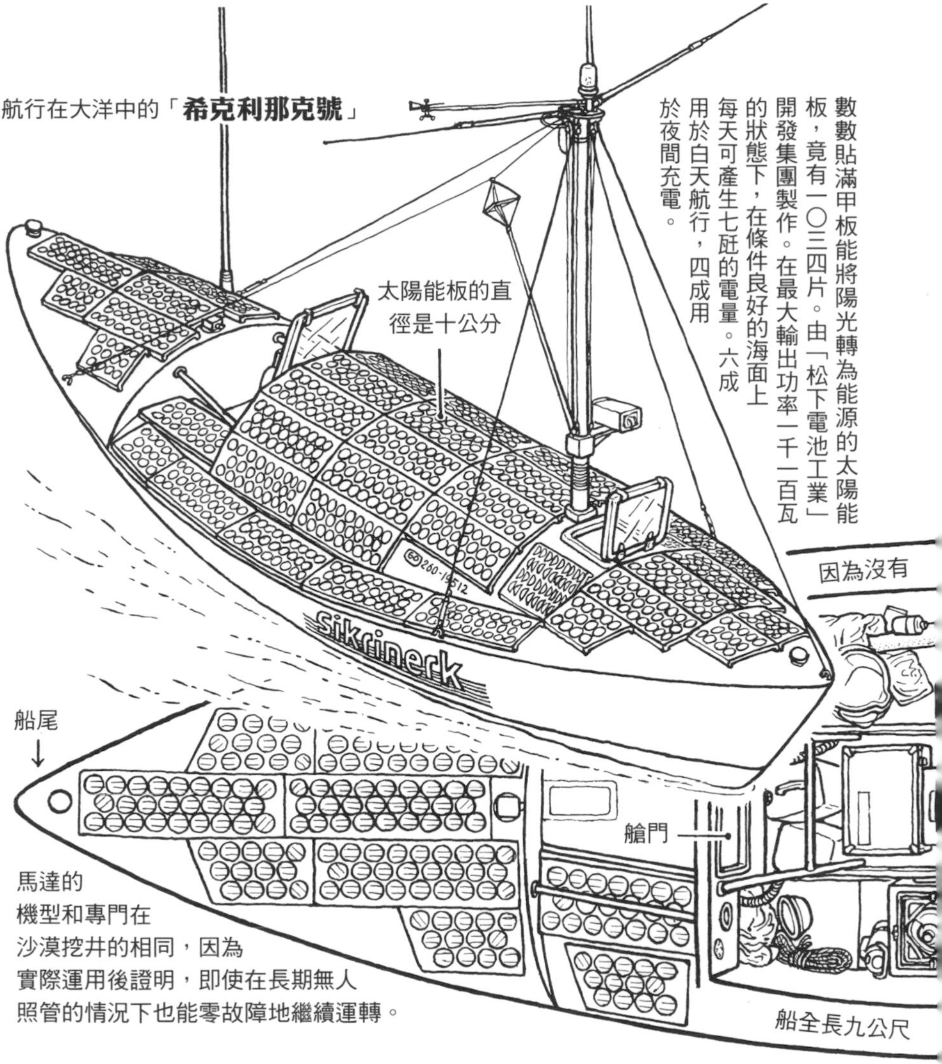
航行在大洋中的「希克利那克號」
數數貼滿甲板能將陽光轉為能源的太陽能板，竟有一〇三四片。由「松下電池工業」開發集團製作。在最大輸出功率一千一百瓦的狀態下，在條件良好的海面上每天可產生七瓩的電量。六成用於白天航行，四成用於夜間充電。
太陽能板的直徑是十公分
因為沒有
sikrinerk
船尾
艙門
馬達的機型和專門在沙漠挖井的相同，因為實際運用後證明，即使在長期無人照管的情況下也能零故障地繼續運轉。
船全長九公尺

五點八公尺。

當時堀江先生在媒體的大肆報導中看起來表情有些僵硬，因為涉及「偷渡美國」的法律問題。那個時代可是無法想像以小帆船「獨力橫越太平洋」的事情，因此根本不可能合法取得護照離開國門。他在受訪時說：

「想取得護照可說比橫越太平洋還困難，光憑這點就知道偷渡實在不是我的目的，而且我也不希望大家認為這是一趟『任性且有勇無謀的冒險』。」

了解他的人也有類似看法：

「在有限的經濟條件下做出那麼周密的計畫，事前的準備工作可說是近乎完美。」認為這趟航行的成功實有賴於準備之周全。

「在海上能倚靠的只有自己，因此不論計畫或實行當然都得非常慎重。但即便如此，旅程中還是一定會發生讓人料想不到的事情……。」

「那麼，這次的航海與以往的最大不同點是？」

「讓我深刻領略到太陽能真的是取之不竭、用之不盡。不過沒有日照的時候，就算風力夠強足以揚帆前進，還是只能隨波漂浮，這時候就比較難受。但不像從前那樣必須擔心電池的電力逐漸耗盡。這兩者的差別可大了，像錄放影機之類的，甚至連冰箱都能搬上船。」

根據此次的航海資料，可以針對乾淨的能源「太陽能電池」進行各項檢討，更拓展它的應用之道。堀江先生還提及：

「好像每種零件都已經有『下次要做的話，可以……』的改良方案提出來呢。我也有幾點改進的建議。總之，這類事情若沒有實際做過，很多問題就不得而知。我當然希望將來太陽能可以應用在許多領域上，而不僅限於船艇。」

我心裡有個問題，遇到堀江先生非問不可。我記得堀江先生在二十三年前說過：「離開日本沿岸，海洋就變乾淨了。」然後在他十二年前的「不靠岸環遊世界一周」的航海日誌上則寫道：「在印尼海域的海面上，漂浮著一點一點的黃色油汙，還有木料建材，船底測速器的螺旋槳葉也被垃圾卡住無法動彈。」而這回太陽能船艇的航海日誌則在六月三十日那天記載著：「海面上漂浮著白色粒子狀的髒東西，很顯眼。看起來好像是人為造成的。」

「不，不只記載在日誌上的那天而已，汙染的現象一直持續有看到。以前的漂浮物多是些椰子或漂流木等天然的東西，最近看到的則顯而易見都是人工製品。海洋的汙染情況可說是年年加劇。南太平洋早已被船隻排出的油汙染，最近還漂著許多奇奇怪怪的東西。」

堀江先生的話讓人很有真實感受。

反窺河童

我也要開始畫畫

堀江謙一

我覺得河童先生是位完美主義者。

從受訪者的我來看，文章的每行每字都完美無瑕，沒有一丁點兒錯誤。要問為什麼，那是因為河童先生在採訪完要把稿子送給雜誌社之前，曾打電話到我兵庫縣的家，把引用到我說的部分逐字逐句一一確認：「這樣子沒錯吧？」尤其他對太陽能船艇的知識以及確認事情的方式最讓我驚訝。

再三確認可說是航海者的定律。河童先生似乎天生就有航海者的特質，我想這個人應該能獨自乘船出海。對於某些其實只要適度做做就可以的事情，仍會不嫌麻煩地再三確認才繼續下個步驟，正是海上男兒的基本態度。

例如船上共裝了幾片太陽能板，連我自己都不曾數過。像這樣連細節都要親眼確認才放心的態度，真的是甘拜下風。

太陽能艇的素描也是，乍看之下好像不怎麼樣，但畫得非常

◉堀江謙一，一九三八年生於大阪。一九六二年獨自乘「人魚號」橫渡太平洋，是日本人首度創舉，之後又一人不靠岸環遊世界一周、縱向環繞地球一周等等，不斷以遊艇進行冒險航海。一九八五年利用太陽能遊艇成功橫渡夏威夷和小笠原之間的太平洋，並發表航海日誌《追日》。

正確。其實我每次出航都想說不要光拍照，也可以畫畫，便帶著素描本上船，但老是沒下文。連這次的太陽能艇之航也是，什麼都沒畫就結束了。不過，在看過河童先生的《工作大不同》系列後，我決心下次出航時，即便只有一張兩張，也「一定要畫出來！」

敬請各位期待下次的航海記。

內藤陳的「深夜＋1」

東京有樂町有一棟名叫「麻利翁」（Mullion）的大樓，裡頭進駐了西武和阪急兩家百貨公司。以前這兒有間叫「日劇」的小型劇場，搭乘嘎嗒嘎嗒作響的電梯搖晃著來到五樓，映入眼簾的便是「日劇音樂廳」，專門上演裸體歌舞劇。大樓是三年多前拆掉的。感覺好像才不久以前的事，如今連一點蛛絲馬跡都沒留下。為了不讓時下年輕人誤以為是年代久遠的事情，在提「內藤陳」這位人物前，得先從這家小劇場說起……。

日劇音樂廳雖有裸女表演，卻非一般的脫衣舞，而是純粹的劇場。女舞者不單讓人欣賞體態之美，也認真地透過舞蹈來展現藝術。觀眾裡有人為了幫心儀的舞者捧場，一個月會來上四五趟。歌舞劇表演完通常會穿插短劇。既然許多人是衝著女舞者而來，因此要是內容不夠精彩，觀眾往往會猛開汽水：「早點收山吧！」所以想在這裡以喜劇取悅觀眾可不是件簡單的事。其中最受歡迎的就屬內藤陳先生所率領的「Trio the Punch」了。他們通常穿著誇張的西裝，漂亮地耍著手槍，說著「我可是個冷硬派！」的笑話插科打諢，台詞有些是模仿冷硬派小說或冒險小說的名句。不曉得是不是與銀座的客層有關，這種不刻意討好觀眾的喜劇竟會被接受。其實那時我也是半為了女舞者、半為了「Trio the Punch」，每個月都去。後來我以舞台美術設計的本行到日劇音樂廳工作，可惜那時該團已銷聲匿跡了。所以，雖然沒能在同個舞台共事、擦身而過，但我自己對內藤先生總有種盟友的感覺。

後來偶然間看到陳先生在電視上出現，他常拿自己說笑，說自己是「演藝圈的腔棘魚」（譯註：最早出現於四億年前，目前仍存活在深海，有「活化石」之稱）或「西表山貓」（譯註：棲息在沖繩西表島的稀有動物）等等，還是一派陳氏風格笑咪咪的樣子，彷彿又看到他在日劇音樂廳舞台上的身影。其實在他詼諧話語的另一面常隱含著嚴肅話題。

大約三年半前，他創立「日本冒險小說協會」，擔任會長，這也像「冷硬派」陳先生會做的事。協會宗旨是：「雖以冷硬派推理和冒險小說為主，但不限類型，只盼能讀到好書。看到好書便想推薦給其他會員，『讀讀看吧！』非文學、詩或隨筆都行。就是想讀好書。」

「多讀些書吧！少喝杯咖啡不就能買一本文庫本？少吃一餐不就能買本單行本？若是有人沒錢買書，也可以把書借他不是？既然要讀，何不彼此推薦些讀了也沒損失的書？碰到令人感動的極品也能以讀者的立場頒獎給作者，表達感謝之意！」

要做這些事，協會需要資金才能營運。正愁錢從哪裡來時，有人提議何不在新宿的黃金

最喜愛的是空氣槍「MGC的M-93R」。

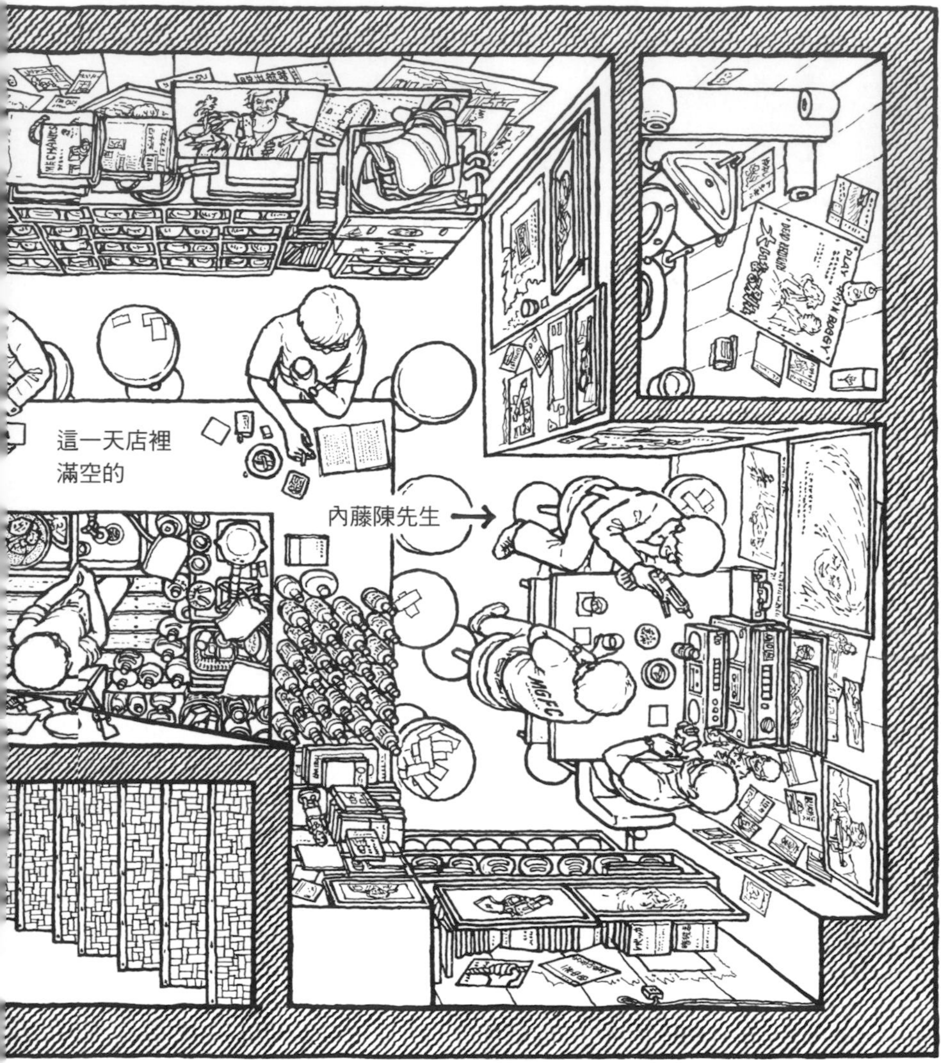

街弄間酒吧？陳先生覺得這主意不錯，一來聚會場所有了，還能把酒吧全部營收轉做「日本冒險小說協會」的資金。

店名就叫「深夜＋1」。

這家酒吧除了成立經過特殊，經營方式也很獨特。只要在店裡寄酒，不管待幾

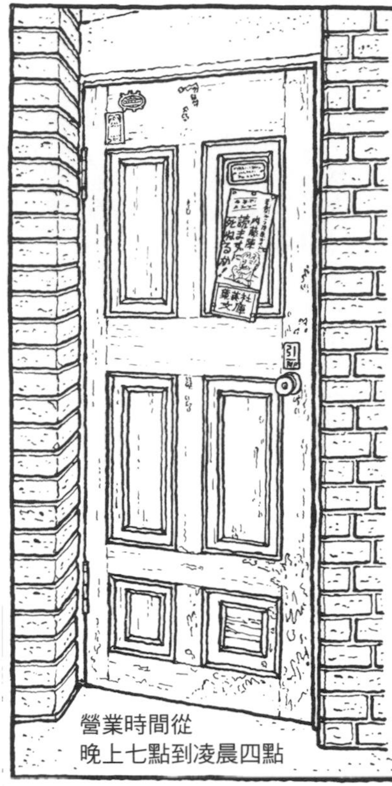
營業時間從
晚上七點到凌晨四點

店名取自英國小說家萊爾（Gavin Lyall）的作品《深夜＋1》（*Midnight Plus One*）。

陳先生也收集了滿多模型槍。他現在寄放的酒近七百瓶。歡迎攜帶外食，不過得和別人共享。這裡提供的下酒菜只有豆子和巧克力而已，但可隨意續盤。據說店裡曾擠進四十個人……。客滿時外地來的會員和女性一定有位子坐。在這裡打工的學生有四位，每天輪流在僅容一人的吧檯裡工作。陳先生笑道：「這間『深夜+1』與其說是我的工作場所，說像『煉獄』反倒比較貼切呢。」

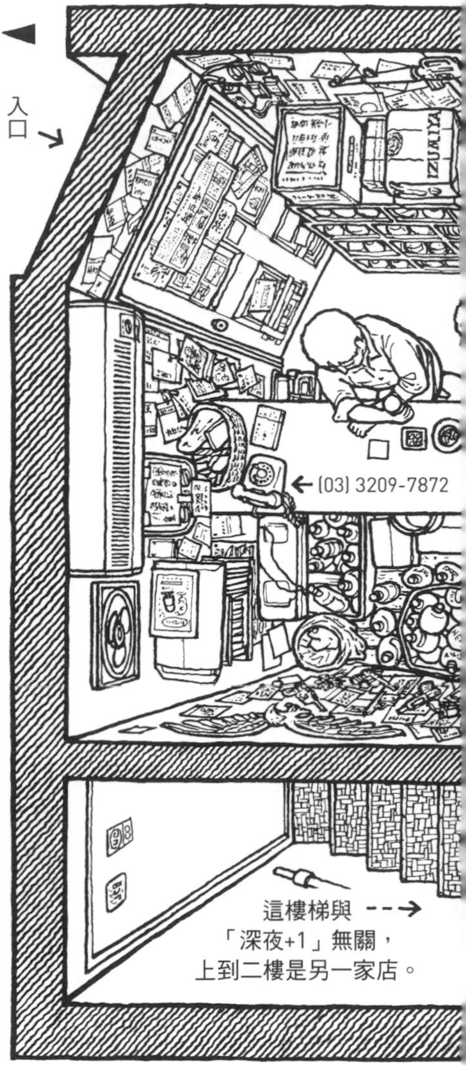
入口
(03) 3209-7872
這樓梯與
「深夜+1」無關，
上到二樓是另一家店。

小時都只要一千圓。

「我希望這裡是間連沒錢人都能輕鬆進來的酒吧。不過這裡是『沒粉味沒食物沒卡拉OK』的『三沒酒吧』。相對地，下酒菜是讀書同好。」

這間奇妙的酒吧果然如他預期地聚集了不少愛書人，而且享有全國性的知名度。會員已超過五百名，還有許多會員專程自各地前來。後來決定，客滿時東京的會員就得讓出座位。

「由於來這裡的都是會員，我們都不當客人對待。所以有人進門時不喊『歡迎光臨』，而是門一開了就問：『幾位？』因為店面很小只有十二個座位，常有人得站著喝。當然我也站著唷。而且到十點半之前都不喝酒，很清醒地幫忙洗菸灰缸哩。」

陳先生晚上九點以後都會盡量待在店裡。

「因為不想讓那些特地來看我、容易覺得寂寞的人失望。從前我都是一家接一家地續攤，現在老是待在同一個地方，那種束縛感實在難受呢。可是也沒辦法。」

真是體貼的人。雖說他對來店裡的年輕人常直話直說，不過大家都了解他的性格，也因此大家才會聚集在一起。

「就算是沒錢的傢伙也要讀書！——我覺得有責任這麼推薦。」

其實，這點在他所寫的《沒讀過的話死不瞑目！》、《沒讀過的話等於死兩次！》（都是集英社出版）中常可以感受到。

「如果有讀了覺得值得推薦的書就告訴大家『很有趣！』即便如此，如果有人因為是老陳的推薦就買，雖然是出於我的獨斷與偏見，我還是有自信買了不會覺得『被耍了』。其他會員若發現別的書也可以大聲疾呼『就是這本！』或者互相評論，甚至爭得面紅耳赤都無所謂。不過，我們只是讀者不是評論家。我也只是個推薦人而已。所以我們有一條規則：即使碰到不好的書，也沒必要把它評得一文不值。只要默默地無視其存在即可。」

這群窩心的讀者同時也是可怕的讀書對手。可不是在拍馬屁，「我能不能也加入會員？」提出了申請，由陳會長給予了入會許可。

反窺河童

仰天、驚嘆、啞然！

內藤陳

有句話說：「人非神明，豈能看透人心」。

乍見我那被窺看被畫下的「工作場所」，第一個念頭便是，河童先生是神吧？否則怎麼可能看透到這種地步？啊啊，真是感動啊～～

不管是多麼高性能的相機，或是最先進的八釐米攝影機，都不可能從那樣的角度創造出如此畫面。

我阿陳和同伴們的臉上除了仰天、驚嘆、啞然的神情之外，全都還加上個驚嘆號，瞠目結舌看得入神了。

你看！他居然神到會看見破爛圓椅子上應急貼著的膠布、不善整理又不願清點而堆積如山的空瓶、海報破掉的地方，還有阿陳我握著手槍時伸出的食指，我不禁感動到要落淚了。

而且，寫出來的文章淺顯易讀。

他的祕訣（我是直到私下請教了河童先生才曉得）是連同版面全都是自己一手包辦，只能說真的是經過綿密策畫、精心設計的產物。

一位讀過這本書的惡友曾說出讓我很煩惱的話：

「下次一定要請河童先生來指導指導，賺得的工資四六分帳也可以，拜託了，幫我介紹介紹！」這人叫派克，大家都叫他「惡黨派克」，是個通曉人情世故的流氓……。

◉內藤陳，一九四〇年生於東京。一九六三年組成「Trio the Punch」，以喜劇演員身分受到歡迎，同時成立日本冒險小說協會，擔任會長一職。著有《沒讀過的話死不瞑目！》等書，藉由經營「深夜＋1」酒吧成為「有趣書籍的推薦人」，頗為活躍。

增田感的「雕刻音樂會」

聽說東京銀座的「上田藝廊」去年底舉辦了一場相當獨特的雕刻展。用「聽說」二字，是因為很遺憾我沒能躬逢其盛。據參觀了這檔《木與音的造型》展覽的朋友描述，入場者都會分到一根木棒，然後：

「擺出來的雕刻都請敲敲看。想動手摸也可以，請。」

通常雕刻都不准碰的，尤其是「木雕」，因為手部分泌的油脂會弄髒木頭的肌理紋路，因此大多數都有「請勿碰觸」的告示牌。想不到這位雕刻家不僅希望大家「別在意，請盡情觸摸」，還讓大家「敲敲看」，真是罕見。

「這位藝術家不單是想法獨特，作品也很棒喔。」

朋友很得意地說著，還拿出作品介紹的照片讓我瞧，「這雕刻好像滿有趣的哪。沒能看到真可惜！」

那位雕刻家叫「增田感」，我以前沒聽過。朋友看我不認識這位藝術家，安慰我說：

在田邊的「和歌山縣林務中心」前庭露天演出。占地寬10mx長40m。時間是10月6日（週日）下午4點30分，懷著感謝當地民眾鼎力相助的心情展開首演。11月9日（週六）10日（週日）在「兵庫縣立近代美術館」，12月20、21日在大津市的西武百貨大廳展出，22日（週日）則舉行音樂會。原希望到各地演出，但因為需要很大的場地，只有抱憾……。演奏者是兩位打擊樂手——YAS-KAZ先生和高田綠小姐，以「男女呼應」的形式演出。（中場休息時觀眾可以自由敲擊雕刻品。）

《古靈樹》

木與音的雕刻音樂會

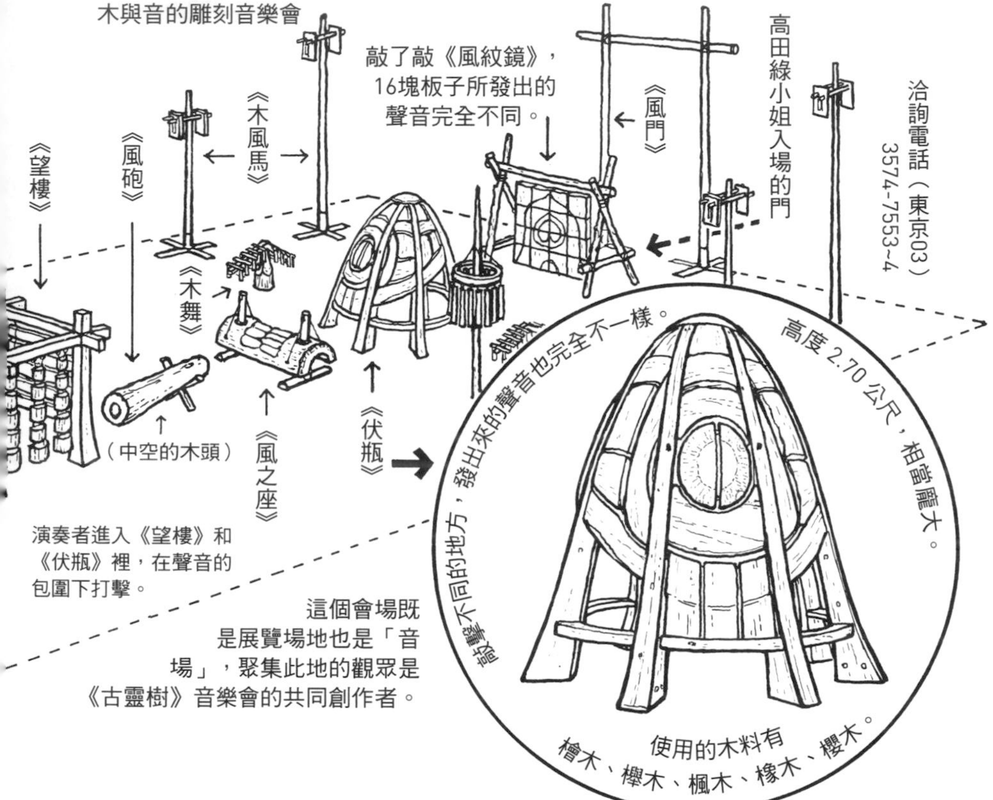

敲了敲《風紋鏡》，
16塊板子所發出的
聲音完全不同。
《風門》
高田綠小姐入場的門
洽詢電話（東京03）
3574-7553~4
《望樓》
《風砲》
《木風馬》
《木舞》
（中空的木頭）
《風之座》
《伏瓶》
高度 2.70 公尺，相當龐大。
敲擊不同的地方，發出來的聲音也完全不一樣。
使用的木料有
檜木、櫸木、楓木、橡木、櫻木。
演奏者進入《望樓》和
《伏瓶》裡，在聲音的
包圍下打擊。
這個會場既
是展覽場地也是「音
場」，聚集此地的觀眾是
《古靈樹》音樂會的共同創作者。

「那當然啦，他一直住在西班牙，已經十年沒有回國，這次是他第一次在日本開展，所以日本知道的人很少吧。」

不過他在西班牙好像頗為活躍，知道的人就都聽過。這讓我更想見識他的作品了，結果偶然間聽到消息：「增田先生回日本了，目前在紀州田邊町的儲木場做雕刻。」

確認後真是這樣。聽

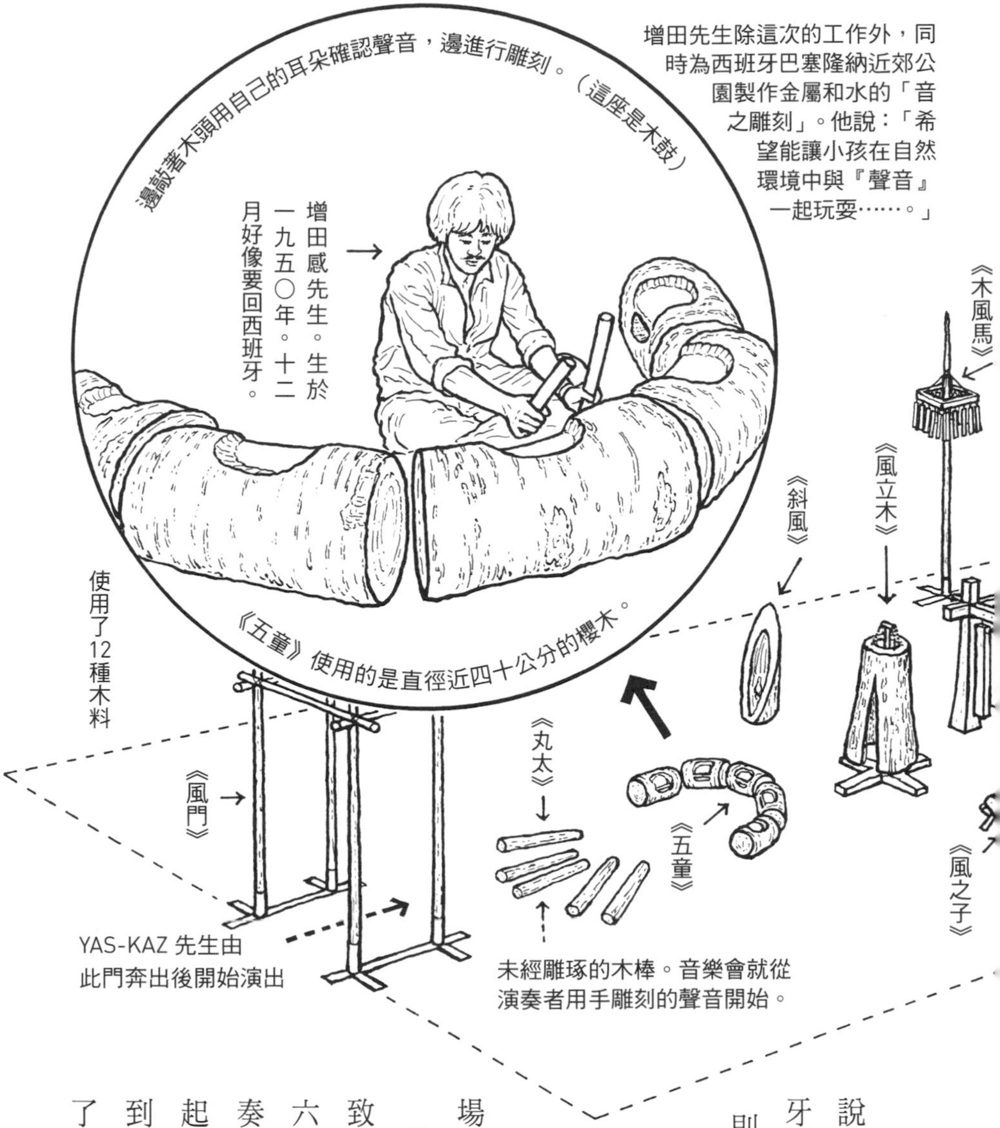
增田先生除這次的工作外，同時為西班牙巴塞隆納近郊公園製作金屬和水的「音之雕刻」。他說：「希望能讓小孩在自然環境中與『聲音』一起玩耍……。」
邊敲著木頭用自己的耳朵確認聲音，邊進行雕刻。（這座是木鼓）
增田感先生。生於一九五〇年。十二月好像要回西班牙。
《五童》使用的是直徑近四十公分的櫻木。
使用了12種木料
《木風馬》
《風立木》
《斜風》
《丸太》
《五童》
《風門》
《風之子》
YAS-KAZ 先生由此門奔出後開始演出
未經雕琢的木棒。音樂會就從演奏者用手雕刻的聲音開始。

說去年的作品是在西班牙雕刻非洲木材，今年則選用日本木材。至於為什麼在紀州，據說是因為紀州產多種木材，而且當地木材廠還提供場地。

我一聽到作品已經大致完成，並且將在十月六日舉行以這些雕刻演奏的音樂會，不禁慌了起來。不趕緊去就看不到他雕刻作品的情況了。於是趕緊飛往「南

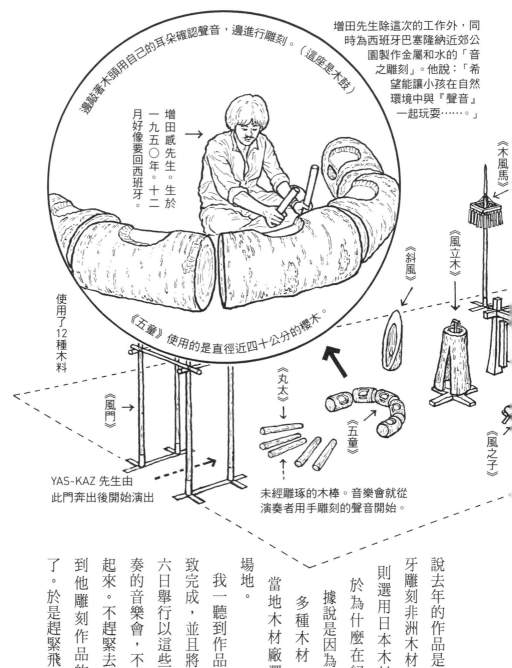

紀・白濱」。我搭的機型是YS11，比起巨無霸飛機可是小多了，不過「從前的飛機都這樣」，還滿令人懷念的。

增田先生居然特地前來接機，正等著我們。臉上笑咪咪的，首先就握個手。或許是長住西班牙的關係吧，這個初見面的握手感覺很自然，加上他坦率的個性，還有我事前曾看過他作業情形的影片多少也有影響，完全沒有初次見面的陌生感。

搭著他駕駛的車前往儲木場。我在車裡就提出了第一個問題。

「聽說您只要看到木頭，就可以知道它的成長過程和經歷，還可以預先知道木雕會發出怎樣的聲音？」

「這說得有點太誇張了……，不過大致上可以知道。木頭和金屬不一樣，各有個性，很有意思喲。

「我會開始對木頭的聲音感興趣，是在快要去西班牙的時候，有回像平常一樣在削木頭、挖洞時無意間聽到『空』的一聲。這形狀的木頭怎會發出這麼好聽的聲音啊，嚇了一跳。這才注意到，這種聲音一定從以前就有了，只是自己沒發現。從那時起我就抱著傾聽木頭聲音的心情面對，像在做日課。到西班牙後拜安東尼奧・馬林（Antonio Marin）為師，這位吉他工匠的手藝在格拉那達（Granada）可是首屈一指，我想日本應該也有引進他製作的吉他才對……。反正是位很厲害的人物。看他工作好像是在跟木頭對話，邊各處敲叩邊問道：你哪個部位密度高啊？哪個部位適合高音域啊？真的是非常小的細節都會對音質音色產生影響，所以從木材的挑選到刨削方式都得非常了解，否則無法造出一把好吉他。而且音色比外觀來得重要。也不單吉他是這樣呢。像我以前住的公寓附近有間做響板的工坊，從刨木到完成大約要一個禮拜的功夫。到了星期天會拍擊成品一個個試音，結果即使做工相同，還是有些很響亮、有些卻不太行，不會發出同樣聲音的。木頭的個性在那麼小的東西上都會展露無遺呢。」

增田先生所關心的不只木材，也經常出入鍛鐵工坊，學習控制聲響的時間長短。就這樣與木頭對話、又和鐵塊交往而做成的十三件雕刻品在音樂會中登場演奏。地點是巴塞隆納的「海上聖母禮拜堂」（Basílica de Santa Maria del Mar），演奏者是「山海塾」的打擊樂手YAS-KAZ先生。會場裡上千位聽眾的反應非常熱烈，當時電視還進行了全國轉播，日本人「Kan Masuda」在當地成了話題人物。

不過，他並不是樂器製造者，而是創作「有聲雕刻」的雕刻家。

和歌山「山長」木材廠的老闆去年參觀了在東京舉辦的個展，與增田先生意氣相投，於是邀請他趁展出空檔去和歌山的山裡看樹。結果便成了這次合作的契機。

他說：「好久沒看到日本的樹木了呢。那時從屹立山中的林木身上學到了不少。」這次《古靈樹》音樂會就是那次採訪的集大成。不曉得會聽到什麼樣的聲音、什麼樣樹木的囁語呢？

反窺河童

對我說「你真像個孩子」的人

增田感

河童先生是位爽朗的人。

我遇過的採訪者形形色色。有的人只是在你面前虛晃兩招，卻怯於直搗黃龍；有的則當場虛與委蛇一番，事後卻加油添醋。這兩者雖說都稱得上是能幹的人，卻大多給人不太誠實的印象。

但是，河童先生不一樣。

看起來好像一副隨時備戰的模樣，事實上卻給人自然大方又溫和的感受。對我提問總是單刀直入，卻絲毫不會讓人覺得他是在炫耀或爭強好勝。所以我也能輕鬆自然地應對。

至於為什麼會這樣，我想應該是因為河童先生不論看人或觀察事物的眼光都是那麼單純誠實的緣故吧。

其實這就很像傾聽樹木聲音時的情況。老是拘泥於細微的歪理，或完全仰賴「感性」，都無法牽引出勾人魂魄的聲響。而且更不能有征服對方的念頭，否則對方也不會有善意的回應。

我從河童先生身上重新認識到，就跟樹木一樣，人也有許多種，各自發出獨特的聲音。

「增田先生真像個孩子啊。不過我也常被人這麼說哩！」河童先生這麼說著……。

◉增田感，一九五〇年生於奈良縣。一九七一年以最年少之姿，作品入選箱根「雕刻之森」美術展。一九七四年開始聲音雕刻的創作，一九七五年前往西班牙留學、研究並展開創作活動。繼巴塞隆納、東京的個展後，一九八五年於和歌山縣舉辦雕刻音樂會，引發話題。

山下惣一的田地

ＮＨＫ曾製作一個名為《日本土地現狀……》的電視節目，我在畫面裡看見山下惣一先生的身影。山下先生不單是位作家，同時也務農。他本人是這麼說的：「我本業務農，順便執筆寫作」……。

去年稻米收成時，聽說山下先生在九州佐賀縣唐澤的田地，以及附近一大片稻田，所收割的都是「死米」。所謂「死米」，就是米粒化為粉狀。沒想到流血流汗辛苦耕種的結果卻得全部丟棄，除了覺得可惜之外，這更是攸關生死的問題。

山下先生不單關心自己居住的地區，聽到以稻米聞名的新潟縣也長出了「死米」，為了徹底調查出原因，便去到新潟。結論是「土地生病了」。整個情況拍成紀錄片在電視上播出。

首先從產出「死米」的稻田和結實纍纍的健康稻田分別下挖一公尺來做比較。健康的土用手一搓就碎，但是種出「死米」的土卻很硬，變成不透氧的黏土層，氣味很像下水道的臭氣，沒有微生物的蹤跡。健康的土裡則是每一公克有一千五百萬隻……。稻草切碎製成的堆肥埋土裡，按理說會被微生物分解，但在種出死米的土裡卻一直保持原樣沒腐化。

經過比較分析，最後清楚知道「土地生病了」。而之所以會生病，是因為反覆施用農藥，使得土地喪失了原有的力量。飽含藥劑的土壤連微生物都無法棲息其中，自然界生態系完全崩潰了。

稻子根部因為吸收不到養分，最後產生類似窒息的現象，這就是種出「死米」的原因。

山下先生在節目中說的這段話讓我留下了深刻印象：「我祖父曾說：『「土」字所表現的是地面上長出芽的生命力，而「工」字則沒有生命。』現在，全國土地因為工業產品──農藥而喪失『生命』的現象，彷彿正印證了那段話。」

明知農忙時節去採訪會給人帶來麻煩，但實在很想參觀山下先生的田地，還是去了唐津市的湊。

之前讀過山下先生幾本著作，所以對當地景致大略有個印象，但沒想到如此之美。正像「種到天邊」的形容，俯瞰玄界灘的陡坡上是一列列的梯田。

山下先生說：

「雖說我有一公頃的田，但大部分都是香蕉形的畸零地，算起來總共六十八塊。想在狹小土地上盡可能闢出耕地的話，不這樣不行。」

襲。那是因為沒有天敵可以制衡，只要一疏於噴灑農藥就會遭蟲害。）

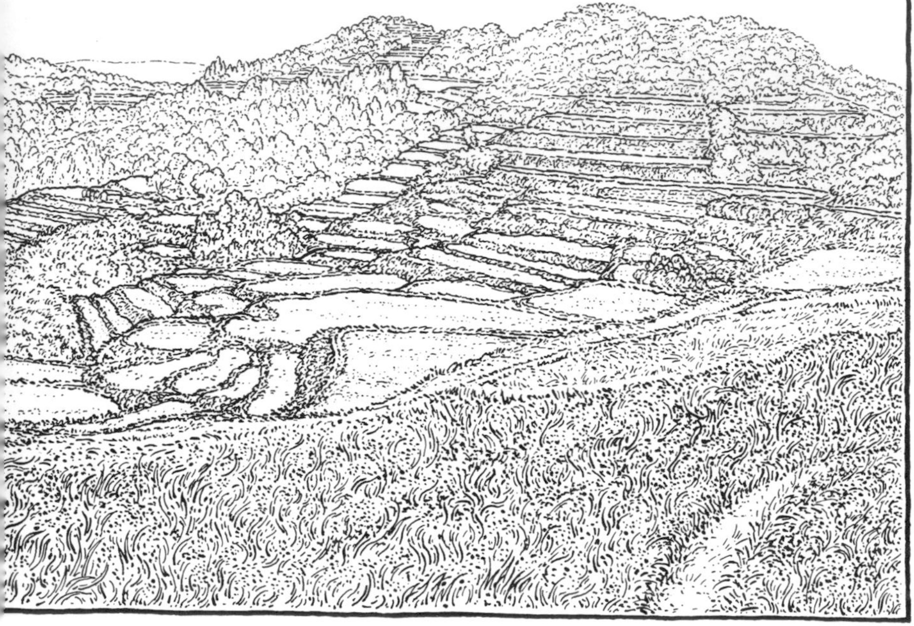

這片日本山村獨特的水田景致正象徵著先人的勤勉。

山上除了水田，還有零星的橘子園。我喘著氣爬上陡坡，聽說直到七年前，收成時都得每天擔著扁擔上下個二十來趟。現在則有履帶式運輸車幫忙，不過仍然很辛苦。

「離採收期還早，很酸喔！」

雖說如此，還是非常美味。一方面沒我想像的酸，而且從前橘子不就是這味道嘛，一股令人懷念的滋味在嘴裡漫溢開來。

「送往東京的橘子不甜的話就沒市場……。」

看來都市人的嗜好敏銳地反應在農作

病蟲害都比以前來得嚴重，去年好像投了12次農藥。

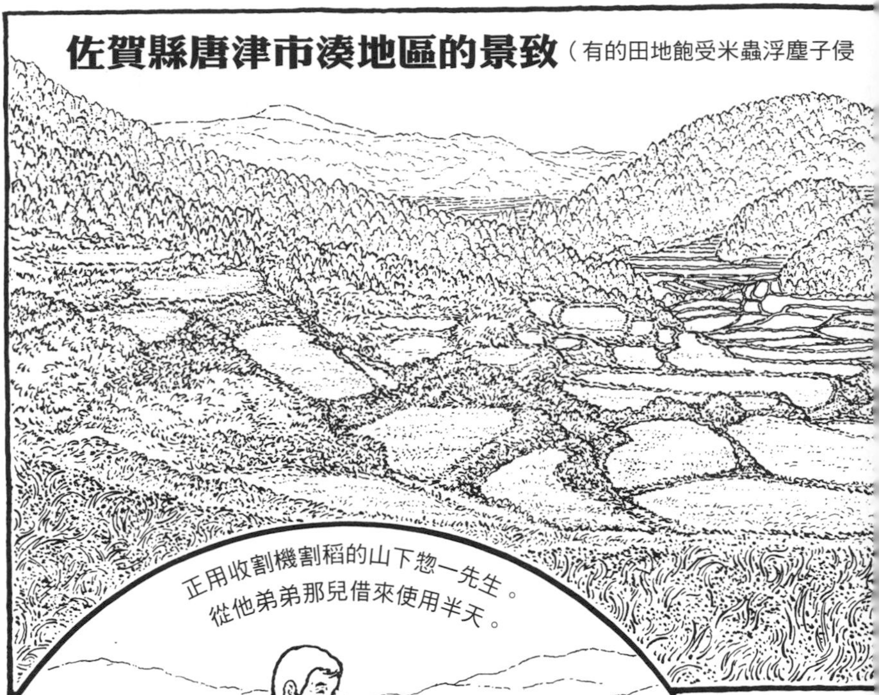
佐賀縣唐津市湊地區的景致
(有的田地飽受米蟲浮塵子侵

正用收割機割稻的山下惣一先生。從他弟弟那兒借來使用半天。
ヤンマ-TC1210
YANMAR
這地區的田地多在斜坡上，所以機械化的程度很低。因為大型機器進不到狹窄的山田裡。這塊田是山下家平地上最大的一塊地，面積有15公畝。

物上，就連蔬菜的種類和價格等等亦然。

「現在沒有一樣東西是農家隨意栽種的，因為賣不出去的話就傷腦筋了。站在行政指導立場的農水省（編按：類似台灣的農業部）會給予種植項目的指示與協助，可是也會有『稻米生產過剩處理不易，減產吧』的情況。但這不是農民的責任啊。把行政過失所造成的後果都推到農民身上，這樣我們很困擾啊。農水省老是喊『過剩了過剩了』，這根本就像在大聲宣稱自己無能嘛。如果說是農民因為反對『減產政策』任意耕種，而使得稻米生產過剩，那另當別論；可是不僅稻米，連蔬菜水果都這樣。大家配合減產改種他們建議的作物後，接著又來個『從國外進口比較便宜』的說法。雖說是為了消除貿易摩擦，但那些都是政府的政策，結果卻要農民承擔，飽受損失。有人說農業受過度保護，或者說這樣會造成『米價上漲』等問題，但農民還是得討生活啊。昭和三十五年時，勞動薪資是現在的十倍，可是米價卻只漲了四倍而已喔。」

聽說山下先生的兒子願意繼承父業，但根據統計，現在每年繼承農家的人數是四千一百人左右，而成為醫生的年輕人則有八千上下。我對這個現狀毫無所知，連「土地生病了」的真實狀況也是現在才聽說。

與其將責任歸於使用農藥的農民，不如說主謀是一國的政策，都市人則是共犯。因為想在狹小的日本追求不可能的目標——「低成本多收穫」，而過度耗用農田地力。我們無法與那些擁有廣大土地或租金低廉的國家競爭，可是若不繼續耕種下去，就別奢談「自給自足」了。而捨棄自給自足、從其他國家進口就真的比較好嗎？下山時，我感受到「土地正在賭命一搏」。

我原以為自己在日本各地走透透，對農村多少有些了解，現在卻覺得以前所見只不過是表面的景致罷了，背後還有另一番景象。

聽說ＮＨＫ出版社預定明年一月將出版山下先生的《土地與日本人》一書。

反窺河童

河童先生為害甚大，但……

山下惣一

「說到工作場所，我的可是農地呢。」

「嗯，這樣就行。」河童先生說完就跑來了。

農業術語對一般人來說很難懂。現在社會裡無法區分「打穀」、「脫殼」、「碾米」的人多不勝數。記不得是哪時候的事，有回和一位自稱是農政專家的記者談到高麗菜，中間我順口說了「甘藍菜」，不料他竟在筆記上寫下「高麗菜三十公畝、甘藍菜三十公畝」。明明高麗菜和甘藍菜是同一種東西啊。

「稿子寫出來後用電話唸給您聽。」

「不必啦！您那邊確定就可以了。」

結果，還是在深夜裡來了電話。

「現在開始唸。」

「不必啦！不要浪費電話錢。」

「這不能出錯的，我把整篇文章都唸過吧。」

沒想到，即使是河童先生還是有好幾個地方出錯。

「啊！幸好有唸給您聽。」

對這種負責態度我深受感動。反躬自省，想到河童先生為我的書作了宣傳。結果把稿子收回來再改過。

河童先生為害甚大，卻是一帖良藥。

◉山下惣一，一九三六年生於佐賀縣。中學畢業後繼承家業務農。在耕種稻米、柑橘之餘也從事筆耕。根據實際從事農業的經驗發表許多珍貴作品。主要著作有《一寸之村，也有五分志氣》、《現在，村莊正在大動搖》、《吹向村莊的風》等。

若林忠宏的「羅宇屋」

「印度音樂不應正襟危坐地聽，而是以輕鬆的態度把它當成背景音樂比較好……。」以演奏西塔琴聞名的若林忠宏先生如是說。既然若林先生都這麼說了，想必聽的人也會覺得輕鬆起來。

有太多印度通老說些印度的「神祕和奧妙」，結果我自己沒驗證過便受那些說法影響，因此對印度產生不好的印象。實際去過之後才發覺和傳聞中的印度差別很大。那裡的人不旦活潑，愛湊熱鬧，感覺各有自己的生活方式，加上沿途也沒遇到什麼讓我感覺特別神祕的事情。對於音樂這檔事也一樣，完全不覺得是在聽什麼深奧的音樂，聽眾聽到興奮之處還會忍不住叫囂起來。所以對我來說，若林先生的話是可信的。

他的演奏自然流暢不造作，說的話也一樣。他最近出版了《翱翔亞洲的西塔琴師》（大陸書房．一千兩百日圓），裡頭不只介紹印度音樂，亞洲各地的民族音樂也描寫得讓人有身歷其境之感，是本很像他的書。

我和若林先生見過幾次面，但從未造訪他經營的民族料理咖啡廳「羅宇屋」。那間店位於東京．吉祥寺的車站前，聽說那附近還有若林先生負責的「羅宇屋民族音樂教室」和「民族音樂中心」，我決定從那邊開始窺看起。

教室的牆上掛著各地的民族樂器，外型很有趣。每件都是手工製作，這點更棒。看了我的壞習慣又發作了，馬上就想弄到手，雖然我根本不會彈……。

「這個會發出怎樣的聲音？」

我一問，若林先生便順著我指的順序一個個從牆上拿下來演奏給我聽。沒想到這些樂器外表平凡得很，卻能發出如此美妙且撫慰人心的聲音。我也試著玩玩看，但是那些樂器好像很討厭我，只發出焦躁的噪音。特別是弦樂器，據說需要演奏者與之互動，沒辦法立即發出聲響。

看我對各地的手工樂器如此感興趣，若林先生便拿出他自製的樂器。

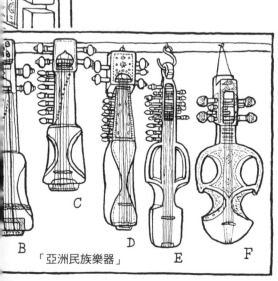

「亞洲民族樂器」

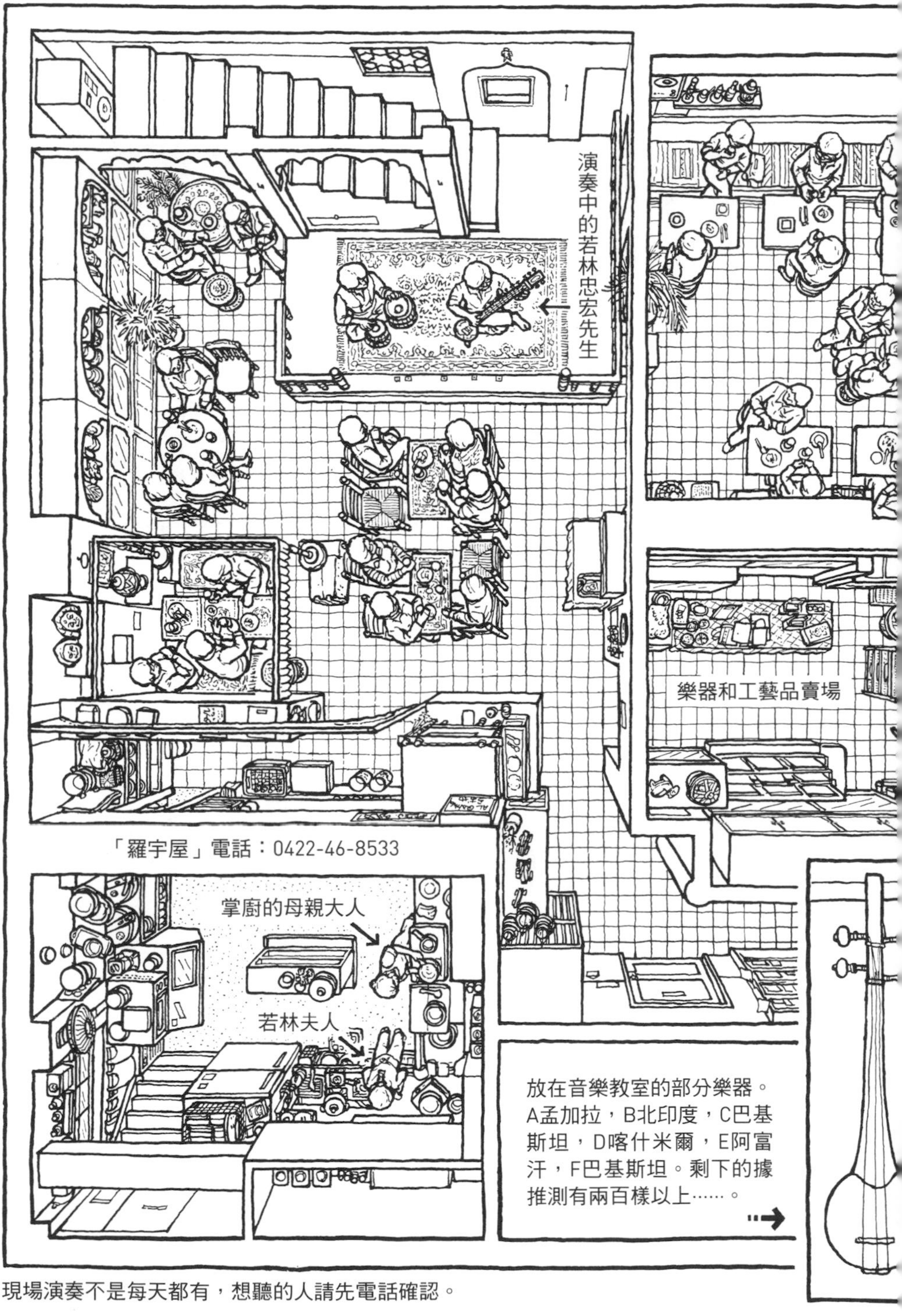
演奏中的若林忠宏先生
樂器和工藝品賣場
「羅宇屋」電話：0422-46-8533
掌廚的母親大人
若林夫人
放在音樂教室的部分樂器。A孟加拉，B北印度，C巴基斯坦，D喀什米爾，E阿富汗，F巴基斯坦。剩下的據推測有兩百樣以上……。

現場演奏不是每天都有，想聽的人請先電話確認。

說到這兒，若林先生在十四歲時聽說「利用乾葫蘆可做成印度弦樂器西塔琴的琴身」，於是便參考照片做了一把。而他得到期待已久的西塔琴是一年後，高中二年級的時候。演奏技巧則是參考書籍、同時反覆聆聽唱片自學而成。直到大約五年前，他才第一次去印度。聽到他在那之前全靠自學演奏時，簡直無法相信。

連印度的音樂大學的老師也非常吃驚：「光靠自己竟能練到這種程度！」若林先生的反應則是：「可是在有人指導的情況下，自學時始終搞不清楚的部分一下子就懂了，遇到這種情形時實在很高興呢。」

我和若林先生碰面是去年九月的事，在那之前，只知道他是位西塔琴手，但沒實際聽過他的演奏。

那次剛好有位印度古典歌手潘迪先生來日本訪問，一群人正商量著想聽他演唱。會場決定設在立花隆先生府上，但缺了一位伴奏的塔布拉鼓手。如果找不到這樣的人，演唱會就開不成了。那時候，突然從一位很熟悉印度音樂的人口中冒出了「若林忠宏先生」。也管不了許多，先聯絡再說……，於是潘迪先生就和他見了面。那天深夜潘迪先生打電話來，口氣非常興奮：「找到高手囉！他對印度音樂十分精通，教人簡直要懷疑他是不是日本人，演奏得棒極了！光見到他就夠讓人happy了！」我問他：「若林先生也打塔布拉鼓嗎？」「是啊，而且打得非常好！」因為我聽說一般西塔琴手根本不碰鼓。在印度，樂器的演奏也有階級之分，塔布拉鼓被認為比西塔琴低下，所以沒有同時能演奏西塔琴和塔布拉鼓的人。就算有，也鐵定被當成異端份子。不過，若林先生對此倒一點兒都不忌諱。

在立花宅舉辦的音樂會非常成功。若林先生呼應潘迪先生歌聲的鼓聲也很棒。參加的人都被這場連在印度都聽不到的完美音樂會給魅惑了，立花隆先生還興奮到決心製作私家版唱片。今年秋天限量販賣的專輯中也收錄了若林先生的鼓聲。

「既會演奏西塔琴、同時也打塔布拉鼓的人好像很少見……？」

若林先生對我的問題如此回答：

「在印度或許是這樣吧，不過我認為光堅持那種看法並非了解愛好印度音樂之道。大家常說印度音樂的演奏者都打赤腳，對此深信不疑。在日本，這種先入為主的觀念似乎尤其嚴重。有一次製作專輯封套時就發生過這種事：照片裡的印度樂手穿著襪子，結果竟然說這樣會破壞氣氛，結果就沒有採用。我不希望好像是太拘泥於『我穿襪子就不行』，結果連音樂的範疇都被搞窄了。或許有人說我這樣是旁門左道，但除了印度音樂之外，我對亞洲各地的民族音樂也很有興趣，希望能接觸、演奏各種樂器。只不過最先引發我興趣的剛好是印度音樂罷了，並沒有非印度音樂不可的想法。第一次接觸印度音樂是十三歲的時候，恰巧聽到收音機播放西塔琴音樂，然後被吸引住，就這樣。加上那時我對歐洲音樂有股自卑感……。我祖母在教會彈管風琴，她的娘家是京都的樂器行，所以那倒也不特別令人覺得奇怪；但我周遭都是音樂家，例如伯母是小提琴老師，我母親是鋼琴老師。感覺再怎麼努力也追不上她們，所以很想從那樣的環境逃出來。」

聽說他曾玩過和古典樂正成對比的搖滾樂，在舞廳的樂團裡彈貝斯，也曾打工彈吉他。雖說是對生長環境的反抗，但他身上喜愛音樂的血統仍無法抹滅。

之後他碰過各式各樣的音樂和人物，最後埋首於以印度音樂為主的民族音樂研究裡頭。七年前開設可供現場表演的「羅宇屋」，也是因為希望能有個地方可以透過音樂與人交流。

「拜接觸了亞洲音樂之賜，現在能和各種音樂交流。總而言之，不希望音樂領域裡有排他性的藩籬……。」

雖然年僅二十八歲，他已經聚集了八位同好組成一個團體，學生已有四十五人。而為了聽音樂前來羅宇屋的人，據統計已經超過一千人了。

反窺河童

河童叔叔和他的獵物群

若林忠宏

首先，一臉笑咪咪的。突然間，眼珠骨碌一轉。一旦順利讓獵物入網，就又露出見獵心喜，垂涎三尺的表情。接著蹦出來的名言是：「真的啊——」。

獵物雖然有點退縮，卻依然會不服輸地繼續奮戰。得在河童叔叔下次開口前一口氣好好講完。這麼一來，就會聽到一句：「哎呀呀，還真有趣哪——」。

獵物一方面絞盡最後一絲力氣應戰，同時也有所覺悟，萬一再遭受河童叔叔攻擊恐怕就沒命了。不過令人意外的是，所聽到的回話並不是致命的一擊。因為原本就沒打算要教訓人。那麼，那到底是什麼呢？

獵物一方面對出乎意料的發展感到驚訝，一方面也逐漸明白沒逃走的必要。話說回來，他也不會逼人順從。不知不覺間，自己便會對河童叔叔下次會找到什麼樣的獵物、又會用什麼

◉若林忠宏，一九五六年生於東京。因FM廣播節目而對民族音樂產生興趣，從此踏上自學之路。一九七八年以開設在東京．吉祥寺有現場演奏的「羅宇屋」為中心，研究演奏印度、阿富汗、土耳其、阿拉伯等地音樂，可說是該領域的第一人。

方法處理感到好奇，於是就自動跟在後頭瞧個究竟。往四周一看，先前那些被捕獲的年輕獵物也同樣三五成群跟了上來。

像我這種明明年紀輕卻好裝老成講道理的傢伙，或是會用原則把自己偽裝起來的傢伙，正是絕佳的獵物。那慣有的可怕攻擊，將一直持續到這邊發出一句真心話才會放鬆下來。而那真心話，正是我們這些時下的年輕人快要忘記的「某種東西」，也就是不受任何拘束的「某種東西」。

增井光子的「動物醫院」

我拜訪了在上野動物園負責「動物醫院」的獸醫學博士——增井光子小姐。診療所裡有四位獸醫，科別除了外科、內科、眼科、皮膚科等等，也和人類一樣，包括精神內科。不單是服務範圍廣泛，患者的種類也從鳥類等小動物到龜蛇的爬蟲類，以及猛獸、大象等巨型動物，真是包羅萬象。

首先針對「動物的壓力」請教增井小姐。

「根據媒體報導，多摩動物園的無尾熊是因為環境變化所帶來的壓力導致死亡的？」

「無尾熊的死因在未經病理解剖之前無法斷定，但『死於壓力』的說法滿奇怪的。人類死亡時或許會說『因壓力造成的胃潰瘍致死』，但不會直接將死因歸於壓力吧。雖說起因或許是壓力……。我想，在熊貓之後，接著又無尾熊死亡，媒體在報導時便投射過多情感，太激動了。像這樣抱著過度武斷的態度去關心的人，其實沒辦法了解動物。從前不管是農民或獵人，都會仔細觀察動物的生活，因為那可是攸關生死的事。因此即使農

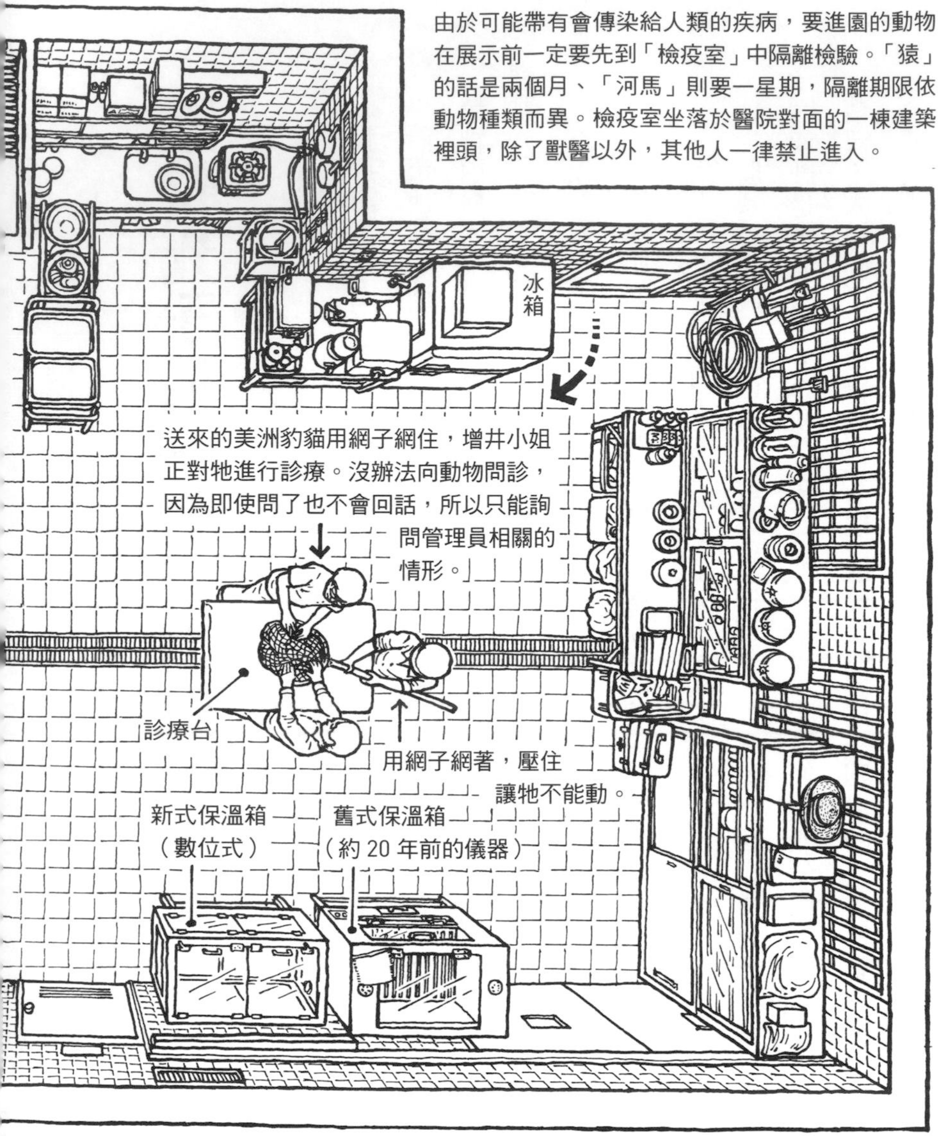
由於可能帶有會傳染給人類的疾病，要進園的動物在展示前一定要先到「檢疫室」中隔離檢驗。「猿」的話是兩個月、「河馬」則要一星期，隔離期限依動物種類而異。檢疫室坐落於醫院對面的一棟建築裡頭，除了獸醫以外，其他人一律禁止進入。
冰箱
送來的美洲豹貓用網子網住，增井小姐正對牠進行診療。沒辦法向動物問診，因為即使問了也不會回話，所以只能詢問管理員相關的情形。
診療台
用網子網著，壓住讓牠不能動。
新式保溫箱（數位式）
舊式保溫箱（約 20 年前的儀器）

作物或林業遭受破壞，也會因為『在某種程度下是沒辦法的事』而忍下來，在自然中與之共存。但是現代人完全不了解動物，很容易把動物分為『可愛』和『可怕』兩類。例如過度怕熊出沒而有『因為危險，格殺勿論！』的意見；相對地，

籠子裡的美洲豹貓（Ocelot）

新生兒用的集中治療器

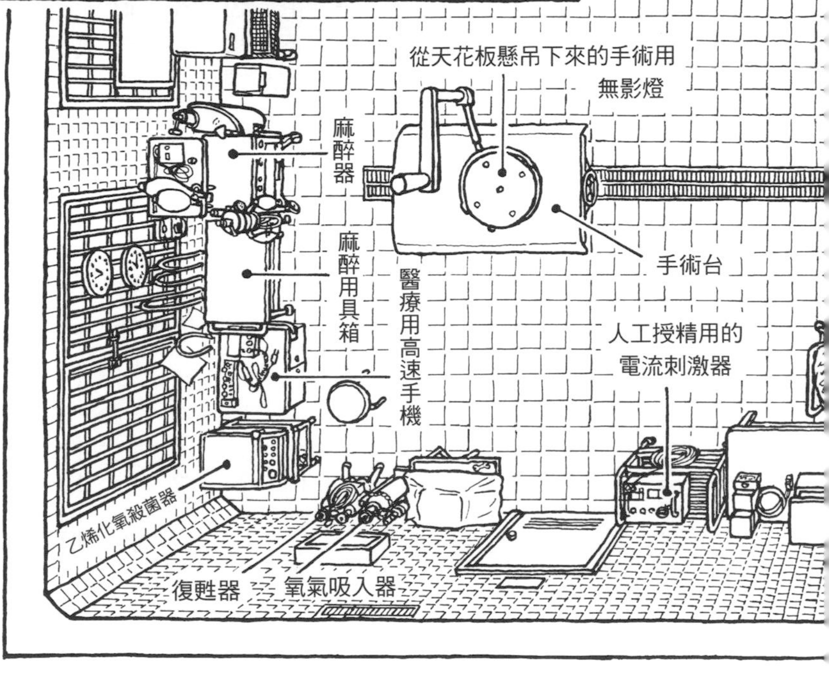
從天花板懸吊下來的手術用無影燈
麻醉器
麻醉用具箱
醫療用高速手機
手術台
人工授精用的電流刺激器
乙烯化氧殺菌器
復甦器
氧氣吸入器

▲這裡的患者會拉扯撕抓或咬人等等，相當危險，所以得用網子捕捉再送到診療室來。這隻美洲豹貓雖然左後腿受了傷，抵抗還是很猛烈。

覺得『可愛』的動物就極端表現出把牠當寵物的興趣。這回的壓力話題，也是只從單方面去看的結果。」

　有關動物的壓力實在無法一語道盡，增井小姐舉了「石鴴」為例，我聽得津津有味。十隻石鴴中大概會有一隻常被群體排擠，

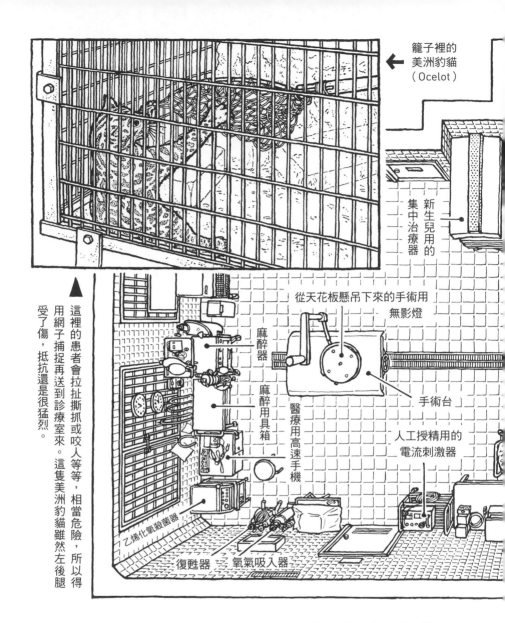

成為「被欺負的小孩」，還經常生病。一旦讓牠住院，很快就痊癒。很像小孩轉學後一切就轉好。痊癒後讓牠出院，情況又開始變糟。那隻石鴴就這樣反覆地出院住院。相反地，有的石鴴一旦和同伴分開，入院期間似乎會因為寂寞而落落寡歡。要是有這種情況，只要找一隻氣味相投的一起住院，就會比較安定。有的則是住院後傷口復原了，卻罹患了心因性脫毛症。實際狀況真可謂形形色色，動物除了種類的分別之外，更有個體上的差異。

有拒絕上學、不適應社會或因為孤獨而患脫毛症的，也有因為好奇心旺盛不斷以惡作劇來取樂的，和人類社會幾乎沒兩樣。啊，說牠們像人類是以人類為中心的思考方式，或許該說是我們像牠們呢。人類也不過是屬於「靈長類人科」的一種哺乳動物罷了。

「雖說人類是為了看動物才來這裡，但搞不好正相反呢。」

增井小姐笑著說道。其實動物也抱著好奇心在看人類……。

有隻海獅現在已經搬到江之島了，牠好奇心特強，喜歡惡作劇。特技是每當有人架好相機，牠就潑水。時機掌握之妙、命中率之高，往往博得圍觀者哈哈大笑。那隻海獅好像覺得引起這樣的騷動非常有趣，就不斷重複這把戲。還有一隻黑猩猩是器械體操高手，常在飼育獸舍裡的鐵棒上做些高難度動作，接受大家喝采。據說如果掌聲熱烈，牠還會挑戰超C級動作。但是牠的特技表演管理員卻一次也沒看過。有天因為聽到拍手喝采聲而跑去瞧個究竟，結果黑猩猩馬上停止動作，還一臉「不關我的事」的表情。於是工作人員偷偷繞到前面，躲在觀眾身後，立刻看到一場前所未見的特技表演，著實嚇了一大跳。黑猩猩只想要觀眾的掌聲為報酬，這種遊樂之心的段數真是相當高。對好奇心如此旺盛的動物來說，休館日可無聊極了，聽說整天攤在那裡，連動都懶得動。

「動物園裡的動物和大自然裡的野生動物不同，甚至有人認為，裡面的大猩猩根本不是真正的大猩猩！您對這樣的意見有什麼看法？」

「牠們的確和野生動物不同，但要是這樣就說那不是真正的大猩猩，也很奇怪。因為那不過是顯現出野生時隱藏住的個性罷了，牠們原本就有那些特質，不可能變成假的大猩猩。人類也是會隨環境變化呀。有些人在出社會後才知道某些事情，從鄉下移居到都市後也是要慢慢適應環境。我們總不會說這些人『不是真正的人類』吧。

「野生動物各有其優秀之處，但很多情況是必須貼近動物持續觀察，才能了解牠們的習性和智能。我們因而知道黑猩猩不只擁有理解語言的能力，也有組合文句、與人類對話的能力。這是利用符號化的顏色或形狀組合得知的，此外還知道牠們有理解抽象概念的能力。」

例如，從來沒人教黑猩猩怎麼用鏡子，但牠卻知道利用飼育獸舍裡的鏡子照自己背後，查看從平常角度不容易看到的傷口。

不只黑猩猩，還有很多動物的頭腦比我們想像中的還棒。

「所以我認為，應該放棄以往的飼養法和對待標準，採用新的思維，給予各種動物適合牠們的獨特環境。」增井小姐如是說。

有些環保人士基於「無論是誰，都沒有權利為了取悅人類而將其他動物關起來」的理念而主張「廢除動物園」，對此她的看法是：

「只要還有人想看動物，動物園是不可能消失的。假如撤除了公立動物園，一定會有更多譁眾取寵的展覽產生。他們一定會更從成本考量，動物的飼育環境只會更加惡化，這是可以想見的。因此，現在必須改善動物園的經營方向，努力為動物營造更好的環境。我個人的看法是，對動物園有批評的意見比較好。因為為了回應批評，動物的生活環境才會更加改善。動物園的現狀和人類的環境問題一樣，課題都在於要如何不讓環境惡化，我想根本上，這個看法和抱持著『保護地球』的自然保育人士的想法應該沒有太大差別。」

我很喜歡動物園，出國時都會去參觀，而且對國情不同所產生的差異很感興趣。很久沒來動物園了，這次原本想慢慢逛，不過截稿日迫在眉睫，只得抱憾先回家。下次有機會的話，再以不同的眼光好好觀察一下動物園。

反窺河童

真正在看事情的人

增井光子

我總會非常熱心地觀察動物行為，但對人類反而生疏，因此要我反窺河童先生……。

我能說的，首先就是非常感謝河童先生如此詳細地寫下有關動物及動物園的種種。

所以，請容我在這裡多寫些動物園的事。

從每天實地在動物園裡接觸動物的我來看，不論是發表有關動物園主張的人士，或者傳播媒體，大家都沒有詳細調查動物園的實況，而有從觀念層面來發表議論的傾向。

關於這一點，我覺得很有趣的是，動物園裡經常可以看到從事舞台工作的人來觀察動物的動作和行為。可能是研究動物對演技有很大幫助吧。其實在其他方面亦同理可證。畫動物的人也是：只拿照片當資料的人和在動物園觀察後再畫的人，他們的作品應該還是有所不同。我覺得親自去看、去感受的過程非

◉增井光子，一九三七年生於大阪。畢業於麻布獸醫大學，一九五九年起在上野動物園工作，之後歷任井之頭自然文化園分園長、多摩動物公園園長、世界水族館會議執行委員長。一九九七年在麻布大學任獸醫科教授（動物·人類關係學）。獸醫學博士。著有《我的動物記》、《動物的父母如何養育小孩》、《都市中的動物們》等。

常重要。

另一方面，妹尾先生似乎真逛過許多國內外的動物園，又了解實況，因此對出於概念而倡導廢除動物園的說法抱持著否定的態度。我想，那也是因為妹尾先生真心喜歡包括人類在內的所有動物吧。如果有這種基本理解的妹尾先生能巡迴參觀世界各地的動物園，再將他們的好與壞都整理報導出來的話，應該可以將關於動物園的正確知識傳遞給社會大眾。

妹尾先生，來個「窺看動物園」的企畫如何？

山下洋輔的「練指場」

今年恰逢巴哈的三百歲冥誕，許多地方都舉辦了紀念活動。日前由爵士鋼琴家山下洋輔先生，和井上道義先生所指揮的「讀賣日本交響樂團」共同演出的音樂會也是其中之一。

我到休息室訪問山下洋輔先生時，他正在做演奏前的暖身體操。

「剛剛有人來訪問，問道：『身為爵士鋼琴家，為什麼要演奏古典音樂？』要問為什麼，我也……。但還是回答對方了：『因為覺得好玩。』不過好像不是人家想要的答案哪。」

他笑著說。我接道：

「好玩這理由還不夠充分嗎？」

「因為河童先生和我算是同類吧。對一般人來說，好像還是需要一個比較像樣、聽了讓人有恍然大悟之感的說明呢。」

說到這個，倒讓我想起他曾組織「全日本中華冷麵同好會」，還擔任會長。

據他的說法是：「追究起中華冷麵的源頭，說不準可以溯及巴比倫呢？還有它究竟該怎麼吃、怎麼吃比較好等等，也是眾說紛紜。所以想研究看看。」

像他這種玩法，完全找不到一絲正經八百的理由，讓那些試圖釐清哪部分是玩笑、哪部分又是真實的人更加混淆。

不過，我卻能從他那「遊戲便是工作，工作便是遊戲」的態度中窺看到認真的一面。我若說了出來，他一定會不好意思，到時候又開始說些有的沒的，搞得更複雜，所以還是忍住了……。

放到他的音樂上來看也一樣。他絕非將演奏巴哈視為兒戲。以現代手法來演奏巴哈的《大鍵琴第三號D大調協奏曲》會如何呢，真是有意思。說不定巴哈本人聽到這樣的詮釋也會覺得有趣。

有三位以研究巴哈而世界知名的人士正好從東德來日訪問，聽了山下先生當天的演奏後異口同聲讚道：

「山下先生真是位了不起的鋼琴家。這次的演奏充滿夢幻氣息，完美地以現代手法展現巴哈的世界。不協調音的運用也為巴哈灌注了新生命，實在令人感動。」

這不是客套話，而是發自心底的讚美之詞。

這三位就是為山多利美術館舉辦的「音樂文化展．巴哈三百歲冥誕」帶來巴哈樂譜手稿等國寶級資料的學者。正因為是認真鑽研的學者，所以若以玩笑方式來詮釋巴哈，他們聽了應該會無法接受而大發脾氣的。

洋輔先生的行動乍看常讓人覺得激進，因此容易產生誤會。比方說，他的演奏方式人家說他「用手肘撞鍵盤，握緊拳頭激烈捶擊」。沒錯，當天的演奏也有這麼做。

山下洋輔先生的「肘擊、拳擊」演奏法是事實，但只有這一面在各界流傳，被人說成好像他的音樂就只是這樣而已，真令人惋惜。

實際聽過他演奏的人，應該都能感受到他做出這樣動作的整個兒過程，以及在音樂上的必然性。還有，在發狂似的高音後自然轉入纖細弱音的絕妙技巧，總是讓身為聽眾的我屏息，至今還記得那股直讓人豎起寒毛的興奮感。

但是完全沒聽過他現場演奏的人卻老是誇張地傳述他特異的演奏法，已經到了很離譜的地步。有次我知道時著實嚇了一大跳。

「不借鋼琴給山下洋輔」

有篇以此為主旨的文章刊載在去年二月關東甲信越地區的公立音樂廳機關報上。標題是〈對於異於常人的鋼琴家，今後以自備鋼琴為原則〉，執筆者則是栃木縣的「左野市文化會館」職員，裡頭是這樣寫的：

聽說在「練指場」不會做出這種「肘擊」的演奏……
請他表演「肘擊」和「拳擊」，他有點靦腆地照做了。

「耳聞有位異於常人的音樂家，經詢問鄰近和外縣市的會館後，確認為事實，因此使用本館小型音樂廳的條件為自備鋼琴，否則不得做異常演奏，而且必須立下合約書，保證主辦單位及製作單位會準備調音師、若有故障須以相同的鋼琴替換等。但是演奏當日，果然如先前所擔心的，該音樂家不但運用了手

這裡是山下洋輔先生的住家，不過他說：「我是個旅人，不太能定居一處呢。每次回來很快就又出門。上個月好像只住了五、六天吧？」採訪隔天他剛好要出發去瑞士蘇黎世，而且只排了一天晚上的音樂會，結束後就算趕回來。這位「旅人」的另一半，洋子小姐，過著開朗獨立的生活，給彼此自由的空間，從這房間就可以感受得到。

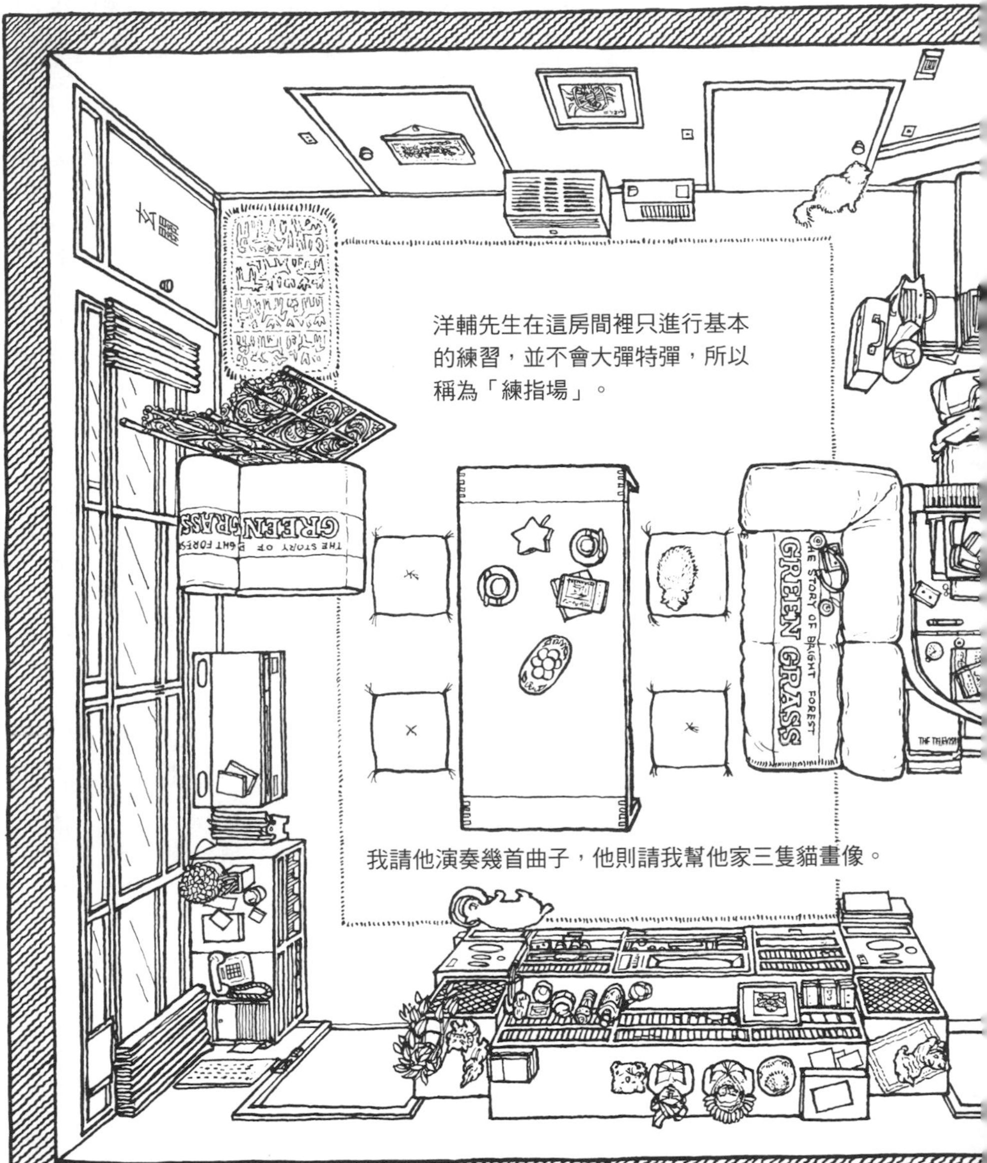
洋輔先生在這房間裡只進行基本的練習，並不會大彈特彈，所以稱為「練指場」。
GREEN GRASS
THE STORY OF BRIGHT FOREST
我請他演奏幾首曲子，他則請我幫他家三隻貓畫像。

掌，也持續以『拳頭』和『手肘』演奏，令會館負責管理鋼琴的職員從頭到尾提心吊膽。因此本館確定，今後若遇異常的音樂家，原則是必須自備鋼琴。」（照抄原文）

不單在日本，在全世界都得到極高評價的山下洋輔先生在這裡一直被蔑稱為「異常的音樂家」。裡頭看不到想認識他音樂的隻字片語，或企圖去理解這種演奏方式所衍生的獨具創意的樂音。

唯一看得出來的是狹隘的思維：他們的工作只限於管理文化會館設備。

更讓人困擾的是，機關報上刊載的文章竟然在各地的公立音樂廳掀起了骨牌效應，陸續有會館擺明「不借鋼琴給山下洋輔」。

洋輔先生的事務所對此提出抗議，並且投書到同一份機關報上表達反駁意見，但偏見並不是那麼容易消失的。

不過，倒也不是所有公立文化會館都如此。當中也有的在歷經那場誤會和差別待遇的騷動之後，反而更深切地理解了山下先生的音樂。

同樣在栃木縣的「真岡市會館」即為一例。剛開始那裡也同別的地方一樣，說：「不借。真要借的話，如果琴弦斷掉必須賠償，演奏完畢還得調音。」

事實上，琴弦在小孩子演奏時也有可能斷掉，跟演奏法沒有絕對的關係。

再者，所謂的調音，是每次音樂會前本就該做的事，現在要求音樂會後必須調音，實在沒道理。

主辦單位針對這些矛盾之處提出異議，和會館方面折衝之後，最後還是接受了萬一琴弦斷掉要賠償的條件，音樂會才終於辦成。

雖然舉行前發生了些爭執，但幸好音樂會非常成功。其中最讓人高興的莫過於聽到會館的職員們說：「明年請務必再來演奏。音樂真的是沒親耳聽到便無法理解的東西啊。」聽說今年秋天的音樂會就是這樣來的。

深深期盼其他會館也能早日跟進。

雖然名為「文化會館」，但全國有太多音樂廳至今仍只停留在管理建築物和設備的層面，這和孕育文化的目標實在差距太遠了！由前述的情況便可知道，那些不把鋼琴借給山下洋輔先生的人，對音樂的認識僅止於把它當成文化行政的題目而已。

反窺河童

「什麼時候會響啊啊啊啊」

山下洋輔

雖然是初次與河童先生見面，不過事前就已經聽過他的傳聞了。

益子的陶藝家坂田甚內夫婦每年都會幫我辦場音樂會（就是本文中「真岡音樂會」的主辦者）。而河童先生只要想到，常常就忽然跑去益子，轉轆轤玩陶玩得渾然忘我，或揮著模型槍和小孩們玩成一塊兒。

敲定這次的採訪時，我恰巧在益子那裡做客，於是便聽到一些河童先生的傳聞，得知他「電話魔」的一面。聽說他喜歡在深夜打電話給合得來的人，聊上幾個鐘頭，但那還只是暖身而已。這讓我戰戰兢兢地等候，直到在葉山的自宅接受採訪。

做完如本文所描述的採訪之後，我請他到附近一家自認不錯的蕎麥麵店用餐。河童先生興致很好，邊吃邊聊了許多事情，從筆名的由來、把它當本名的背後故事、現在家庭的成員，到

◉山下洋輔，一九四二年生於東京。高中時即以專業身分進入爵士鋼琴界，自此展開風格自由的演奏活動，引領時代走向的同時也擁有眾多樂迷。曾以獨特筆調寫出《嘲笑鋼琴家》、《歪彈鋼琴之旅》等知名散文集。

太太的經歷和血型，通通都讓我知道了。

最後，話題總算轉到他深夜愛講電話的癖好上。大概是我臉上露出曖昧的表情吧，河童先生的眼神突然閃爍起來，追問是從誰那裡得知的？告訴他是從益子得來的情報後，他臉上隨即浮現出頑皮小孩被逮到惡作劇似的神情。

既然他只會打電話給他覺得合得來的人，那麼只要別被河童先生看上，不就可以逃過一劫？可惜我沒有那種故意讓人覺得不順眼的高超技巧。再說，連我太太都被他寫得那麼好，我心情更是愉快。終於，往河童先生深夜電話的軌道鋪好了。嗯，這電話不知道什麼時候會響啊啊啊啊。

蜷川幸雄的戲劇工作坊

那是好幾年前的事了。一位前來採訪蜷川先生排演情形的電視台攝影師偷偷問我：

「今天的排演，蜷川先生會不會丟菸灰缸啊？」

我不安好心地反問：

「你是為了拍這個才來的嗎？」

「也不是這樣啦，不過如果能拍到那畫面，好像比較有抓到蜷川先生的神采，而且也很有震撼力嘛。」

結果他在旁邊期待著蜷川先生喝斥演員、丟菸灰缸的場面出現，就這樣等了兩個鐘頭。好不容易拍到想要的畫面，整個採訪小組馬上很可笑地匆匆忙忙收拾器材走人。

看到那個畫面的觀眾，大概都會留下「哇！好恐怖的導演」的印象吧。

的確，蜷川先生排演時會把演員罵得狗血淋頭，有時還會拿起菸灰缸砸過去。但並不是排演期間老這麼暴跳如雷的。

在排演期以外的時間遇到蜷川先生，應該有不少人會覺得他很沉穩，「咦？」地大出望外。那為什麼排練時會如此咆哮呢？我想是因為他不希望演員以日常生活的感受性來演出戲劇吧。而這種激烈的表現正造就出「蜷川幸雄的戲劇世界」。

今年夏天，他所導的《Ninagawa馬克白》將在歐洲公演。這齣戲並非為了海外公演而作，是五年前在日本上演過的舞台劇。這齣戲在歐洲會得到何種評價，可說是從出發前就備受矚目。加上巡迴演出的終點站是愛丁堡藝術節，更像一場豪賭。因為馬克白是莎翁作品，又在故事的背景地演出，倘若觀眾不滿意演出成果，那可不是被臭罵一頓就能了事的。而且這齣被他們視為文化財產的「馬克白」還被人冠上「蜷川」二字，想必會招來批判吧。沒想到演出非常成功。也就是說，蜷川先生所導的戲不只在日本受好評，在國際上也能得到共鳴。歐洲的戲劇界人士與評論家一致稱讚：

「這次愛丁堡藝術節最傑出的就是《Ninagawa馬克白》。我們一直認為，莎士比亞是屬於我們的、得由我們來傳承，但在他們的巧手改編後，呈現出超越我們之上的莎士比亞。透過他們的演出，我們了解到，該學習的東西實在太多了。」

聽到這些話的蜷川先生，不大相信地說：

「真的嗎？我們只是翻譯出合適的部分，然後盡量不要曲解原意，就這樣而已耶。」

「GEKI SHA」蜷川工作坊（NINAGAWA STUDIO）諸成員
牆上貼滿了曾租用這個場地排練的舞台劇的海報
蜷川幸雄先生桌上擺著一個鋁製菸灰缸
正在演出的是就讀早稻田大學的 K 君，排演德國作家博爾謝特（Wolfgang Borchert）的《窗外》。

然而，當確定各報的評論都是讚美之詞時，那些參與公演、同甘共苦的演員和幕後工作人員都鬆了一大口氣。

《Ninagawa馬克白》的背景設定其實完全偏離了原著，而搬到日本的安土桃山時代。舞台布景是一座占滿舞台的巨大佛壇，戲

他就算拿鋁製菸灰缸丟人，也絕對不會打中演員。我曾經惡作劇地換上比較重的水晶玻璃菸灰缸，不過蜷川先生會略過去，而改扔香菸盒。「這次排演我雖然沒扔菸灰缸，不過把兩根菸斗和三張椅子給摔壞了。」他有點不好意思地笑著說。

正在「Benisan Pit」第一排練場排演的

「GEKI SHA」於一九八四年春成立，目前有 39 位成員（女 22 名，男 17 名）。工作坊的基本開銷據說僅靠大家（包括蜷川先生在內）平均分攤。

就在裡頭搬演。佛壇的柱子和牆壁塗滿黑漆，點綴著金色雕飾。裡頭的場景時而一片荒野，時而跳到城堡大廳，有時則是兩軍交戰的場面，並伴隨著迎風飄舞的櫻花瓣。

　聽說在電視報紙的採訪中，最多人問、也最令採訪者吃驚的是

這齣戲並非為了歐洲公演而作，原本在日本上演時就是這樣，原封不動搬來而已。

這次公演的迴響似乎傳遍世界，各地不斷湧來演出的邀請，包括鹿特丹、布魯塞爾、倫敦、馬德里、耶路撒冷、紐約、巴爾的摩、洛杉磯和香港。

不過該劇製作人說：

「由於劇團行程需要重新安排，所以海外公演得等到兩年後的一九八七年了。」

蜷川先生卻反問我：「咦？這樣啊！」

他似乎對兩年後的事、以及還在安排的情形不甚清楚。

現在的他正專心投身於與年輕人合作的戲劇工作坊「GEKI SHA」上頭。

「我不會將戲劇加以分類，也不限定在某些類型上，什麼都想試試看。對我來說，不管是商業性質的戲劇、電影、廣告片或小眾戲劇都一樣。我只擔心我的戲會不會太狹窄，或者過於僵化。現在跟年輕人搞工作坊，或許也是想擺脫那種不安吧。因此，除了激發年輕人之外，自己也可以從他們身上學些東西。」他如此說道。

我去工作坊拜訪時，他們正在排練即將在「Parco 3」上演的戲。這次的公演是由年輕人各自挑選想演的作品，自行排練後在蜷川先生和其他學員面前表演，然後接受導演指點，再反覆演練。學員們挑中的作品涵蓋古今東西，約二十種，從莎士比亞、哈辛（Jean

Racine）到三島由紀夫、唐十郎等，最後以拼貼方式組成了這齣戲。

我也去看了那場公演。觀眾全都席地而坐，在爆滿的觀眾席周圍是十三個像路邊攤的小舞台，所以是好幾齣同時演出，甚至會看到一個演員穿梭在眾舞台之間，形成相當複雜的戲劇結構。觀眾也得跟著不斷轉頭欣賞，簡直讓人喘不過氣來。

在欣賞年輕演員的演出之餘，我忽然想起以前曾瞥見蜷川幸雄這位導演的真面目。是在排練場擺置物櫃的角落。這事他應該不大想讓人知道，不過……。

「拿這錢去請那傢伙吃個飯。最近好像都沒好好吃一頓，不過別讓他知道是我的主意。」蜷川先生說道，一邊把錢遞給副導。

雖說他在排戲時經常大罵：「笨啊」、「去死吧」、「反應怎這麼遲鈍啊」、「別幹演員了！」但在罵人的話裡卻隱藏著溫厚的心意，相信大家都感覺得到。否則，他導的戲不會老是有各路知名無名的演員和工作人員參與。

反窺河童

你還真囉唆啊！

蜷川幸雄

首演前的最後一次彩排簡直像戰場。演員及工作人員為了有完美的演出，都拚命賣力扮好自己的角色。這時卻有一個人在觀眾席裡帶著笑容走來走去。至少在我眼裡看起來是這樣。那人就是河童先生。

他笑咪咪地說：

「喂，蜷川君，剛演得不錯呢。不過那裡可以嗎？恐怕還不行吧。我想一定是這樣沒錯。喂，有沒有辦法解決啊？」

確實如他所說，還不夠好。所以更讓人傷腦筋呀。都這個節骨眼了……。

河童先生真是位麻煩人物。

啊！接著轉到負責燈光的吉井澄雄先生那裡了。

「嗯，那個角落啊，好像有點暗哦？」

你還真囉唆啊，河童先生！

◉蜷川幸雄，一九四五年生於埼玉縣。原本目標是演員，一九六九年卻以導演身分出道。之後以導演《美蒂亞公主》、《近松殉情物語》等劇聞名。一九八五年以《Ninagawa馬克白》在歐洲廣獲好評，「導演Ninagawa」之名傳至世界劇壇。

河童先生因為怕傷到人，總是很和藹地表達自己的意見。可是又因為太客氣了，反而傷害了我們呢。我想河童絕不會發現這一層的。

講到排練，通常是在河童先生的工作完成後才開始。況且河童先生所設計的布景都與設計圖完全一致，絲毫沒有誤差，設計可說是完美無缺。因此當我們開始排練時，就是他休息的時候了。他能將設計做得如此完美，毫無疑問，過程一定十分辛苦，但是……。

但是、但是啊，說到他在排練時的模樣，或許因為他在製圖階段，或在大家專心排演的時候都比別人早一步完成工作，所以老是笑咪咪的，看起來簡直像在教室裡走來走去、到處惹麻煩的幼稚園小朋友。真的很像……。

黑田征太郎的「畫童」

「有些人小時候喜歡畫畫，常常隨手塗鴉，長大後卻不提筆了。我想是因為小學的時候老師會在畫上面打分數評比吧。其實畫畫和語言表達一樣，想畫圖的時候，背後都有它的意義。」

插畫家黑田征太郎如此說道。我也有同感。

說到「畫畫」，若提什麼「人類的定義」好像有點太誇張了，可是我很早以前就覺得，人類的能力除了「直立兩腳行走」以及「聲音語言」之外，應該還要加上「繪畫」。與人類相近的黑猩猩不知道有沒有繪畫能力。為求慎重起見，請教了多摩動物園。

園方的答覆是：

「曾經試過讓黑猩猩拿筆畫畫，結果只是亂塗一通，好像沒有想藉著繪畫表達什麼，也看不出牠畫了什麼明顯可辨的圖案。」

這麼說來，「繪畫」能力可以說是人類所擁有的寶貴天賦囉。因此若有人只是在意巧拙與否就放棄畫畫，實在很可惜。

黑田先生也這麼認為：

「只要自己覺得畫畫很快樂就好了呀。因為『畫得不好』就不畫，那就好像有人因為不擅言詞就保持沉默不開口呢。我覺得大家應該要掙脫『畫得好的人才會覺得畫畫很快樂』的既定觀念。管別人批評什麼『畫得好』、『畫得爛』，最重要的是『快樂自由地畫』。我自己就是抱持著這樣的想法在畫畫的。」

今年九月，黑田先生在東京澀谷的西武百貨舉辦了名為「黑田征太郎美術館」的個展。黑田先生筆下的五彩鳥兒在會場裡四處翱翔。使用的素材各式各樣，從紙張、小石頭、木板碎片、磁磚，到用瓦片畫出的線條等等，非常自由。這些不是「想畫」而畫出來的，而是一氣呵成的成果。

這些畫作誕生的畫室更是獨特，竟然是佐渡島南端的廢棄小學分校校舍。

天氣好的時候，就把桌子搬到校園裡，在陽光底下作畫。

那景象光用想像的就讓我心癢難耐，很想馬上衝去那所廢棄小學瞧瞧。

黑田先生說：「這樣的話，我也想一起去。我可以配合河童先生的時間，日期決定好請通知一聲。」

大概在這裡上過學的人很珍惜它，
校舍並不顯得頹圮老舊。
他說，「腦海裡一浮現影像就想盡快捕捉住……」，所以才畫得那麼快。
量了量時間，有的居然四十秒就畫好了。
聽說這所小學建於大正元年，
所以已經七十三歲了。
這站姿很像
正在運動

「那，您可以當場揮毫嗎？」

「當然！畢竟那裡是約好要借我五年的工作場所嘛……。我也常想著要到那邊去作畫呢。」

我因《工作大不同》常得到各地採訪各界人士，然而與受訪者一同從東京出發倒是頭一遭，好像要去旅行一樣，直到出發前都興奮不已。

到了約定的那一天清晨，與黑田先生在上野車站會合。從東京到新潟，搭新幹線花了兩個鐘頭。接著在新潟港搭乘往佐渡兩津的高速水翼船，一個小時就到了。以前曾經來過佐渡，這回感覺距離變近了。

一上新幹線就和黑田先生聊了開來，在兩津港租車時也沒停過，一直聊到抵達目

由廢棄校舍改成的黑田征太郎畫室「畫童」

校舍遠比想像的來得小。教室只一間，其餘有教師辦公室、值班室、廚房、廁所等等。

在校園作畫的黑田先生

◀這隻「鳥」是黑田先生畫給我的鋼筆畫。黑田先生在大阪組了一個繪圖社團，但他絕不說怎樣畫比較好，而是根據對方特有的趣味之處加以讚美。他說：「負面的批評往往會讓那些想要自由畫畫、享受繪畫樂趣的人打退堂鼓，所以……。」

的地。我不曾有機會和受訪者聊那麼久，而且途中還參觀了博物館和寺廟等，簡直像觀光旅行一樣，心情好得不得了。雖然「佐渡民謠」不是這樣唱的，但「佐渡真是個好地方」啊。

「為什麼選佐渡呢？」

「沒什麼特別理由，其實有點像隨便找的……。當初的念頭只是要遠離東京，什麼地方都好。因為很想從電燈底下改到太陽下自由作畫。心想應該有這種地方吧，找著找著，就變成以佐渡為活動據點了。當初是一位在『鼓童』（編按：以表演日本太鼓為主的樂團，根據地設在佐渡）的人告訴我，在小木町的江積有一所棄置的小學分校，問我要不要瞧瞧？那時才第一次到佐渡來。參觀學校的時候馬上就喜歡上了呢。心想，『就是這裡了！』」

那所小學是一棟建在海邊山腰上的木造建築，入口處有寫上「畫童」的牌子。

「人家掛『鼓童』，那這邊就叫『畫童』……。」

果然很像黑田先生的作風。這名字取得真好。

「不會因為是質疑學校的美術教育，才把這所廢棄學校改成畫室的吧？」

「沒有那樣想，完全是偶然。不過後來好像也可以這麼解釋哩。其實我打算不只把這裡作為個人畫室，也希望孩子們能自由使用。」

接著便請他到校園裡作畫。聽說黑田先生的作畫速度飛快，結果是快得超乎想像。只見他用白色顏料塗滿畫紙整面，接著以蘸滿顏料的筆一氣呵成，宛如寫字。不到一分鐘就完成了一張色彩繽紛的畫作。第一張畫完又緊接著畫下一張。每張色彩都完全不同，鳥兒的外形也迥然相異。

「一直到三年前，我才真正體會到畫畫的快樂、覺得只要畫畫就心滿意足了。在那之前，都是為了商業而畫，雖說收入頗豐，卻漸漸發現自己『想畫畫』的衝動與日俱減，『這樣下去不行！』廣告業是一份不用揮汗就能有不錯收入的工作，所以……。於是便想離開平面設計界，將一切都清算過。就這樣來到佐渡，結果實在太棒了。首先在這裡，『黑田征太郎？誰啊？』所以能夠很自然地與人認識交往，還能交到許多朋友，那和在工作場合認識的同伴是不一樣的。」

「該不會看到您的畫之後，覺得：『知道畫的是鳥，不過好像連小孩兒也畫得出來嘛。這人在東京真的是靠畫畫維生的嗎？』」

當我這麼問時，他笑了出來：

「搞不好人家是這麼想呢。但只要有人是因為『如果這樣的畫也行』而大膽開始動手，我就很高興囉。」

他有點不好意思地繼續說道：

「這話聽起來或許有點自命不凡，但現在繪畫界瀰漫著一股威權主義的風氣，以得到文化動章、能否躋身藝術院為終極目標，我很反感。標榜畫作一號（編按：計算畫作大小的單位，基本上為16.6 X 22.1公分）值多少、或得過什麼獎的風潮，不是很奇怪嗎。與其那樣作畫，我覺得不如像漁夫捕魚或農夫種稻那樣，理所當然、自然地畫就好了。只要普通的叔伯大嬸兒覺得我的畫滿漂亮、滿有意思的，那就夠了。」

黑田先生用色鉛筆在海邊拾來的小石頭上畫了鳥兒送給我。拿到石頭的我雀躍不已，好像回到了小時候收到珍貴禮物一樣。不時隔著口袋握住小石頭，每過一會兒就拿出來盯著瞧，臉上露出滿足的笑容。

反窺河童

像孩子般遊戲的人

黑田征太郎

在佐渡參觀完我的工作場所後，和河童先生一行人去吃飯。我們在小木町一家叫「魚晴」的魚店二樓吃了一頓美味便宜又新鮮的海鮮大餐。花枝、鮑魚及螃蟹等陸陸續續端上來，河童先生速度不輸年輕人，沒幾下子就一掃而空。吃螃蟹時更是愈吃愈快，整個人都快撲到桌上了。他還對年輕助理說：「到底應不應該啊，吃這麼好吃的東西……。年紀輕輕就曉得了這般美味，那以後的日子可怎生是好呀！」

在回旅館的車上，河童先生雖然吃得很撐，還是說說笑笑聒噪得很。然後就這樣一溜煙地回到自己房間。

隔天早上，河童先生為了去拜訪C・W・尼寇先生，很早就離開旅館。他在櫃檯留了張紙條給我。昨天晚上他向我推薦佐渡島流傳下來的藝能，便條上又強調一次：「真的不錯，看了就知道！」這幾個字就和在雜誌上看到的一個樣兒。

之後有一天，與河童先生聊到模型槍，他隨即提議：「不然現在就到我家去！」便跟著河童先生到了他的工作室。

他的工作室裡擺了許多模型槍，一進去河童先生馬上秀了一段耍快槍的特技，玩得不亦樂乎。河童先生的房間，與其說是舞台美術設計師的工作室，不如說是喜愛勞作的小孩的房間。

桌上還擱著設計中的舞台用帆船模型，那是為了即將巡演日本全國的《西洋跳棋》所作的舞台設計。船桅高達二十公尺，

◉黑田征太郎，一九三九年生於大阪。高中肄業後歷經各種職業，一九六〇年踏入設計界。在美國停留時於一九六九年與長友啟典先生組成「K_2」。以插畫家、平面設計家身分確立名聲和地位，可說是日本現代視覺藝術界的代表人物。

據說擺進武道館時會把舞台撐得滿滿的。

河童先生的工作不管在印度、佐渡或武道館，都讓人覺得他遊刃有餘、一手掌握，而且充滿赤子之心，不時冒出「嘻嘻嘻嘻」的笑聲，玩得非常盡興。

C・W・尼寇的「事務所」

我去長野縣黑姬山麓拜訪了C・W・尼寇先生。

尼寇先生第一次來日本是二十三年前，為了學習柔道而來，那時才二十二歲。之後便經常來訪，七年前終於決定定居日本。他出生於英國的威爾斯，十四歲時因為學柔道而開始對日本產生憧憬，並成為親日人士。

在年輕人之間，他特別以「探險家兼作家」的獨特作風聞名。

今年夏天向他提出訪談的邀約時，他說：

「目前正在蓋新的『事務所』，希望能畫它。預定今年秋天完工，所以請再等一段時間。」

我心想：「事務所？」（譯註：日文讀為Zimusho）尼寇先生日文很好，這該不會是他的俏皮話吧。待去到黑姬山才赫然明瞭：建築的一樓擺滿各式各樣的健身器材，完全就是間健身房；爬上樓梯來到二樓，則是「作家的書齋」。於是他才半開玩笑地把這棟兼具兩種功能的建築稱作「事務所」（譯註：健身房的日文讀音為zimu，書可唸為sho，兩者相加便是Zimusho）。房子外

的肉體和精神保持在最佳狀況，所以蓋了這間『事務所』。」

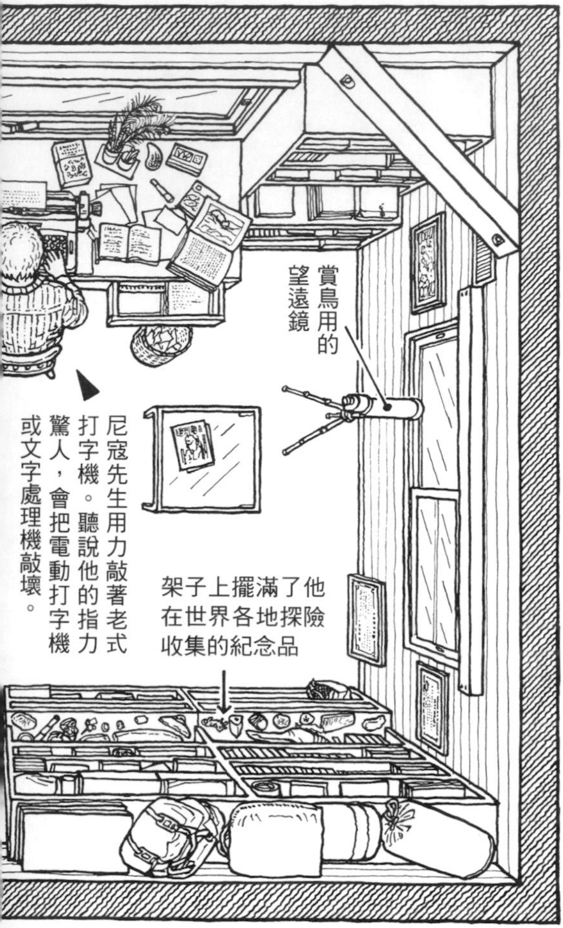
賞鳥用的望遠鏡
尼寇先生用力敲著老式打字機。聽說他的指力驚人，會把電動打字機或文字處理機敲壞。
架子上擺滿了他在世界各地探險收集的紀念品

牆則嵌上了NICOL'S GYM OFFICE的字樣。彷彿看到了尼寇先生調皮作怪的表情，讓人不由得莞爾一笑。

從「事務所」煙囪升起白煙裊裊，看起來宛如描繪冬景的一幅畫。我雖然對自然風光向來興趣不大，但看見山中林木飄落的枯葉隨風起舞，又聽見踏著落葉行走時的沙沙聲，也知道下雪的季節不遠了。

「正等著河童先生來訪呢。想問有關捕鯨的問題是嗎？讓我講起捕鯨，我可是會愈說愈興奮愈大聲喔。」

他這麼笑著說，邊把柴薪丟到暖爐裡。暖爐在一樓健身房隔壁的房間，房裡還有一座吧檯。他說：

「我真正的身分是酒鬼，工作則是作家。」

「若希望不必藉文明利器就能生存下去，唯有讓自己

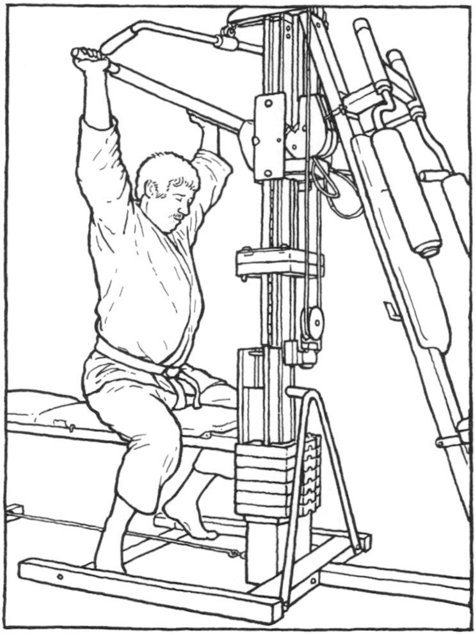

他演示給我們看每天在健身房都做哪些鍛鍊
（健身器材是美國製）

二樓下面的暖爐煙囪貫穿上來成為這房間的暖氣設備
道服
自製水壺
MITSUI
健身房隔壁樓上的「書齋」

NICOL'S GYM OFFICE
Nicol's Gym & Office

他還畫了一張圖，說明死後墓誌銘要怎麼設計。墓碑上要寫

著：「語部兼酒鬼尼寇長眠於此」（編按：語部是日本古代以講述傳說、故事為業的氏族）。日文非常好、連開玩笑也會注意遣詞用字的尼寇先生說他非常喜歡「語部」這個詞和它的涵義。還笑說，自己是個搞不好比一般日本人還像日本人的「怪怪外國人」。

「望著鏡子裡的自己，臉孔的的確確是外國人，不過看到外國人的行事作風卻比日本人還義憤填膺。尤其『反捕鯨運動』的那些人，我實在看不下去！日本人應該要更懂得保護自己文化、對外人的多管閒事更表憤怒才對。那群人說什麼『鯨數減少，所以要禁止捕鯨。地球的自然環境是超越國界、屬於全人類的』，聽起來好像合情合理，其實根本是天大的謊話！要是真減少了，我一定率先號召大家護鯨。問題是，南極海域的鯨隻數量其實是增加的！」

尼寇先生以加拿大「環境廳漁業監督官」的身分調查過實際狀況，並監控、指導捕鯨作業的進行，是這方面的專家。

「其實，IWC（國際捕鯨委員會）把對『反捕鯨』不利的資料都壓下來了。日本也有人贊成『反捕鯨』，但我真想問問他們，那些資料是從哪裡取得的？他們曾到過南極海域嗎？若去過，又去了幾次呢？要是分析過『捕捉標放法』（tagging）的調查結果，應該就可以清楚知道鯨隻數量已經明顯增加了。『綠色和平組織』的成員真是發現了不錯的目標啊，佩服佩服。反對完美國和法國的核子試爆後，接下來找上『鯨』。以『保護自然』的名義，成功地讓不吃鯨肉的國家產生反日情結。參加ＩＷＣ的共二十三國，其中曾捕過鯨的只有九國，剩下的十四國完全和鯨沒關係，卻都投票贊成『反捕鯨』。很明顯地，捕鯨成了國際貿易摩擦的代罪羊，而日本政府和企業也都為了保護工業產品的出口而把『捕鯨』當作犧牲品。『自然保護』運動中關於『反捕鯨』的做法，實在是一種可惡的欺騙行為！他們說『鯨是種聰明的動物，所以被捕很可憐』，但難道他們都沒發覺這種想法中隱含著恐怖的歧視和抹殺的觀念嗎？優勝劣敗、以人類為中心的想法必定是錯誤的。除了站在『人類也是自然界一員』的立場外，其他都不能相信。」尼寇先生這麼說。

他正在寫一本名為《ISANA》（編按：漢字寫成「勇魚」，即為鯨）的小說。明年將在紐約及倫敦同時出版，也將有日文譯本。據說從佩里提督（譯註：Matthew Perry，美國軍官，一八五三年率領東印度艦隊打開行鎖國政策的日本大門）來日的時代寫起，是有關日本捕鯨的故事。

「不是日本人的我現在無論說什麼或許都沒太大用處，我能做的就是用英文寫小說。我想藉著小說多少可以讓世人了解日本文化。例如四面環海的日本為何會吃鯨肉？希望能讓大家從文化面來多加理解。」

現在大部分日本人不認為「捕鯨」與自身有關，但對尼寇先生而言，這可是刻不容緩的問題。

「動物性蛋白質從鯨身上取得的比率已日漸減少，或許有人因此認為禁止捕鯨也不會造成什麼大礙。但真正問題不在這裡，而是難道就這麼輕易地放棄自己的飲食文化嗎？那些人的真正用意不在『護鯨』，光是『反捕鯨』並不能讓他們善罷干休。接下來是鮪魚、鮭魚，然後對兩百海浬的問題要求也會愈來愈嚴格。隱藏在國際政治和貿易背後的意圖可不像日本人所想的那麼簡單。」尼寇先生語重心長地說道。

尼寇先生對「自然與環境保護」的意見有他到當地的實際體驗為佐證，深具說服力。

這次採訪還談到人禍所導致的非洲飢荒實況、世界各地因森林砍伐導致山林荒蕪的實際例子，以及酸雨與地下水水質的變化等等，談得欲罷不能。

在河童先生的透視鏡底下

C・W・尼寇

「鳥居川」離我的「事務所」僅一箭之遙。此溪源於戶隱、飯綱、黑姬山脈的冰雪，清澈冷冽。雖說是條小河，但在這高原一帶，古時產玉石的大河之源也不過如此小溪而已。

「河童」雖非沿此小河來訪，總之突然出現，跑來窺看我的事務所。但又不只是窺看，而是宛如福爾摩斯一樣，透過他的透視鏡觀察我的工作、生活、思想和生活形態。

對一位作家來說，工作場所是反映出他這個人、乃至身為藝術家的夢想和期望的地方。例如把工作場所整理得乾乾淨淨的人、除了透過文學表現自我之外什麼都不在乎的人、神經質的人、大而化之的人等等，各式各樣……。

我書房的特色是和健身房設在一起。我每天在那裡頭健身，但可不希望被誤解成只是四肢發達的肌肉男。事實上在河童先生來訪之前，真有點擔心他會有如此誤解。

◉尼寇（C.W.Nicol），一九四〇年生於威爾斯。十八歲時前往加拿大，曾到北極地區探險十數次。參與伊索匹亞國立山岳公園的建設後，轉任沖繩海洋博物館加拿大館副館長。一九八〇年起定居黑姬高原，以行動派作家聞名。代表作有《伯納德．李奇的日晷》等。

然而，他不僅對於我在沿河林中可遠眺群山的生活及想法有所共鳴，並且擁有日本人少有的感性，坦率地表現出他的歡喜之情。這真的讓我很高興。不像一般的採訪者老是問一些「為什麼選上黑姬這地方？」之類的無聊問題。

可是，當我看到他筆下極端細緻且完美的素描時，居然有點兒慌張起來：「我的書房真有這麼亂嗎？」或者「我有讀三井的書嗎？」當然河童先生是正確的。

其他像書本啦、碎紙片等等，只有我自己當作寶的小東西堆得亂七八糟，但都沒逃過河童先生的法眼，全收進了畫裡頭，這倒給了我一個反省的機會。

不管怎麼說，河童先生幽默且帶有魔法的筆下的房間，看起來實在有意思。希望將來還有機會享受這種樂趣——窺看別人的工作場所當然也包括在內囉。

「河童先生，隨時歡迎來訪！等你喔！」

雷根總統的「辦公室」

猛然冒出個「雷根總統的辦公室」的標題，實在很突兀，但當初的計畫可不是這樣。其實我想窺看的是我國的「總理大臣辦公室」。結果無法達成，只好改弦易轍——「阿康」不行的話，「阿雷」總行了吧！（編按：本文寫成時日本總理為中曾根康弘。）

日本領導人的辦公室無法一探究竟，在太平洋另一頭的領導人房間卻讓人參觀，說起來還真諷刺，這個差別實在頗具象徵意義。

在美國，資訊公開有加分效果，而為了讓國民了解政治乃切身之事，「總統官邸」是開放參觀的。雖然官邸內部不是全面開放，而且即使非美國籍也可以申請參觀。這並非雷根時代才開始舉辦的活動，很早以前就有了。此外，還將介紹白宮內部的照片集結成冊發行販售。

反觀我國，「總理大臣官邸」建於昭和四年（一九二九年），至今五十六年不曾對外公開，尤其是「總理大臣辦公室」，除了歷屆總理及相關人員外，有機會參觀的人可說是少之又

總統的桌子

由維多利亞女王所贈，一八八八至一九六三年間歷屆總統都在其上辦公。之後被史密森協會（編按：Smithonian Institution，美國政府所支持的科學文化藝術機構）借出，一九七七年搬回辦公室再度成為辦公桌。

桌上有雷根的座右銘
「IT CAN BE DONE」
（有志竟成）
深咖啡色的皮椅

▲由英國船「堅毅號」（Resolute）運來，所以稱為「堅毅之桌」。

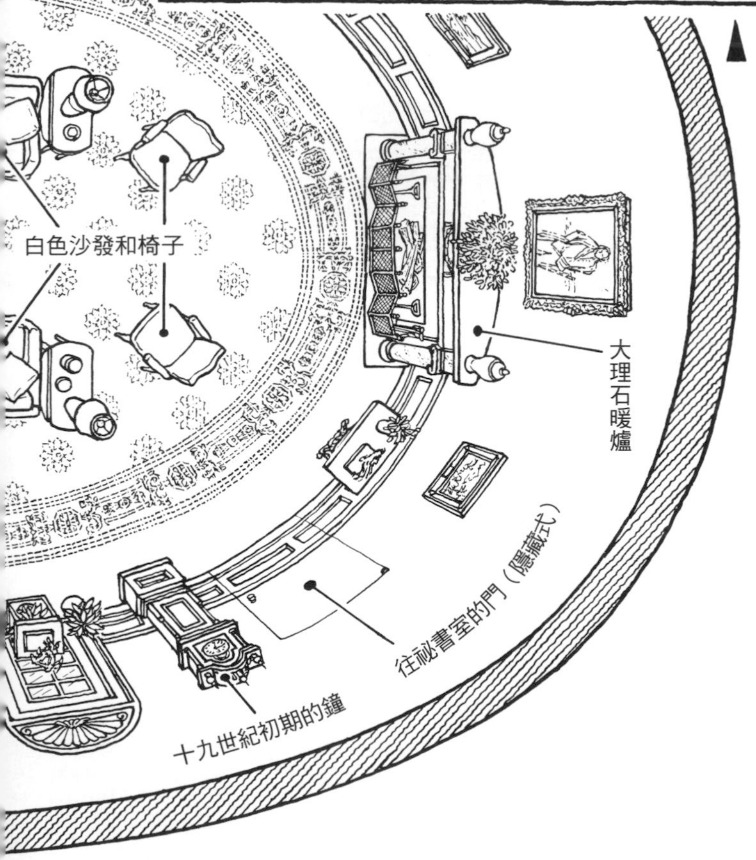
白色沙發和椅子
大理石暖爐
往祕書室的門（隱藏式）
十九世紀初期的鐘

少。理由應該包括了安全問題、政治上的顧慮等等，但說不定還有「不公開較能強化權威形象」的考量。

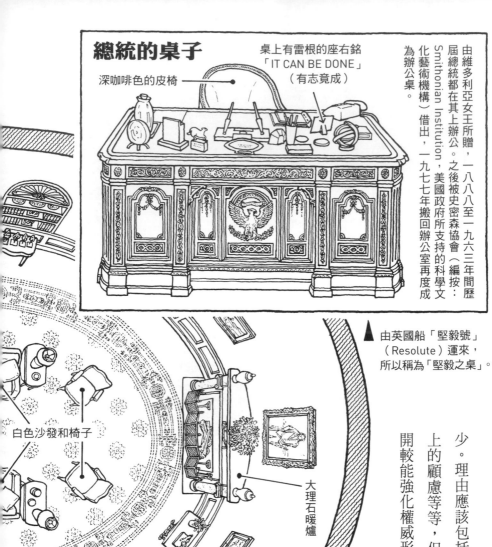

橢圓形辦公室並非在本館裡，而是位於東南角。一九七〇年代時與現在不同，是以金、橘紅、白三色為基調，一九八一年八月才將牆壁全改漆為灰白。同時添購兩張沙發及有扶手的椅子，也全繃上白色布套，於是以白色來強調整個房間的印象便更加鮮明。此外在房間裡隨意擺著六張有扶手的鏽紅色皮椅。

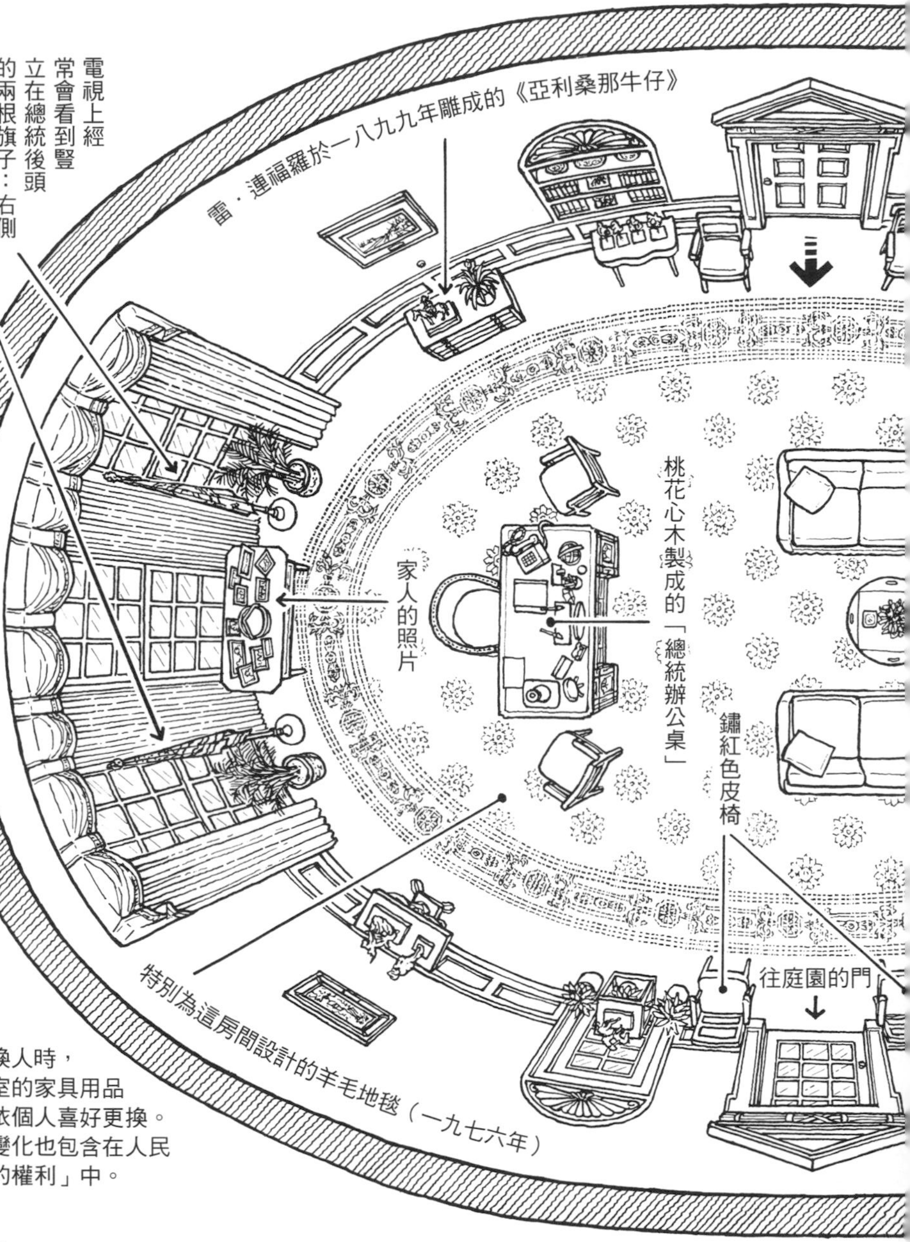

電視上經常會看到豎立在總統後頭的兩根旗子：右側是「總統旗」，左側是「星條旗」。
雷・連福羅於一八九九年雕成的《亞利桑那牛仔》
家人的照片
桃花心木製成的「總統辦公桌」
鏽紅色皮椅
往庭園的門
特別為這房間設計的羊毛地毯（一九七六年）

總統換人時，
辦公室的家具用品
也會依個人喜好更換。
這種變化也包含在人民
「知的權利」中。

編輯部安慰我說：

「恐怕辦不到了。我們也想盡各種方法試過好幾次，總是無功而返。別說照片，根本連進都進不去。若問『為什麼不行？』只回給你一句：『無前例可循。』」

即使這樣，我可不會就此作罷，決定靠自己再試試看。首先採信件攻勢，說明《工作大不同》並非譁眾取寵的企畫，希望他們能了解採訪的宗旨。寫了這麼一封長信後，最擔心的莫過於信件能否順利寄達高高在上的總理手中？於是利用存證信函的方式寄給中曾根總理。記得那時正是仲夏，日期是八月九日。

我在信中寫道：「假使不能讓人實地採訪，能否至少提供描繪辦公室必備的照片或平面圖等資料？若連資料都不方便，雖說會給您平添麻煩，但是否能註明理由賜覆？靜候您的回音。此外，您的回函及此信內容日後或有引用的可能，還望見諒，此致為荷。」結果音訊杳然。大概是太忙沒空看信吧……。為了慎重起見，在九月十日又寄出同樣內容的信。可是依然石沉大海。結果至今已過了四個月，為何不能接受採訪的理由依然不明。

這讓我深切體認到，在日本，拒絕公開的事情和「機密」實在太多了！

這次的內容，是本系列中第一次未經實地採訪而僅靠資料來描繪的。一方面是實在沒時間跑趟華盛頓，另一個理由則是，既然「中曾根總理的辦公室」原本打算只靠書面資料來繪圖報導，那「雷根總統的辦公室」若不採用同樣條件，不就顯得不公平了嘛。

從華盛頓寄來的書裡面，連許多細節都能看得一清二楚，不過並沒有房間中央兩側的門的照片。因為有看不到的地方，挺難畫的。最後只好向朝日新聞美國分社社長村上吉男先生求助。結果不到一個禮拜，把門四周細節都拍下的照片就寄來了，效率實在驚人。而且還是總統官邸的公關人員寄送的。

「美國總統是人民直接選出來的，與日本國情不同」——就算這個說法成立，我還是不禁覺得，這差距也未免太大了吧。

中曾根總理的「辦公室」

真是壓根兒都沒想到，居然會在《週刊朝日》的連載結束後以特集的形式來畫「中曾根總理的辦公室」。

一九八五年十二月二十日當天，總理官邸的內閣會議室和辦公室以「內閣制度百年紀念」的名義突然對媒體開放參觀，我知道時嚇了一大跳。感覺像被狐仙耍了。一來，各大報社和電視台曾三番兩次要求採訪，卻始終無法登堂入室一窺究竟；再者，我聽說最近才有報社提出申請，可是一如以往，因「無前例可循」而被拒門外。

我也因為想瞧瞧總理的辦公室，四個半月前申請了兩次，可是完全石沉大海。無計可施的情況下，只好把主題改為〈雷根總統的辦公室〉，因此對這回突如其來的開放，我心裡可說是五味雜陳。

而且在刊載〈雷根總統的辦公室〉的雜誌發行後不過九天，就突然宣布要對外公開，選在這時間點上也頗為微妙。

雖說這次的公開有條件限制，但如果之前就已經決定了，總可以稍微對我透露一下吧，例如「十二月將開放參觀，所以……」。

由於實在太匪夷所思，我便向「總理官邸記者俱樂部」（編按：「記者俱樂部」為日本媒體設在政府機關或各大民間組織的「同業聯誼團體」，通常由該機關對其提供空間、設備與新聞稿。成員彼此間對採訪與報導方式亦有規範）的兩名記者探探消息：

「什麼時候知道要開放參觀的啊？」

「真的是臨時公布的呢。理由是慶祝『內閣制度百年紀念』，但突然說什麼要慶祝百年紀念的，也實在詭異……。反正好像是臨時起意要慶祝的啦。」

兩人的回答幾乎絲毫不差。

官邸公開當天，記者中好像也有人發問：

「為什麼要公開呢？」

針對這個問題，中曾根總理的回答是：

「這也算是資訊公開。」

這麼說的話，總理本人也覺得應該公開這房間囉。

《週刊朝日》的〈工作大不同〉系列也是一種資訊公開，但是否考慮到只讓一家刊載的

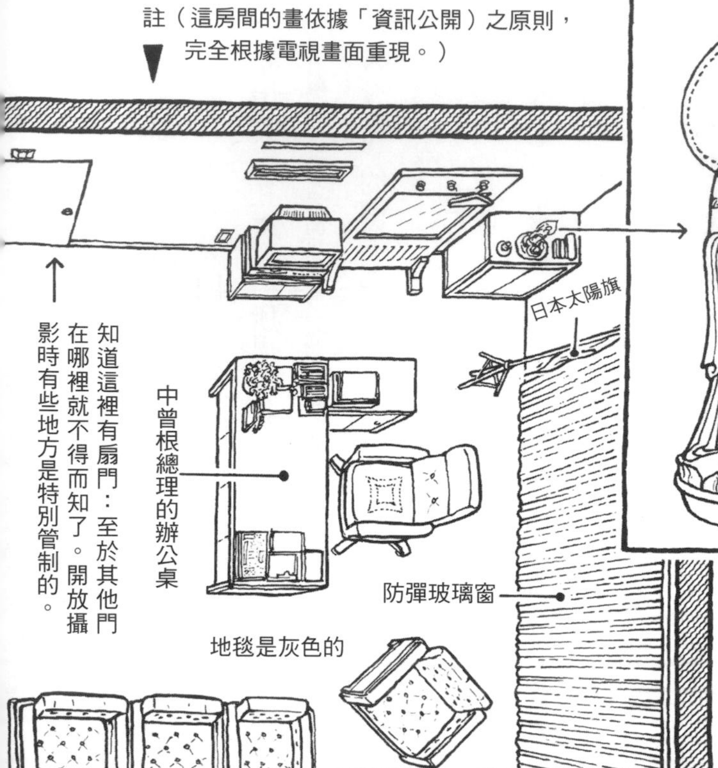
註（這房間的畫依據「資訊公開）之原則，
完全根據電視畫面重現。）
知道這裡有扇門：至於其他門在哪裡就不得而知了。開放攝影時有些地方是特別管制的。
中曾根總理的辦公桌
日本太陽旗
防彈玻璃窗
地毯是灰色的
電話
胡桃木的牆面

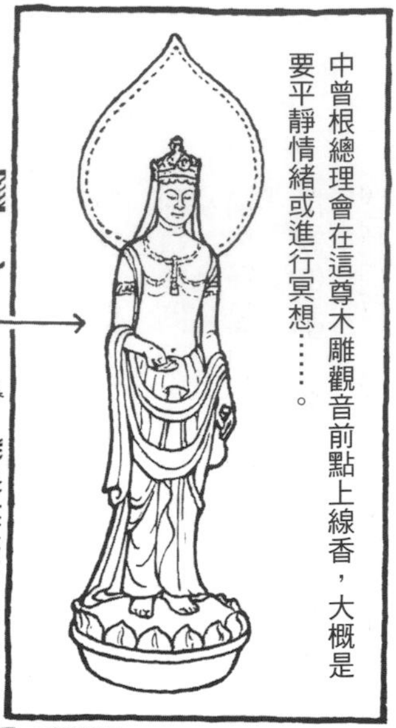
中曾根總理會在這尊木雕觀音前點上線香，大概是要平靜情緒或進行冥想……。

話有些不妥？還是考慮到地盤的問題，不能讓「官邸記者俱樂部」以外的人參觀？若真是如此，那中曾根總理所謂的「資訊公

裡有大大小小數枝毛筆。眼前的比合理則擺著萬寶龍（Mont Blanc）筆，雖然只有一瞬間，不過畫面上有這個特寫鏡頭。

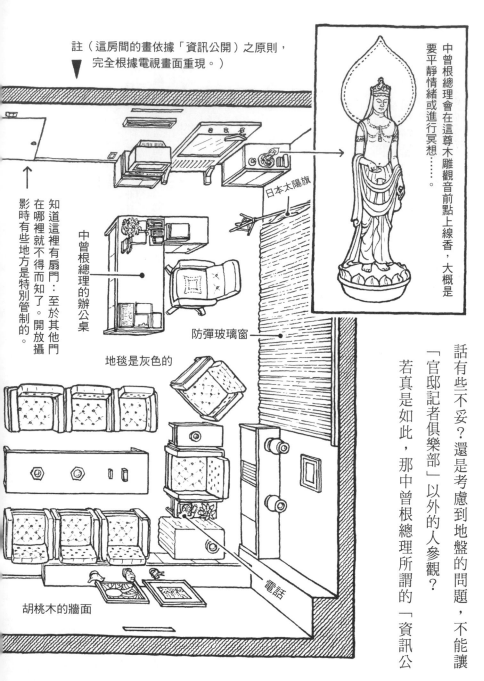

在電視的介紹畫面裡面，房間在這個鏡頭下看起來最大。

由於電視上沒有播出來，很遺憾無法畫出房間左邊的樣子。美國公開的不只「總統辦公室」，甚至有介紹白宮全貌的攝影集，一百六十頁、B5大小，附有解說，介紹非常詳盡，市面上就買得到……。這回還知道，攝影集裡未收錄的部分也可應要求而另外提供。官邸方面早已準備了從各種角度拍攝的照片。我國的資訊公開要到何時才跟得上呢……？

總理的辦公桌椅。桌上擺著家人的照片、時鐘、國會資料冊、筆和硯台、文件、報紙等等。

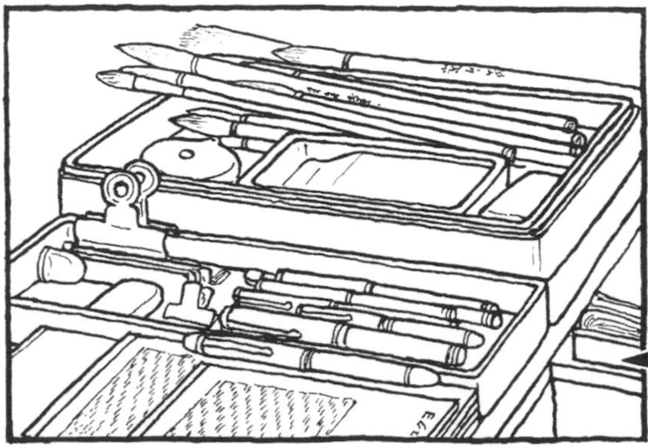

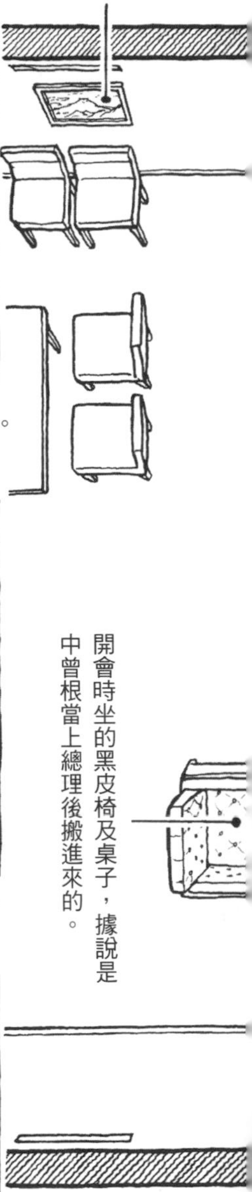

為了配合官邸公開的到來，總理親自趕畫出來的富士山。

開會時坐的黑皮椅及桌子，據說是中曾根當上總理後搬進來的。

桌子上的筆硯盒和其他牌子的鋼

開」也未免太狹隘了。

更讓人覺得諷刺的是，我幾乎是同時窺看到日美兩國首腦的辦公室。從所謂的「資訊公開」來比較，就可以清楚看出二者對「向外界公開」的認知差距甚遠。

況且我國的情況是「官邸公開僅限此次，下不為例」。

這樣的話，當天沒看到電視報紙的人、我們的後代子孫，就無從得知官邸的模樣啦。想到這裡，好管閒事的我便開始有點賭氣了：古代有口述傳說的「語部」，那我就來當個用繪畫記錄的「畫部」好了。

一旦決定要畫，就得收集資料，可是即使將報上的照片都收集起來，還是不足以了解總理辦公室的全貌。而且原始資料的細節也不夠詳細，因為這些照片本就不是為了讓人重現房間而拍的。說什麼「資料太少」還太誇張了，其實根本是在強求原本就沒有的東西。但六十幾年來才這麼一次公開機會，結果只拍了這樣的照片，總覺得太可惜了。至於為何照片種類這麼少，原來是公開當天官邸方面對攝影的範圍和角度都有種種限制。但我覺得這次的採訪與保護個人隱私根本是兩碼子事。

《工作大不同》連載時大概有五個人拒絕採訪，而且都是跟我很熟的人……。有人的說法是：

「我私下的部分不想讓人看到。這沒什麼道理，純粹是很本能的感受，還請見諒。」

這我很能理解，當然不會勉強人家。但總理辦公室屬於公領域，本來就該公開。所以我就變得緊咬不放，追到連自己都覺得自己難纏的地步。

正因如此，這個連載到最後調性突然有點奇怪……。

那麼我就在這裡板起臉孔說些不中聽的話了：「這種程度的公開哪稱得上『開放總理官邸』！」畫面大多是「處理公務中的總理」，看得出來他實在滿配合的。照片中的總理時而假裝以紅筆批示桌上文件，時而擺出正在講電話的姿勢。

沒辦法，只好從側錄起來的各台新聞中挑出畫面最足供參考的，一再重播，邊看邊畫。那支帶子是臨時得知「開放總理官邸」而在匆促間拍攝的。我反覆播放、倒帶、暫停，試圖推算房間尺寸，以拼湊出完整的模樣。想畫出全貌，而且連細部都要包含進去，可經過了相當麻煩的作業程序……。根據那支帶子裡的解說，「基於安全上的考量，不能公開辦公室的格局和面積」——有必要保密到這種程度嗎？我百思不得其解，卻也沒輒。有人說「簡直就像那些行政不公開且祕密特多的國家，可疑極了。開放程度正是該國民主化程度的指標」，我也有同感。

就在我描畫總理辦公室的時候，收到一封意外來信，竟然是華盛頓白宮的回函：「已拜見過閣下的總統辦公室畫作了。」相對於此，不免想起那兩封信，總理官邸方面至今仍毫無回應。

上個月看到有則報導：「一顆寫著『撿到的人請和我聯絡』的汽球掉在皇居裡，結果有一天，這顆汽球的小主人收到了天皇的來信。」

比起高高在上的皇室，「總理官邸」似乎更加遙遠，不能公開的地方還更多呢。

河童窺看「河童的房間」

「最後一回的連載能不能窺看河童先生的房間？讀者一定也想知道，他的素描是在怎樣的房間裡畫出來的吧。」

第一位接受採訪的井上廈先生這麼說。後來也有好幾個人提出相同要求，沒辦法，只好就這麼講定。有的人——我想是在開玩笑——居然語帶威脅地說：

「把別人房間都看光光，連字紙簍裡裝什麼都畫得一清二楚，結果你自己的房間不公開，那可不成。如果不給看，到時別怪我報復喲！」

自己窺看自己的房間，說真格兒的，一點都不好玩。可是答應了也沒辦法。既然得來個大公開，也沒必要再裝模作樣了，但真的滿不好意思的。說到這兒又想到，當初慷慨讓我窺看的各方人士肚量實在寬大，在此再次拜謝大家的通力協助。

當初構思《工作大不同》系列時，我曾對編輯部的人說：

「透過窺看各領域人士的工作場所，一定能夠看出些門道來。不過再怎麼說，畢竟是從門縫裡窺看而已，絕說不上什麼『看透』的……。而且，從每個人身上可以看到不同東西，也有可能找出共通之處；但沒實際去瞧瞧，可不知道能看到什麼。我有預感，看過五十人的工作場所後，應該可以感受到『當今』的面貌。

「說得誇張點，如果能給人『當今日本諸相』的印象，那就有趣了。」

等等，愈說愈得意忘形。可是，一開始執行就後悔了。由於是在週刊連載，理所當然每個禮拜都得採訪一位人士，然後寫稿畫圖。我馬上明白做這些事得花很多時間。可是一星期卻只有七天，事態演變得愈來愈可怕了。

相熟朋友看到我的畫，有時會說：

「畫得細當然是好事，不過你這已經是走火入魔了。不節制點身體會搞壞喔。」

但有時又講出完全矛盾的話來：

「這星期的有點太簡單，感覺好像少了些什麼。希望能看到畫得更細的圖呢。」

其實，我自己也一樣會有這種矛盾。每次看到畫起來很費工的房間，「天啊！」心裡叫苦不已，但又會發現自己其實很興奮。最後總是苦笑自己「真是個被虐狂」，一邊連日趕工畫畫，熬夜熬到快天亮。說真的，與其說是想對讀者傳達訊息，其實主要還是自身的濃烈興趣作祟。尤其要是連當事人都看得津津有味，我就畫得更賣力了。

例如，「咦？房裡有這東西嗎？重新審視自己的房間，才發現真的有呢。不覺就笑出來了。」

每個工作場所都有其個性，有的得經過解釋才恍然大悟，能窺看到這些部分可是每次採訪的樂趣所在。其實我的房間也是，不經過一番說明，看到的人恐怕會大吃一驚。

我的房裡擺滿了槍。但都不是真的。我也不是軍備論的支持者。這些都是模型槍，外表很逼真，但絕對無法射擊實彈。

若有人問：「為什麼收集這麼多模型槍？」

聽起來或許有點假正經，但我的答案是：「一把一把端詳這些槍，總覺得可以從中看出各國的氣質和歷史。我對這個很感興趣，所以就……。」

很多國家不管在戰爭上是勝是敗，都會有國立的「武器博物館」，對其重視程度不下於美術館，而且從他們的展示中可以看出歷史的演變。

日本雖說有「靖國神社遺物館」，裡面同樣展出槍枝，卻單純著眼於遺物的展示，看不出有展望歷史的觀點。

因此，向來雞婆的我，就學博物館那樣，在自己房裡擺出幾可亂真的模型槍供親朋好友參觀，外加詳細的解說。就拿先前那次戰爭中日本和美國所用的槍枝來說吧……。

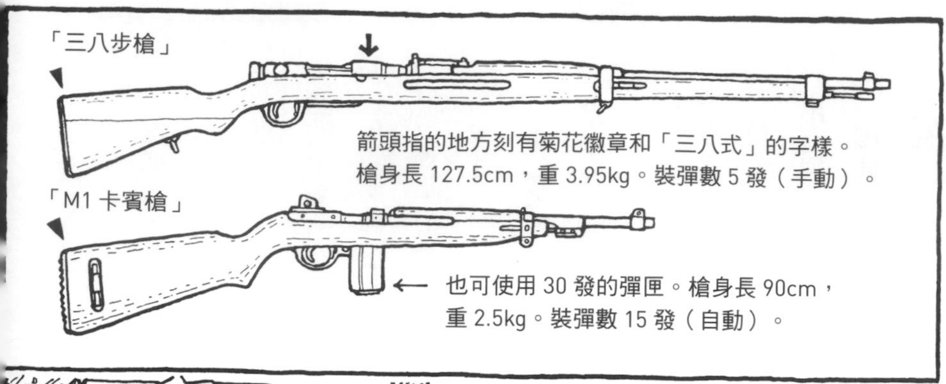
「三八步槍」
箭頭指的地方刻有菊花徽章和「三八式」的字樣。
槍身長 127.5cm，重 3.95kg。裝彈數 5 發（手動）。
「M1 卡賓槍」
也可使用 30 發的彈匣。槍身長 90cm，
重 2.5kg。裝彈數 15 發（自動）。

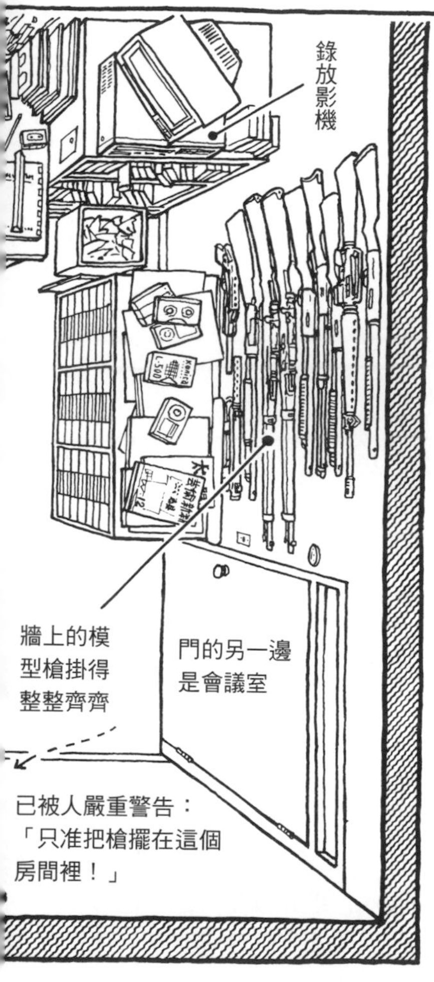
錄放影機
牆上的模
型槍掛得
整整齊齊
門的另一邊
是會議室
已被人嚴重警告：
「只准把槍擺在這個
房間裡！」

日本軍的「三八步槍」可填裝五發子彈，得手動上膛、一發一發填充子彈，並且會發出滿大的金屬喀嚓聲。在短兵相接的時候，一丁點細微聲響都可能帶來危險。就槍身的長度和重量來看，比美國的「M1卡賓槍」要長且重，而「M1」一次的彈藥填裝數是十五發，可自動連續發射、又不會發出喀嚓喀嚓聲，在叢林戰裡用起來特別方便。

比較這兩款槍枝，連小孩也看得出哪一方會得勝。事實上，性能的差異也不是戰爭開始時才有的，早在更久以前就是如此。

搞不好我有收集癖。其實，不單是槍而已，我還收集了各國的棋子、便當盒、啤酒杯、塔羅牌、馬具等等，彼此間沒啥脈絡可循，什麼都收就對了，結果家人叫苦連天。有次女兒被鐵製馬刺絆倒，被她罵道：「痛死了！家裡又沒養馬，買馬刺回來幹嘛！」我試著說明：「從馬刺的微妙差異可以看出該國的風土民情哦！」可是呢……。我在我家說話完全沒人相信。

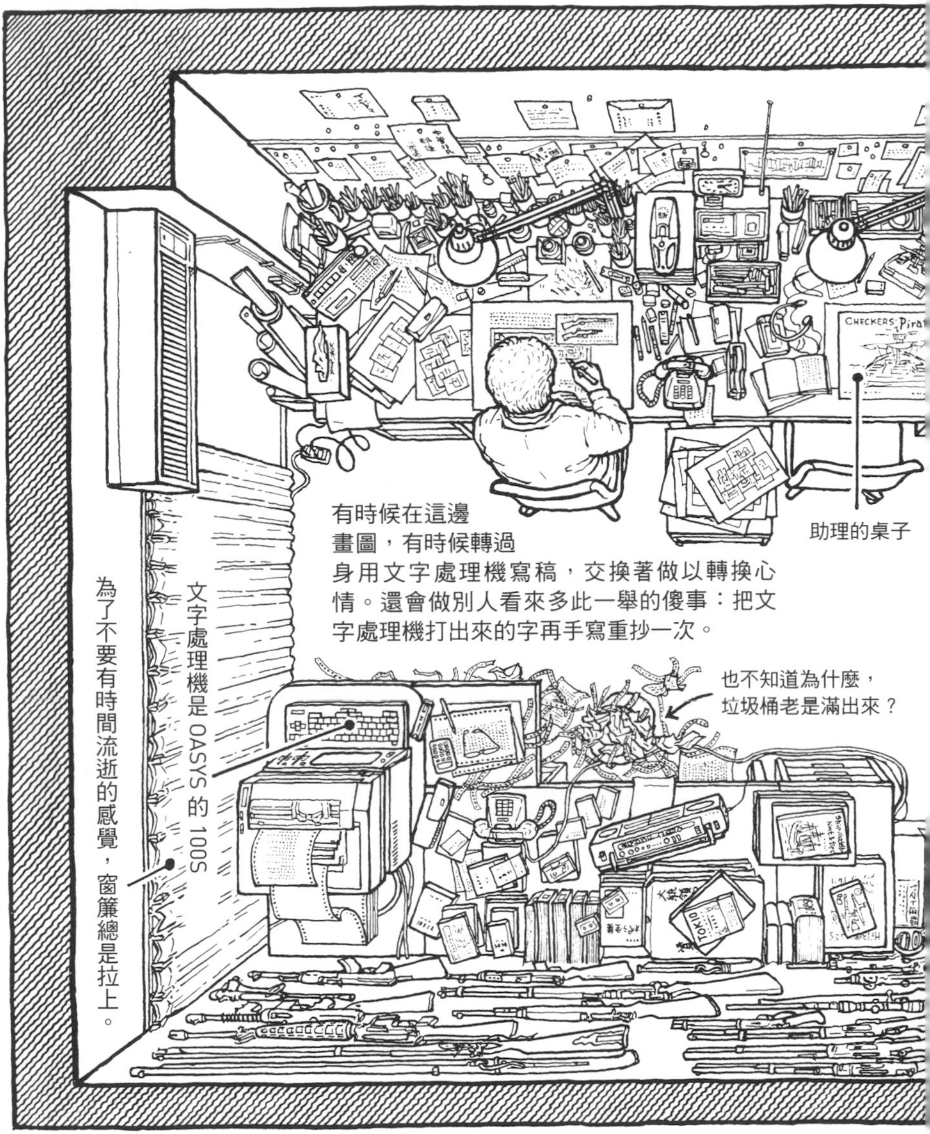

CHECKERS Pirat
有時候在這邊畫圖，有時候轉過身用文字處理機寫稿，交換著做以轉換心情。還會做別人看來多此一舉的傻事：把文字處理機打出來的字再手寫重抄一次。
助理的桌子
也不知道為什麼，垃圾桶老是滿出來？
文字處理機是 OASYS 的 100S
為了不要有時間流逝的感覺，窗簾總是拉上。
TOKIO

所謂的「三八步槍」，就是明治三十八年（一九〇五年）開始採用的小型槍，直到昭和二十年（一九四五年）都還沒除役。國民卻對這樣的事情毫無所知，政府只是一味灌輸國民「必勝」的信念。國家不予國民知的權利也不是當時才如此。至今不論在哪個領域，這種心態都依舊殘存著。

現在竟然有人還提出「國家祕密法」草案。我想，就算是基於興趣也無妨，政治現況必須持續關注、窺看才行，不是嗎？

冠冕堂皇說了一大堆，好像在正當化自己的好奇心，有點不好意思。但我想，只透過一管之窺，還是可以看到些東西的。

反窺河童

被反窺感言

妹尾河童

「光被河童先生窺看，這樣有點不公平，所以請被看的人也寫篇『反窺』文章，如何？」

編輯部提議道。聽起來滿好玩的，但我還是有點猶豫不決。

「會不會大家都寫得像寫弔唁文，淨說些好聽話，讀者看了不是很沒趣嗎？」

編輯卻笑著安慰我：「這點倒是不必擔心！」

事實上，擔這種心的確多餘。其中當然也有人極力讚揚，讓我覺得受之有愧、承當不起；但從各種角度出發的「反窺」則讓原本已經赤裸裸的河童連骨頭都給人看透了。特別讓我驚訝的是，竟然有這麼多人揭露「河童啊，活脫脫是個小孩」。

有個朋友把全部〈反窺〉文章讀過以後，笑得東倒西歪。我問道：「我真的那麼像小孩子嗎？」

結果，「大人會說『我可是個大人』嗎？既然這麼多人都說

◉妹尾河童，一九三〇年生於神戶。擔任過平面設計師，一九五四年經自學後以舞台設計家身分出道。之後以日本當代舞台設計家身分活躍於舞台．影像界。並以穿插細緻素描的《窺看》系列等著作廣為人知。

『河童像小孩』，那就沒錯了。而且，沒有哪篇讀起來給人『一點都不像你』的感覺啊。其實你可是比人家寫的還離譜咧。人人都認為，不可能會吞下去吧，你卻吞了個打火機，這種笨蛋世上找得到第二個嗎？如果讓人知道，鐵會認定你不過空有大人外表、骨子裡卻是個讓人拿你沒辦法的小孩。想想自己的年紀，多少節制點吧。朋友們都很困擾喲。聽說你又幹了電話魔的勾當了？」

「沒那麼誇張吧。瞧你說成那樣，好像我連為了交代工作才打過一兩次電話的人都不放過。要這麼加油添醋的話，小心我就讓傳說成真，開始瘋狂打電話喔！」

「你看你看，馬上就賭氣，這不就像小孩兒嗎？講電話這事或許我說得過火些，但別忘了，無風不起浪耶。」

被人說成這樣，實在很氣，但決定不繼續回嘴，免得被說得愈來愈離譜。在這種地方要表現得像個大人，忍耐。

「感謝不吝賜教！」

◉每次採訪時都會帶的工具有：①比例尺為四十分之一的方格紙（拿舞台設計用紙來用）。②捲尺。③HB鉛筆。④三角尺。⑤照相機（25mm—50mm的鏡頭，房間裡的東西都拍得進去）。測量、拍攝下來的東西都是畫圖時的重要資料。

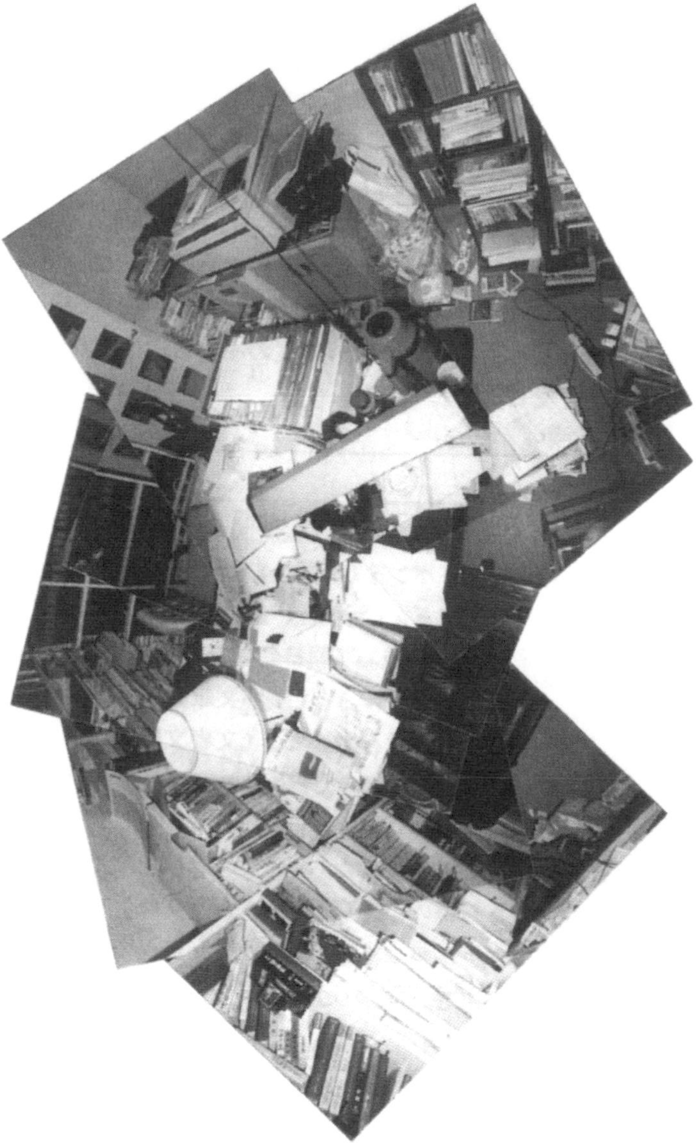

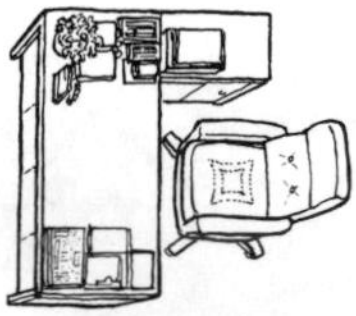

工作大不同

作者——妹尾河童
譯者——姜淑玲

主編——陳懿文
校對——萬淑香
美術設計——王瓊瑤
行銷企劃——舒意雯
出版一部總編輯暨總監——王明雪

發行人——王榮文
出版發行——遠流出版事業股份有限公司
地址——104005 台北市中山北路一段 11 號 13 樓
電話——(02) 2571-0297
傳真——(02) 2571-0197
郵撥——0189456-1
著作權顧問——蕭雄淋律師
2003 年 8 月 1 日 初版一刷
2024 年 2 月 1 日 三版一刷

定價——新台幣 499 元（缺頁或破損的書，請寄回更換）

ISBN —— 978-626-361-432-1

YL 遠流博識網 http://www.ylib.com E-mail: ylib@ylib.com
遠流粉絲團 https://www.facebook.com/ylibfans

河童が覗いた「仕事場」
KAPPA GA NOZOITA SHIGOTOBA by SENOO Kappa

Original Japanese edition published by The Asahi Shimbun Company in 1986.
Republished as paperback edition by Bungeishunju Ltd., in 1997.
Chinese (in complex character only) translation rights in Taiwan reserved by YUAN-LIOU PUBLISHING CO., LTD.,
under the license granted by SENOO Kappa, Japan arranged with Bungeishunju Ltd.,
Japan through BARDON-CHINESE MEDIA Agency, Taiwan.

國家圖書館出版品預行編目 (CIP) 資料

工作大不同 / 妹尾河童著 ; 姜淑玲譯 . -- 三版 .
-- 臺北市 : 遠流出版事業股份有限公司 ,
2024.02
面 ; 公分
譯自 : 河童が覗いた「仕事場」
ISBN 978-626-361-432-1(平裝)
1.CST: 職業 2.CST: 職場

542.7 112021100